Les Mensonges de l'Histoire

Pierre Miquel

Les Mensonges de l'Histoire

PERRIN

www.editions-perrin.fr

ISBN : 2-262-01947-9

Avant-propos

En histoire, le mensonge est l'activité la mieux partagée. Voilà bien une pétition de principe qui semble frappée du sceau de l'évidence. Les acteurs de l'histoire mentent, Clio elle-même ne leur cède en rien. Aux yeux des historiens, de telles pratiques recouvrent les comportements les plus divers liés pour les uns à la propagande ou à la raison d'État, pour d'autres à l'idéologie ou à l'expression de la volonté de pouvoir. Il faut pourtant désigner les choses par leur véritable nom : en l'occurrence, des mensonges, qui ne sont pas de simples et anodins aménagements avec la réalité, mais de véritables stratégies d'occultation de la vérité. Mais ces mensonges qui ont fait l'histoire de France ne sont pas les mêmes selon qu'ils sont commis au Moyen Âge, sous Louis XIV ou à la fin du XIXe siècle. Selon la nature du mobile qui a conduit à recourir au mensonge, la période historique dans laquelle cet événement s'est inscrit et, enfin, le statut et le caractère des différentes figures qui sont en cause, le mensonge nous offre des facettes différentes.

Le mensonge a donc son histoire. Depuis le mensonge au nom de la foi au Moyen Âge jusqu'aux mensonges de masse qui ont fleuri au cours du XXe siècle, le mensonge change d'échelle tant dans ses dispositifs que dans ses effets. Entre-temps, à mesure que l'État s'affirme, derrière ce que l'on appelle avec vénération la raison d'État se cachent de petits et de gros mensonges, qui ont fait le bonheur des romanciers, ce cher Dumas en premier lieu.

Les mensonges de la foi, ce sont ceux qui ont marqué l'épopée des croisades où la foi sincère des pèlerins issus du peuple est piégée par les calculs plus terrestres que spirituels des chefs de l'expédition, seigneurs et évêques. Ce sont aussi ceux de saint Bernard, défenseur sourcilleux des droits de la papauté, face aux droits de l'intelligence que le célèbre Abélard défend devant ses élèves de l'université de Paris : pour l'éliminer, le futur saint n'hésite pas à mobiliser les évêques au cours de conciles afin de faire condamner cette pensée différente. Il recourra à tous les arguments d'autorité refusant toute *disputatio* contradictoire. Évidemment les mensonges de la foi sont au centre de ces autres croisades, celles de l'intérieur, contre les cathares. Sans oublier que c'est autour de la foi que l'évêque Cauchon construit son instruction contre Jeanne d'Arc pour la pousser sur le bûcher, dernière station de la Pucelle et premier pas vers l'éternité de la légende. Lorsque le Moyen Âge s'achève, à la fin du XVe siècle, à de nouveaux mensonges de la foi se mêle une autre tromperie, la raison d'État : c'est le cas, en France, avec les accusations portées contre les templiers par Philippe IV le Bel, puis un siècle et demi plus tard, en Espagne, avec la répression et l'expulsion des juifs et des mozarabes par l'Inquisition et les Rois catholiques.

Au XVIe siècle, la Renaissance s'accompagne de la victoire de l'État sur les intérêts particuliers des Grands. Le pouvoir personnel et centralisé génère de nouveaux mensonges. C'est sous ce registre qu'il faut aborder les nombreux mystères attachés à la personnalité de Louis XIV, depuis sa naissance jusqu'aux affaires des Poisons en passant par le drame de Nicolas Fouquet. Car qui sont ces enfermés vivants, devenus anonymement célèbres par les petits bouts de l'histoire — et dont nous conjecturerons la véritable identité —, sinon des victimes du mensonge d'État ?

Sous la Révolution et l'Empire, tous ces types de mensonges tissent une réalité tumultueuse que nourrissent des rumeurs — avatar du mensonge par illusion. Mais la Révolution voit apparaître un nouveau genre de mensonge : le mensonge sur soi, pourrait-on dire. On se ment à soi-même en prenant pour argent comptant ses propres intentions sans voir que ses actes ne correspondent pas aux discours énoncés : une forme du mensonge idéologique.

Au XIXe siècle, le mensonge d'État devient un outil privilégié dans la constitution des nations. Un instrument dont le plus inventif et zélé artisan fut le chancelier Bismarck, qui en tissant une toile de mensonges par omission et par provocation pousse le gouvernement français et Napoléon III à la guerre. Six mois plus tard, le Prussien Bismarck en sortira allemand, la France connaissant une défaite honteuse en 1870-1871. Dans les années 1890, la IIIe République se trouve plongée dans une guerre civile larvée à cause d'un mensonge devenu affaire d'État : l'affaire Dreyfus. Destiné à défendre l'honneur de l'armée, le mensonge de l'institution trouve un bouc émissaire en un officier juif alsacien, Alfred Dreyfus, accusé d'espionnage au profit de l'Allemagne. En dépit de la découverte du véritable coupable, la République refuse de reconnaître la forfaiture et de réhabiliter l'officier injustement condamné. Il faudra un long combat des dreyfusards pour que l'Affaire s'achève. Elle aura profondément marqué le pays. Elle aura également démontré que le mensonge d'État n'a que la démocratie pour garde-fou. C'est en période de guerre que le mensonge d'État fleurit pour éliminer l'adversaire : tel sera le mobile de Clemenceau qui le pousse à se débarrasser d'un rival talentueux, l'ancien ministre des Finances Caillaux.

Au XXe siècle, à l'ère des masses correspond le mensonge de masse, celui des camps de concentration et du goulag, dont le but est de perpétrer dans le silence de la prison, du travail forcé et de la mort programmée, les massacres collectifs que les États totalitaires ont recouverts.

Qu'il fût volontaire ou involontaire, diplomatique ou par omission, le mensonge a connu de nombreux travestissements dans l'histoire. Les huit chapitres de cet ouvrage en retracent les principales formes, un parcours non exhaustif qui jette une lumière nouvelle sur les destinées tragiques des victimes des plus grands mensonges de l'Histoire.

Chapitre 1

L'Histoire ment comme elle respire

Elle ment sans vergogne, et elle a bonne conscience à mentir. N'est-elle pas faite pour aider à vivre, aider à mourir ? À quoi bon l'Histoire, si elle ne relie les vivants aux origines des tribus, leur attribuant sur terre une trace, une lignée spatio-temporelle ? Si les vivants viennent de rien, ils n'ont pas leur place dans l'Histoire, ils n'existent pas, comme ces Pygmées arboricoles tardivement découverts dans la forêt hottentote, sortis de l'anonymat des tribus de chasseurs primitifs, relevant de l'ethnographie, partageant le temps avec les singes et les minéraux, sans événements, ni dates, ni écriture. Et pour cette raison longtemps rejetés de l'Histoire et réintroduits avec des excuses dans le cycle du temps après un très long silence pour cause de non-témoignage. Voilà ce qu'il en coûte, d'être incapable de mentir, de ne pas écrire la Bible ou l'*Iliade*. Les peuples sans mémoire écrite ont été longtemps cantonnés dans la forêt vierge de la non-Histoire. Ils ont dû attendre, pour faire leur entrée au petit pied, le passage des explorateurs, cette avant-garde, tout de blanc casquée, du mensonge.

À quoi bon l'Histoire, si elle ne donne à la mort un sens, surtout dans le sacrifice de la vie ? On ne peut mourir pour rien que dans la défaillance coupable de l'Histoire. Elle impose, elle exige que la mort ait un sens. Pendant des siècles et des siècles, la tribu supposée des Zog a livré bataille sur la rivière Kolyma à la tribu mythique des Almas, en Sibérie orientale à l'époque néolithique, sans qu'aucun de ces combats ne soit celui d'Achille et de Patrocle, héros d'Homère, sous les murs de Troie. Pendant des millénaires, les hommes de Neandertal se sont entre-tués, de frère à frère, sans que ces combats donnent naissance au récit biblique d'Abel et de Caïn, fondateur de la *Genèse* humaine. Privilégier ces héros, comme s'ils n'avaient pas eu d'antécédents ni de prédécesseurs est assurément mentir par omission, et c'est mentir par artifice que de les peindre sous les couleurs légendaires de la geste héroïque pour assigner au peuple des Juifs et à celui des Grecs une éminente mission dans l'Histoire, un rôle de peuples exemplaires.

On devine déjà que le mensonge a son utilité dans la constitution des sociétés humaines. Comment rassembler les Grecs d'Asie sur l'idée du départ vers les rivages d'Occident, vers Athènes, Thèbes et Syracuse, sans mettre le feu à Troie, rêver sur le sacrifice de Patrocle et les navigations d'Énée, fils de Priam ? Ainsi le mythe, pure illusion, devient-il croyance collective, tenue pour une vérité, alors que le récit des meurtres tribaux et fraternels n'est destiné qu'à souder les communautés, à éviter par la transposition légendaire d'autres meurtres devenus inutiles, puisque l'Histoire rend compte des seuls exemples fondateurs.

À quoi bon perpétuer la lutte entre Grecs et Troyens, due selon la légende au rapt d'une femme de chef susceptible de mettre en question la descendance de la tribu ? Si Hélène est rendue à Agamemnon, Pâris châtié et Hector éliminé, Achille, fils de Thétis et de Pélée, l'enfant chéri de l'Athéna porteuse de lance et casquée d'or du rocher de l'Acropole, assure aux Grecs l'immortalité de l'Histoire sans cesse répétée, serinée par les aèdes homériques. Les voilà garantis contre la mort par le mensonge légendaire. Ils n'ont plus rien à craindre. Les dieux sont avec eux.

Encore faut-il que cela se sache. L'Histoire est là. Sa mission est de raconter. De rassembler les hommes de la tribu en racontant la geste des ancêtres. De conjurer en sacralisant. De transformer les hommes en héros. Achille n'a plus d'humain que son talon. Son histoire est transie de mensonge sacré.

Ce n'est pas encore l'Histoire, mais la légende, qui nourrit de ses mythes la religion. Le légendaire n'est pas un mensonge vulgaire, il prétend décrire une réalité supérieure, une élévation exceptionnelle, en des circonstances fameuses, des hommes vers les dieux. Ceux-ci restent au balcon, dans les récits de l'*Iliade,* se réservant d'intervenir si leurs champions défaillent, de les relever par quelque tour de magie. Ils ne sont pas indifférents aux exploits des hommes. Ils en tirent les ficelles, donnent les palmes, oublient parfois de protéger leur athlète mal en point. Ils s'amusent.

L'illusion de la présence des dieux, et la crainte de leur absence, nourrit l'imaginaire humain, aux premiers temps de l'Histoire. La complaisance salutaire dans les récits mythiques est un espoir de survie, de gloire et de triomphe, une promesse d'éternité. Et cependant Héraclès, tout fils de Zeus qu'il soit, n'échappe aux souffrances des hommes qu'en se jetant dans un bûcher. Sacrifice ? Il rappelle celui d'un autre fils de Dieu et d'une mortelle, mort sur la croix du Golgotha pour racheter l'humanité. Vérité ? Mensonge ? La légende, quand elle acquiert la force d'une religion du Livre, entre dans l'Histoire, puisqu'elle est considérée par la foule des croyants comme la Vérité révélée. Que Jésus soit un prophète ou un Dieu devient un sujet de querelle sans fin. Un prophète ? Mensonge, disent les chrétiens qui refusent d'assimiler le Christ à quelque Mahomet. Un Dieu ? Mensonge, disent les juifs, qui ne croient qu'à l'unique Yahvé, que personne n'a jamais vu. Mensonge, disent les musulmans, pour qui le seul Dieu est Allah, même s'il déroule du ciel un tapis en escalier pour y accueillir son prophète. De ces dénonciations enflammées sortent des siècles de sanglantes guerres de religion.

*
**

Pourquoi mentir ? La réponse n'est que trop évidente : l'Histoire ment parce qu'on la fait mentir. La légende est un déploiement fastueux de non-vérités historiques, autant de vérités révélées, incontrôlables, n'existant que dans l'imaginaire. Rien ne pourra jamais prouver que le Christ est ressuscité pour monter au Ciel, sous prétexte que l'entrée du tombeau vide était libérée de ses rochers pesants. Est-ce un mensonge ? Non, une croyance. Personne ne peut sérieusement affirmer que Mahomet, rejoignant Allah, a laissé la trace du pied de sa mule sur le rocher de Jérusalem. Que dire de la filiation de Marie « conçue sans péché », au point que les peintres du Quattrocento, perplexes, n'osent représenter Jésus sous les traits d'un *putto*, d'un bébé nu, et affublent le bébé du masque sévère d'un docteur de l'Église quadragénaire. N'est-ce pas pécher que le représenter tétant sa mère ?

Tout est dans l'histoire, jusqu'aux moindres détails. Les témoins de la naissance, rois « mages » à l'autorité indiscutable, et Joseph le charpentier, et le Romain Ponce Pilate, et les soldats de la légion. Le drame a sa distribution, les femmes d'abord, Madeleine après Marie, les larrons, les bourreaux. On peut le reconstituer au village, distribuer des rôles, faire tenir par le charpentier la partition du Joseph, longtemps ridicule, prendre pour Vierge la fille du boulanger et la fille des rues pour Marie-Madeleine. La mise en scène est sans reproche, c'est un tableau d'histoire. Quelle place pour le mensonge ?

La filiation du fils de Dieu est une autre énigme. Comment un censeur romain laisserait-il les scribes porter sur les registres des indigènes une naissance aussi provocatrice ? Pas d'état civil pour le Christ, un père putatif absent dans le Ciel, un père adoptif consentant. Le critère fondamental de l'humanité, la filiation, est dénié à la Sainte Famille. Le Christ est conçu, dira-t-on, « par l'opération du Saint-Esprit ». Une origine mystérieuse qui n'est pas un mensonge, mais un article de foi, un mystère incompréhensible et invérifiable. Qu'on abandonne aux juifs le faux prophète ! Ponce Pilate « se lave les mains du sang de ce juste ». Le surnaturel n'est pas de son ressort. La condamnation du mystère n'est pas dans l'inventaire juridique de ses pénalités.

Ainsi tout est bien dans l'histoire, sauf l'Histoire. La naissance du Christ est un événement qui n'a pas d'explication et ne s'insère pas véritablement dans le temps ordinaire des hommes. Il est, bien au contraire, créateur de temps et d'histoire. On dira, en l'an cent, en l'an mille *après* ou *avant* Jésus-Christ. Une manière de compter qui ne préjuge en rien de la nature du Christ et qui situe d'entrée de jeu l'histoire dans les sciences inexactes, puisqu'on ignore encore aujourd'hui en quelle année de son ère le Christ est né.

Si croire n'est pas mentir, faut-il croire au mensonge ? Et d'abord aux récits mythiques du père de l'histoire, le Grec d'Asie Hérodote d'Halicarnasse, le premier intéressé à la peinture des Perses comme de furieux conquérants menés par le roi fou Xerxès, un tyran mégalomane qui fit frapper au fouet la mer Égée pour n'avoir pas servi ses desseins ? Le vaincu de Salamine méritait-il des égards de la part d'un citoyen historien d'une ville grecque d'Asie envahie par ses hordes sauvages ? Ne devait-on accentuer, dans l'intérêt de l'unité des Grecs autour d'Athènes, la peinture de la barbarie des Perses jusqu'à l'extrême, montrer leur flotte d'esclaves manœuvrée par une femme amiral vêtue de peaux de bêtes.

Pousser le mensonge à l'outrance, dénier aux Perses toute marque de civilisation, faire de leur image le prototype du barbare, et de leur empire une tyrannie orientale sans esprit ni pitié, ni foi, ni lois. Oublier, pour la circonstance, que les cités grecques avaient leurs esclaves, leurs étrangers, leurs ilotes noirs, et que leurs lois admirables, gravées sur la pierre, ne protégeaient guère que la minorité des citoyens devenus les privilégiés de l'Histoire, puisqu'ils étaient les seuls admis à l'écrire et qu'elle n'est écrite qu'à leur usage.

Le mensonge se répète pendant toute l'histoire de l'Antiquité. On ne connaît la Gaule que par l'historien et mémorialiste César, partie prenante, et combien !

dans la peinture des hommes et des événements. La tradition historique est une apologétique constante des Romains, sans faille, au prix de tous les mensonges volontaires ou par omission, des vainqueurs de la conquête. Vercingétorix commande une horde de cavaliers sans discipline et sans principes. Il laisse massacrer d'un cœur léger les habitants d'Alésia entre les lignes. Il n'a pas la moindre pitié pour ces civils indignes d'un grand chef, qui refusent de mourir de faim pour la gloire de l'aristocratie des Gaules. Les Gaulois sont des sauvages, massacreurs de prisonniers, traîtres à leurs serments comme ces jeunes cavaliers éduens, riches et parés de toutes les grâces androgynes, livrés en otages par leur cité, alliée de Rome, et toujours prêts à tourner bride.

Comment se fier à ces gens-là ? Leur absence de respect des lois et des traités fait de leur condamnation un exploit de plus dans la gloire d'un Jules César, de famille divine, descendant de Vénus et d'Énée. Titres mensongers et légendaires, bien destinés à frapper l'imagination des Romains qui, par la conquête des Gaules, voient en César le héros digne du pouvoir suprême, même s'il a, franchissant le Rubicon pour déchaîner la guerre civile, risqué la ruine de Rome et abattu sans plus d'égards la République de Cicéron.

Tite-Live aussi est un menteur. L'Histoire qu'il raconte n'a qu'un seul lecteur, son maître, Auguste. Il n'a pas de mots assez durs pour les légionnaires traîtres à leur général Scipion, le conquérant de l'Espagne, le vainqueur de Carthage. Ces gens-là ne méritent que les haches des licteurs, après leur condamnation sur le front des troupes. L'ordre et la discipline impériale doivent régner dans l'Empire, comme au temps de la conquête. Scipion l'Africain annonce et justifie la gloire de l'empereur Auguste. Il prépare son apothéose. Et l'historien Tite-Live, narrateur des conquêtes anciennes, n'est que le serviteur du nouveau régime, habile à tisser, par son récit choisi et mensonger, la gloire du maître de Rome, à lui trouver des précurseurs parmi les grands ancêtres, à ranimer aussi le courage des Romains. L'historien n'a que faire des vérités qui le desservent. Il écrit pour édifier.

***

Pourtant Hérodote, et l'Athénien Thucydide, et les Romains César et Tite-Live ont fait avancer l'Histoire, la connaissance des hommes et des événements, même s'ils l'ont encombrée de pieux mensonges, d'accablantes déformations et de savantes omissions. Leur récit a le mérite d'exister. Sans Jules César, on ne découvrirait la Gaule, au hasard des fouilles, que par l'archéologie, longtemps incapable de situer même Alésia. Les Gaulois n'avaient pas d'histoire, parce qu'ils ne savaient pas l'écrire. L'eussent-ils fait, qu'elle aurait été sans doute aussi encombrée de scories politiques, laudatives ou moralisatrices, que celle de l'ancienne Rome.

Pour que la vérité se cherche, qu'elle devienne lisible à l'horizon des chapelets de mensonges successifs qui constituent l'histoire des hommes, il faut sans doute admettre le récit falsifié, pour tenter d'apercevoir dans l'écheveau des événements truqués ou tronqués le vrai flux de l'histoire des hommes. Ainsi, le faux servirait très paradoxalement la cause du vrai, dans la mesure où l'Histoire peut être corrigée comme une fille indigne. Elle a des excuses à mentir, puisqu'elle est le fait des passions des hommes. Et si elle ment comme elle respire, sa respiration a besoin d'exhaler ses mensonges pour retrouver son souffle.

La philosophie grecque devait se faire gloire sous Platon d'accueillir, après Parménide, le non-être dans l'être. Comment concevoir l'être, disait à peu près Socrate dans *le Sophiste*, « si le non-être n'existe en quelque manière » ? Les mensonges de l'Histoire sont aussi l'histoire de ses mensonges.

On les justifie par l'oubli. À qui la faute si des hommes ou des événements sont rejetés dans le néant ? On ne peut se souvenir de tout, pas même du nom des morts. Les cimetières sont peuplés d'inconnus appelés à disparaître dans le flux de l'histoire. Les hommes ne sont pas seulement oubliés, ils retournent à la matière qui les broie, les submerge, les enlise, aussi sûrement que les poilus de la Grande Guerre. Ceux-là n'étaient pas, à l'origine, des oubliés, mais des disparus : le soldat de l'arc de triomphe de l'Étoile est un *inconnu*. Cet enfouissement volontaire d'un mort anonyme se voulait symbolique de tous les morts et disparus de la guerre. On enterrait des corps sans nom, des membres épars. L'ossuaire de Douaumont est l'exemple de cet amoncellement collectif, où les ossements des hommes sont mêlés à ceux des chevaux, des ânes et des mulets.

Puisque les autorités, garantes de la mémoire, ne pouvaient rendre hommage individuellement aux morts, sauf aux privilégiés, les officiers dotés, mais pas toujours, de tombes individuelles, force était de prendre les victimes en bloc, de nier les personnalités pour ne reconnaître que des symboles. L'idée du *mémorial* prit corps.

Il était destiné aux survivants, aux vivants, aux hommes du futur, à la transmission d'une *mémoire*. Thucydide prononçait un discours aux morts d'Athènes dans *la Guerre du Péloponnèse.* Les hoplites anonymes figureraient nus sur le marbre, en souvenir de leur sacrifice. Ainsi les villages d'Écosse sont-ils ornés de statues de *highlanders* héroïques, tombés lors de la guerre des Boers. Rien sous le monument.

Les restes des victimes ont nourri les cultures d'Afrique du Sud. Jusqu'à quand les *Cameron,* les *Gordon* croiseront-ils la baïonnette devant des touristes et les bergers des *mours* qui ont perdu tout souvenir de leur épopée ? Les listes des monuments aux morts dans les villages français sont distinctes des sépultures. Les morts sont enfouis dans les fosses communes des batailles. Leur inscription sur le marbre est due seulement à la mémoire de l'état civil et au souci des autorités politiques de ne rien laisser perdre des sacrifices consentis au front.

Pourquoi ne pas oublier ce qui n'était commémoré que pour des raisons d'histoire ? Pendant toute la période 1870-1914, les tombes des soldats allemands morts dans la guerre de 1870, dans les villages français annexés, ont été fleuries avec émotion par les autorités d'occupation et dans un grand luxe de musiques et de discours. Ces pratiques ont cessé après 1918. À quoi bon les entretenir, quand elles n'ont plus de raison d'être politique ? Le chancelier allemand Gerhard Schröder, refusant en 1999 de se rendre à Verdun pour y rencontrer le président français, a expliqué à la presse que l'Allemagne était lasse de célébrer une guerre perdue. Le culte des héros morts était donc menteur. Loin de s'attendrir sur la perte brute de tant de millions d'hommes jeunes, de les pleurer en silence, il n'avait pour but que d'entretenir, par le souvenir, le sentiment national qui, chacun le sait, n'est plus aujourd'hui de mise en Europe.

Que dire des monuments édifiés par les Soviétiques dans les ruines fumantes de Berlin, où l'on est surpris de voir des soldats russes en armes saisir dans leurs bras les enfants allemands pour les sauver du drame, les éduquer, en faire de nouveaux Allemands acquis à l'idéal de la grande révolution ? Peut-on lire dans le marbre le moindre regret sur les morts civils de la guerre, sur la ville éventrée, assaillie par des milliers de canons ? Le monument doit donner au sacrifice un sens dans l'insensé et rappeler d'abord l'héroïsme des vainqueurs, les libérateurs de l'Allemagne nazie : une idéologie qui permettra de faire défiler au pas de l'oie les soldats de la RDA, devant la porte de Brandebourg à Berlin.

Mensonge que ces commémorations ? La forêt gagne sur le marbre. Le gigantesque soldat soviétique, baptisé par les Berlinois *Ivan*, ira rejoindre dans l'oubli la statue de bronze de Bismarck située non loin de la Karl Marx Allee, dans les bosquets de Tiergarten où les employés de banque et peut-être aussi des ministères pratiquent l'été le nudisme intégral. La vérité des corps étalés ne ment pas. Au diable l'histoire qui cache le soleil ! Un mensonge chasse l'autre et, dans l'Allemagne réunifiée, gagnée aux prétendus bienfaits du capitalisme menteur, à quoi bon le sourire viril du libérateur russe ? Oublier Joukov, n'est-ce pas aussi oublier Hitler ?

⁂

L'oubli est une des formes du non-être. Entre ce qui n'a pas existé, ce qui ne peut être et ce qui a été, avant d'être envoyé au néant, le mensonge trouve sa place. Il est d'abord une forme de refus d'expliquer la réalité telle qu'elle est, une tentative de dissimulation. Le crime n'existe pas, puisque nul n'en parle. Il est nié, renvoyé au non-être. Ceux qui prétendent en établir la réalité sont traités de menteurs, voire de criminels. Ainsi la propagande sert à dissimuler l'horreur, à la nier. Les nazis font visiter aux représentants de la Croix-Rouge des camps de concentration dont les détenus ont constitué un orchestre. Qui parle de crimes ? Ceux qui, disait-on à la radio du docteur Goebbels, prétendent dénoncer Hitler au nom d'une propagande de guerre.

Le mensonge n'est pas pure omission, il est déformation de la réalité, forfaiture pure et simple. Les nazis ne nient pas la réalité des camps, ils prétendent que l'on peut y vivre libre en travaillant, la liberté par le travail *(Arbeit macht frei)*, comme on peut le lire sur le portail d'Auschwitz.

Nier la réalité du crime, c'est insulter Victor Kravchenko, évadé du goulag, au procès qui lui est intenté par les communistes français en 1949, affirmer qu'il est un menteur à la solde des impérialistes américains. On répond au mensonge en imputant le mensonge, hurlant au loup contre la propagande. Sans vergogne, les accusateurs s'en prennent au transfuge, dépouillent sa vie privée, ses intentions secrètes, tissent autour de lui un procès en diffamation. Comment oser accuser le père des peuples, le libérateur de l'Europe, le génial maréchal de l'Armée rouge ? Comment insulter les vingt millions de morts de l'URSS en guerre ? Comme en Allemagne, la réalité des camps de redressement politique n'est pas niée, mais elle n'est pas imputée à crime contre le régime. Elle est admise, comme une nécessité de la révolution. Justifiée en quelque sorte.

Les assassinats des personnalités politiques sont systématiquement oubliés par les responsables des régimes totalitaires. Les exécutions de la police secrète mussolinienne ne sont jamais revendiquées et le peuple italien les ignore. Quand la Gestapo fait connaître la mort des leaders sociaux-démocrates allemands Breitscheid et Hilferding, elle ne nie pas qu'ils ont été arrêtés dans une chambre d'hôtel d'Arles par la police française et livrés ensuite par Vichy. On a retrouvé Hilferding pendu par sa cravate au crochet de sa cellule à la prison de la Santé. Le suicide est, assure-t-on dans la presse collabo, aisément vérifiable. L'homme politique devait être livré le lendemain à la Gestapo. Elle n'est pour rien dans son décès. Mais le social-démocrate Rudolf Breitscheid et le chef du parti communiste allemand Ernst Thälmann sont bien morts en Allemagne. La Gestapo ne le conteste pas. Elle annonce simplement qu'ils ont été tués par des bombes américaines au cours de l'attaque du camp de concentration de Buchenwald. Les autorités militaires alliées vérifient : aucun raid sur Buchenwald ce jour-là. La Gestapo a menti, elle a nié la réalité du crime. Pour l'opinion publique allemande informée par ses soins, le crime n'existe pas. Il est une invention des ennemis du Führer.

La plupart des crimes politiques sont exclus de la mémoire par dissimulation. On n'en parle plus, on n'en a jamais parlé, comme s'ils n'avaient pas existé. Les vierges douloureuses d'Argentine peuvent manifester sur la place publique à Buenos Aires contre l'exécution de leurs pères, frères ou fiancés par la police politique de la dictature militaire. Celle-ci nie tout assassinat. Les personnes concernées ont disparu. Nul n'a retrouvé leurs corps. Plus près de nous, les charniers de Bosnie relèvent du même état d'esprit. Si l'on prend soin d'enterrer les cadavres, c'est à l'évidence pour pouvoir nier la réalité du crime et décourager d'avance toute enquête humanitaire. Les exécutions politiques reposent fondamentalement sur le mensonge.

L'histoire contemporaine de l'humanité abonde en charniers dissimulés aux regards indiscrets, pour que la propagande ne puisse s'en emparer. Le mensonge systématique devient de plus en plus nécessaire, dans la mesure où l'opinion internationale peut s'en émouvoir. Quand les crimes mettent en question un système d'oppression politique, tout est mis en œuvre pour les cacher. Personne ne songeait à mentir, dans la belle France du grand roi Louis XIV, pour laisser ignorer les massacres de l'armée française dans les villages du Palatinat. Les exécutions massives des populations étaient dans l'usage : ainsi, en Alsace et en Lorraine, les chevauchées sanglantes des cavaliers suédois pendant la guerre de Trente Ans. Les croisés ne cachaient nullement qu'ils avaient tué tout ce qui bougeait dans l'enceinte de Jérusalem, juifs et musulmans réunis, et pas davantage le légat du pape quand il massacrait les cathares dans Béziers. Le crime était au contraire affiché, proclamé : « Tuez-les tous, Dieu reconnaîtra les siens. »

Il n'est plus question aujourd'hui de revendiquer ce cynisme exterminateur. Les régimes les plus cruels, les plus manifestement criminels, s'en gardent. Le développement de l'information et de la propagande a rendu le mensonge nécessaire. Il est inclus dans les recettes de l'*agitprop* soviétique, comme dans les préceptes du docteur Goebbels. Il est convenu que les régimes oppressifs trouvent avantage à cacher le crime. On ne le justifie pas, il n'est ni proclamé ni revendiqué, mais il est tu au contraire, avec un grand luxe de précautions. Il est nié, et non dissimulé, comme s'il n'avait jamais existé. Qui pourrait retrouver un jour le corps du leader marocain Mehdi Ben Barka, si soigneusement anéanti, découpé, dissous, avec la complicité de certains membres des services secrets français ?

***

Mais les mensonges de l'Histoire peuvent être aussi d'omission. On rejette dans l'oubli les fautes, en espérant qu'elles ne seront jamais connues. Elles gênent les responsables, elles mettent leur intégrité en question, elles les obligent à s'expliquer publiquement sur des conduites inconcevables par l'opinion, elles rejettent dans le « secret d'État » les crimes insoupçonnables. C'est pour le bon motif que les politiques agissent de la sorte, pour éviter le dévoilement des inévitables bavures de leur action. On ne doit jamais savoir.

Les coffres secrets des ministres de l'Intérieur d'aujourd'hui, des préfets de police, des proches et discrets serviteurs des souverains du passé sont pleins de ces affaires qui n'arrivent jamais à la connaissance du public, et ne sont pas versées aux archives d'État. Ces cabinets noirs du crime politique existent dans tous les pays, et sous tous les régimes, même démocratiques. Ils imposent, faute de preuves, le silence de l'histoire.

Combien d'héritiers aux trônes ont été ainsi dissimulés, dans leur existence même, au regard du public ? Le cas du « masque de fer », ce frère putatif de Louis XIV, est le plus connu. Dans la criminologie des Romanov, combien de cas semblables, en dehors des assassinats officiels ? Combien d'enfants immolés sur l'autel de la succession féodale ou royale dont on a réussi à dissimuler jusqu'à l'existence ? Depuis les origines de la monarchie franque, les massacres s'accumulent dans la famille de Clovis, même après la conversion au catholicisme du chef franc. Sans la chronique de Grégoire de Tours, de longtemps postérieure, qui aurait pu l'imaginer ? Charlemagne, le grand empereur chrétien massacreur de Saxons, fait disparaître une de ses femmes et l'enfant qu'elle lui a donné. La succession dynastique n'étant pas réglée, l'élimination physique des candidats illégitimes ou même légitimes au trône est une pratique courante.

On la retrouve dans l'usage monarchique des couronnes de France et d'Angleterre pendant de longs siècles. Si les enfants d'Édouard sont un exemple connu de sauvagerie dynastique, si les meurtres de Richard III ont nourri l'imagination créatrice de Shakespeare, combien de crimes impunis, restés inconnus, dans l'histoire sanglante des dynasties ? Quant aux reines ou aux dames de l'entourage royal, le traitement qu'il leur est réservé par les rois ou princes jaloux ou avides d'héritages alimente une chronique de l'horreur qui révèle, longtemps plus tard, et par accident, des faits destinés à rester cachés.

La très longue carrière à la cour de France des magiciennes et des empoisonneuses, de la Renaissance au XVIIIe siècle, n'est qu'un des épisodes de cette série de crimes secrets de la chronique féodale et royale. Les poisons viennent d'Italie, introduits à la cour dans la suite des reines Catherine puis Marie de Médicis, cette dernière accompagnée de Concino Concini et de son épouse, Leonora Galigaï. Ils répandent une atmosphère de méfiance et de secret, comme si désormais les querelles de pouvoir devaient se résoudre grâce à l'assassinat sans trace, alchimique, presque scientifique, devenu, dès le Quattrocento, à la cour des Médicis ou du pape Borgia, l'un des beaux-arts. Les spectaculaires châtiments de la Brinvilliers et de la Voisin ne doivent pas faire illusion. Le pouvoir ment par omission et sans vergogne dans les affaires qui le concernent de trop près.

L'usage fait du poison jusque dans le milieu bourgeois, les infanticides liés aux séances de magie noire, les débauches des messes consacrées à Satan créent un malaise dans le public, bientôt une angoisse. Le gouvernement de Louis XIV réagit en installant une cour spéciale, dite chambre de l'Arsenal, pour juger des procès en poisons. Les tortures et les condamnations vont bon train. On se précipite place de Grève pour voir brûler les sorcières à poudre noire et les bergers trafiquants d'arsenic. Mais le chef de la police royale, La Reynie, débouche bientôt dans ses enquêtes sur le crime de lèse-majesté.

On soupçonne déjà les empoisonneurs transalpins d'avoir expédié *ad patres* le duc de Savoie et prince de Piémont Charles-Emmanuel II. La Reynie découvret-il que l'instigatrice du crime n'est autre que la duchesse régente ? Vite, que l'affaire soit enterrée, qu'on n'en parle plus ! Pas plus que de la mort suspecte de la jeune reine d'Espagne, fille de Monsieur, frère de Louis XIV. Morte de quoi, à vingt-sept ans ? D'avoir mangé une tourte d'anguille, du chocolat empoisonné, ou ingurgité de l'arsenic ? Sa belle-mère, la reine mère, s'en réjouit beaucoup dans son majestueux palais de Madrid, étant anglophile et hostile aux Français. Le poison italien menaçait-il soudain toutes les têtes couronnées d'Europe ?

Mensonge par omission. On décide en haut lieu de faire sur les affaires un silence de plomb, dès que Louis XIV est informé par Louvois et Colbert, qui le tiennent de La Reynie, qu'un complot a été ourdi contre sa concubine, la Fontanges, par les soins de la Montespan, maîtresse royale délaissée, et qu'un autre complot vise la personne même du roi, à qui la crapuleuse Voisin aurait essayé de remettre un mortel placet poudré à l'arsenic.

Faut-il laisser instrumenter la Chambre de l'Arsenal ? Les honnêtes magistrats doivent-ils être instruits des abominables turpitudes qui s'ourdissent dans l'entourage immédiat de la personne du roi ? La Chambre est suspendue. Quand elle reprend ses travaux, c'est sans doute pour condamner au bûcher les empoisonneuses vulgaires, mais aussi pour écarter tous ceux qui ont trempé dans le complot brûlant de lèse-majesté qui risque de produire au grand jour des noms illustres qu'il vaut mieux laisser dans l'ombre. Il n'est pas question que les coupables parlent sous la torture des derniers instants, à la question préalable. On les enferme à vie dans des forteresses aux murs épais, en veillant à ce qu'ils ne survivent pas trop longtemps. Autant de détentions arbitraires à Belle-Île. La justice du roi ne veut pas connaître ces gêneurs. Elle les enterre vivants. Sont-ils coupables ? On les oublie, par un mensonge officiel, par omission. Il n'est pas permis de les évoquer. Qui se souviendra jamais des Guibourg, Lesage, Matour ou Vautier ? La justice du roi ne les a pas jugés, pas entendus, pas condamnés. Ils ont été retirés de la circulation.

Les exemples abondent de ces mensonges absolus des cours royales d'Europe inspirées par leurs cabinets noirs. Ceux-ci deviennent, par la force des choses, des instruments de gouvernement. Comment s'en passer ? Le pouvoir concentré sur une tête est vulnérable, à la merci d'un complot. La politique devient souterraine. La justice aussi.

Quand le scandale éclate, c'est qu'il est mis en avant par des folliculaires inspirés par l'opposition philosophique, qui, au XVIIIe siècle, prend le roi de France et sa famille comme tête de Turc. La reine Marie-Antoinette, surtout, fortement compromise dans l'affaire du Collier, où le cardinal archevêque de Strasbourg, un prince de Rohan, se trouve mêlé. Une scandaleuse aventure galante, entre une souveraine et un prince de l'Église. La censure ne peut tout cacher. Mais combien d'affaires étouffées en Europe par la volonté des pouvoirs d'omettre d'informer les sujets des scandales effrayants qui entourent la personne des souverains, et jusqu'aux membres du haut clergé ?

***

Qu'on ne croie pas un seul instant qu'avec les démocraties ait disparu le mensonge par dissimulation. Des universitaires et des chercheurs américains se sont interrogés sur les dissimulations de Roosevelt lors de l'entrée en guerre des États-Unis en 1941. On aurait laissé le Japon se lancer dans une provocation pour déclencher à coup sûr la guerre, que le peuple américain ne voulait pas. Une autre thèse attaque l'administration américaine qui aurait été informée de l'existence de camps d'extermination nazis, et qui n'aurait ordonné aucune action pour contrarier l'acheminement des détenus par chemins de fer vers les camps ni aucune campagne pour dénoncer le génocide hitlérien. On pose la question de la responsabilité des nations occidentales, après la prise du pouvoir d'Atatürk, le général Mustapha Kemal, en Turquie dans la non-dénonciation du génocide arménien, et pareillement, de nos jours, de l'extermination des Kurdes.

Mais le mensonge par omission, si répréhensible soit-il, invoque aussi la raison d'État. Elle justifie au grand jour les agissements du pouvoir capable de s'allier avec le diable dans l'intérêt public. Le *réalisme* est ainsi invoqué pour couvrir le mensonge : mieux, pour en faire, au su de tous, un principe d'action politique machiavélien.

Roosevelt, grâce à son secrétaire d'État Harry Hopkins, s'associe au bolchevik Staline, ancien allié de Hitler, suivi en cela par Winston Churchill, qui n'a plus soudainement aucun reproche à faire au tyran sanguinaire de Moscou. Ainsi François Ier, le roi très chrétien, s'alliait-il aux Turcs ottomans contre la cour de Vienne, et le cardinal de Richelieu, rude convertisseur de huguenots français, aux princes protestants d'Allemagne. Jadis Henri IV, pour vaincre les Ligueurs ultracatholiques, appelait dans le royaume les soldats mécréants, anglicans, de la reine Élisabeth d'Angleterre.

Mais ces gens-là mentent-ils vraiment ? Ils affichent avec insolence leur choix réaliste dans la bataille qu'ils ont engagée, qui, à leurs yeux, justifie l'abandon de tout préjugé de croyance, et même de foi humanitaire. Le mensonge n'est alors pas un alibi, c'est une arme. Ils en usent largement, à l'exemple de leurs ennemis.

Le pape Pie XII s'inscrit en faux, par son action conciliatrice avec Hitler, contre la position de principe prise par son prédécesseur Pie XI qui avait condamné le nazisme, aussi bien que le communisme, dans son encyclique *Mit brennender Sorge.* Il pesait sur le gouvernement polonais du colonel Beck pour qu'il accepte jusqu'au dernier moment de s'entendre avec Hitler, même au prix de concessions mortelles. Le pape travaillait alors en priorité pour les catholiques d'Allemagne, qu'il ne voulait à aucun prix abandonner à la fureur du dictateur. Les Polonais étaient pour lui des catholiques de deuxième zone.

Il n'avait cure de rendre publique la lettre qu'il écrivait à Hitler. Il entrait dans le jeu « réaliste » des « apaiseurs », ceux qui, tel le Premier ministre britannique Chamberlain, avaient préféré à Munich le recul et l'abandon à l'esprit de résistance. Le pape mentait en donnant à croire que l'on pouvait s'entendre avec Hitler. Il savait qu'il n'en était rien. Hitler mentait en laissant ses ennemis penser qu'il souhaitait la paix et l'accommodement. L'invasion de la Pologne était déjà programmée par le commandement de la Wehrmacht au moment où il lisait la lettre de Pie XII. Les jours de la Pologne étaient comptés.

Les procédés nazis de négociation rappelaient ceux de la Wilhelmstrasse, le siège du ministère des Affaires étrangères à Berlin, et les roueries d'un Bismarck qui avait provoqué, par la dépêche d'Ems, l'entrée en guerre de Napoléon III en 1870. Mensonge efficace, qui donnait d'avance à la Prusse l'initiative militaire et tout ensemble des gages à la bonne conscience internationale capable d'isoler diplomatiquement la France. Ainsi le « réalisme » des Occidentaux à Munich avait-il rejeté Staline dans les bras de Hitler, et celui-ci avait les mains libres pour exécuter son programme d'annexions qu'il baptisait improprement « révision du traité de Versailles ». Ce mensonge lui permettrait en avril 1940 de dicter sans risque d'être importuné sa propre paix dans les Balkans, une paix exclusivement allemande. Le mensonge avait payé.

De même Staline avait-il pu jurer ses grands dieux à la conférence de Yalta (1945), devant Churchill et Roosevelt perplexes, qu'il assurerait l'élection libre du gouvernement de la Pologne libérée. Il l'avait encore répété en 1945 à la conférence de Potsdam. Les alliés occidentaux pouvaient-ils faire confiance à celui qui conseillait à son allié Tito de traiter en Yougoslavie ses ennemis par le poignard ? Churchill pouvait-il sérieusement penser qu'il pourrait faire remonter sur le trône les rois de Yougoslavie et de Grèce qu'il avait nourris si longtemps en Égypte ? Il avait devant lui un menteur impénitent qui avait laissé écraser devant Varsovie la résistance polonaise armée par Londres. Les élections organisées en Pologne seraient entièrement contrôlées par le gouvernement communiste de Lublin, et les procédés utilisés pour faire main basse sur les États balkaniques relèveraient constamment du mensonge élevé à la hauteur d'une méthode.

Ainsi le « réalisme » politique est un mensonge conscient, presque affiché, qui suppose que l'on agisse sans égards pour les discours officiellement tenus par les chancelleries et les gouvernements. Les SS, on en a désormais la preuve, envisagent d'exécuter leur propre ambassadeur à Prague, par provocation, au moment où la diplomatie de la Wilhelmstrasse s'ouvre béatement, sereinement à la discussion avec les Occidentaux à propos de l'affaire des Sudètes en Tchécoslovaquie, en 1938.

Cette duplicité peut se décrire dans les rapports des nations, depuis qu'elles sont constituées en États capables de faire la guerre. Le droit est la force, l'avenir de la révolution prime sur toutes les considérations diplomatiques, sur les droits de l'homme. Le double discours du droit et de la force sécrète le mensonge et prétend le justifier. Il explique pourquoi l'on peut prendre si souvent l'Histoire en flagrant délit de mensonge.

⁂

La révolution française, plus tard la bolchevique, sont de grandes pourvoyeuses en mensonges, du fait que l'idéologie, très vite dénaturée, donne une justification à la reprise du réalisme politique. Mais ces idéologies ne font que prendre la suite de la très longue série des affrontements ayant ensanglanté l'Europe et une partie du monde dans les guerres de religion, et dans les politiques des religions armées à l'égard des populations soumises.

Les premiers grands mensonges dans l'Histoire d'Occident ont la religion pour prétexte. Les procès qui se succèdent illustrent la parfaite mauvaise foi des inquisiteurs, qui, sous couleur de défendre les principes, servent des intérêts de pouvoir. Les chevaliers qui parcourent l'Allemagne au temps des premières croisades pour marcher vers les lieux saints sont des barons pillards qui ne négligent pas de dépouiller sur leur passage les communautés juives du Rhin et de l'Allemagne du Sud. Ils ont toutes les excuses : les juifs n'empoisonnent-ils pas les puits et ne massacrent-ils pas les enfants chrétiens ? Par ces mensonges, ils plaident leur cause devant les évêques protecteurs des communautés, devant le pape lui-même. Rien ne les arrête. Ils ont la lance au poing et le mensonge en bouche. Le monde entier ne doit-il pas périr lors du retour du Christ à Jérusalem ? À quoi bon se gêner ? Pourquoi ne pas massacrer les habitants de la ville ? Dieu ne les ressuscitera pas, car ils n'ont pas la foi du Christ qui sauve.

Les procès des cathares du Languedoc sont également conduits par des motifs de brigandage nobiliaire et papal. Le légat n'accepte pas qu'un comte de Toulouse couvre les villes révoltées qui ne consentent plus à verser les annates — une redevance correspondant à un an de revenus qui était payée aux récipiendaires d'un bénéfice — au pape et bafouent son autorité. Aucun prince ne peut s'affranchir de la communauté chrétienne dont le pape est formellement le chef. Les cathares doivent périr. Aucun mensonge n'est trop fort pour dénoncer leurs mauvaises mœurs, leur refus du sacrement et du mariage, leurs communautés libres et dissolues même si les « parfaits » pourraient donner des leçons de morale à n'importe quel prince de l'Église. Les cathares ont passé un pacte avec le diable en refusant l'autorité du pape. Ils doivent retourner au néant.

Une croisade est prêchée contre eux, appelant au combat les seigneurs du Nord. Ils se précipitent à la chevauchée, derrière Simon IV, comte de Montfort. Le droit et la foi sont pour eux. Ils pourront sans risque *mettre en proie* les terres des seigneurs ennemis. Mensonge sinistre, qui fait du comte de Toulouse Raymond VI le successeur de celui qui avait conquis un siècle plus tôt la tour de David à Jérusalem en 1099, un apostat, un renégat, un ennemi du Christ. Mensonge payant, qui permet la colonisation par les barons du Nord des riches terres du Midi. Qui demandera pardon aujourd'hui aux cathares ? Sont-ils maudits de toute éternité ? Le légat du pape qui les a tous fait massacrer dans Béziers est-il au paradis des justes ?

L'intolérance poursuit son œuvre dans les crises du Moyen Âge, toujours soutenue par l'autorité spirituelle du clergé qui tient la foi orthodoxe pour excuse à tout mensonge. Condamnés, les vaudois, disciples candides de Pierre Valdo, pour qui la vraie foi est dans la vertu du recueillement et non dans la constitution des domaines et des empires. Massacrés, les Vaudois des Alpilles, sous le règne éblouissant de François Ier, envoyés au bûcher en 1545 par le président d'Oppède, du parlement d'Aix. Voués aux flammes, comme suppôts du diable, les hussites de Bohême — en attendant les huguenots —, les sectes révoltées d'Europe centrale.

Une guerre de Trente Ans s'engage (de 1618 à 1648), au cours de laquelle vingt millions d'Allemands et d'Européens trouvent la mort. Les seigneurs ont pris parti pour la foi nouvelle, moins par conviction que pour faire main basse sur les biens immenses du clergé. Les guerres de Religion en France sont celles des princes contre le pouvoir royal. Mensonge pur que la justification par la foi de ces massacres : la religion est devenue un enjeu de pouvoir.

Ceux qui, par leur révolte individuelle, font la leçon aux puissants périssent dans les souffrances insensées des supplices et des bûchers. Mensonges que le procès et la condamnation d'Abélard. Bernard de Clairvaux veut assurer le pouvoir du pape sur les princes, et rejette en enfer toute contestation d'intellectuels. Abélard, le plus brillant, est le premier frappé, « jeté en un sac en Seine », comme l'a chanté Georges Brassens.

Après lui Jeanne d'Arc, dont on conteste l'inspiration divine. Qu'elle ait permis aux Français de se redresser justifie tous les mensonges accumulés dans son procès par l'évêque Cauchon, agent de l'Angleterre. Mais aussi la mortelle indifférence du roi Charles VII, qui abandonne celle qui l'a sauvé. Pour qui se prend la Pucelle ? Il n'est d'autorité et de lumière que dans le roi, oint du seigneur, véritable représentant du ciel. Ceux qui veulent établir un rapport individuel avec Dieu doivent le faire en dehors de l'État.

Maudits, les Templiers, qui ont assuré la présence physique de la chrétienté en Orient contre les assauts des infidèles. Les mensonges les plus grossiers servent à les discréditer, à les faire passer pour des sodomites sans principes et sans foi. Que leur trésor tente le roi Philippe le Bel est probable. Mais dans sa bataille avec le pape, il n'a que faire d'un ordre partout installé en commanderies et en relais, capable de menacer l'autorité souveraine. Que les Templiers disparaissent ! Des suppôts du diable ! Qu'ils périssent au bûcher et que leurs cendres soient jetées dans la Seine ! Les grands inquisiteurs d'Espagne et du Nouveau Monde, les persécuteurs des juifs, des Indiens et des sorcières connaissent la méthode : mentir, au nom de la foi, obliger leurs victimes à mentir pour plus sûrement les supprimer. Le mensonge est donc bien au cœur de l'Histoire, sous toutes ses formes et sous tous les régimes. Elle ne respire que par lui.

Chapitre 2

Les mensonges de la foi

La croisade est, par excellence, un acte de foi. Le croisé s'engage à tout abandonner pour prendre la route de Jérusalem et délivrer le tombeau du Christ. Il trace parfois sur son visage, au fer rouge, une croix sanglante, il se marque dans sa chair, pour que nul ne conteste ses intentions de sacrifice. Il se dit tout prêt à mourir pour le Christ, en bon soldat du Christ, *milites Christi*.

Pur produit de la foi profonde du XIe siècle, sa sincérité n'est pas contestable. Il a laissé la terre et les pâtures, la ferme et le troupeau. Parti avec sa famille, avec ses enfants même, sans espoir de retour. À quoi bon laisser de lui la moindre trace, alors que la fin des temps s'annonce à Jérusalem avec le retour glorieux du Christ, la seconde incarnation ? Sur fond de revanche mystique, le croisé n'a pas l'ambition de changer de monde, mais de se précipiter au lieu magique où l'ange sonnera la fin des temps. S'il est dans l'Histoire, c'est pour marcher vers le terme de l'Histoire.

Il lui reste à prier en marchant, à chanter des cantiques, avant de rejoindre les morts ressuscités, ceux qui l'attendent au paradis des justes. Il n'a pas l'injure à la bouche ni le rouge de la colère au front. Il ne part pas pour se venger des profanateurs des lieux saints, il va à la rencontre de l'éternel d'un cœur candide. Il n'imagine pas que tous les autres hommes, s'ils tiennent à leur salut, ne puissent partager sa foi. Il n'a pas à conquérir ni à convertir, mais à marcher vers la lumière qui l'illumine. La croix sur son front est un signe de reconnaissance. Dieu la lit du haut du Ciel. Il sait que les siens se sont levés pour l'approcher, pour s'offrir à sa justice, à sa compassion, pour les sauver des misères de la condition humaine. Ils ont pris la route pour l'amour de lui. Dieu le veut.

Alphonse Dupront, dans sa belle thèse [1], a fait justice de tous ceux qui contestaient les intentions des croisés. On ne lève pas des dizaines de milliers d'hommes simples et fervents pour faire la conquête de l'Orient ni pour assurer l'enrichissement de Rome, de Venise ou de Constantinople, encore moins pour fournir des fiefs aux seigneurs d'Occident. On part pour partir, vers l'autre monde, sans espoir de retour. On marche dans l'illumination de la vérité.

Cette influence d'une « scénographie eschatologique de la fin des temps », décrite par Dupront, s'accompagne d'une chronique des événements insolites, annonciateurs de la fin du monde. Des chutes des météorites, des éclipses de lune, des tremblements de terre se multiplient, et les moines s'en servent pour annoncer l'apocalypse.

On signale, entre autres exemples dans les chroniques, une pluie météoritique le 4 avril 1095, des taches solaires, l'année suivante, une éclipse du soleil en février 1099. Le « nuage de sang » évoqué par le moine Ekkehard d'Aura aurait frappé les villages d'Allemagne. Les famines suivent les désordres de la

---

1. Alphonse Dupront, *la Croisade*, Gallimard, 4 vol., 1997.

météorologie ainsi que les épidémies. Il est grand temps de partir pour toujours. Les moines n'hésitent pas à parler de « lettres tombées du ciel ». La prédication de la croisade renforce le courant de foi populaire et précipite les départs. Puisque la fin est proche, pourquoi attendre ?

La marche de milliers d'hommes et de femmes de toutes conditions et de toutes les régions d'Europe « à la rencontre parousique, à l'accomplissement des temps » pousse les élus de Dieu vers la Jérusalem céleste et abolit étrangement les différences de condition, d'origine et même de sexes. Nul ne conteste aux femmes le droit de partir. N'y a-t-il pas égalité des humains devant la fin du monde ? Jérusalem est le lieu de la fraternité universelle, du retour au christianisme des origines, qui ne connaissait pas les nobles et les seigneurs. Que ceux-ci prennent aussi le départ regarde leur conscience, mais n'implique pas commandement. Ils n'ont pas le droit de s'opposer au départ de leurs gens. Tous sont libres, dans le principe, y compris les serfs.

Le voici donc arrivé, ce *millenium* égalitaire, parfaitement conforme à la foi chrétienne des origines mais tout à fait étrange dans sa démarche transcendante. N'y a-t-il plus de hiérarchie, ni de soumission, ni de lien social ? Le moine pauvre est-il l'égal du riche évêque du Puy, Adhémar de Monteil, à qui le pape demande, en novembre 1095, d'organiser la première croisade ? L'humble paysan d'Auvergne et le pêcheur de Sicile peuvent-ils prendre la croix sans l'autorisation de leur seigneur ? Rien ne l'interdit, puisque tous prennent la route sans obstacle, sans mise en garde, ayant eux-mêmes réalisé leurs biens pour constituer un pécule souvent infime.

La croisade suppose l'égalité dans le sacrifice et le partage de la foi. Elle est, dans son principe, hors de l'Histoire et de ses contraintes. Elle cherche dans le ciel les signes annonciateurs de l'ultime libération. Et personne, fût-il pape, roi ou empereur, ne cherche à contenir cet enthousiasme niveleur. Qu'ils partent tous, puisqu'ils croient en Dieu et portent sur eux la rouge croix de Jésus. Qu'ils soient les bons soldats du Christ, n'attendant de récompense que la vie éternelle à la droite du Seigneur.

⁂

Les croisés ne mentent pas. Ils ne sont pas des pèlerins cherchant en lieu saint l'absolution de leurs péchés. Ils ne vont pas à Jérusalem pour s'absoudre, comme le cruel Foulque Nerra, comte d'Anjou, faisant oublier ses massacres indignes d'un chrétien par trois voyages successifs vers le Saint-Sépulcre. Les paysans du Blésois ou de l'Angoumois n'ont rien à se reprocher de grave. Ils partent d'un cœur léger, dans la quête de l'éternité. Ils se rapprochent des pèlerins, dans la mesure où ils marchent vers les lieux saints pour de seuls motifs religieux. Ils n'ont en effet aucune ambition de conquête et de gain personnel, ils ne songent pas à revenir, à rapporter dans leurs sacs des richesses d'Orient, ni même les reliques de martyrs. Ils n'ont plus ni biens ni terres et leurs familles les accompagnent. Le surnaturel seul les pousse. Ils vont en terre d'Orient où se lève le soleil, à la rencontre du miracle.

Pour l'ordinaire, les riches y pourvoiront. Le partage des vivres va de soi. Il n'est pas dans l'intention des pauvres de la croisade de piller ou de mettre à sac les territoires traversés, peuplés de chrétiens comme eux. La prédication populaire ne les pousse nullement au massacre des frères, et ils traversent, jusqu'en Hongrie et en pays slaves, des terres exclusivement chrétiennes. Et cependant leur désintéressement ne résiste pas aux circonstances. La foi qu'ils portent en eux ne les détourne pas du pillage, du viol et de la pire violence. Mensonge que leur foi intime ? Leur désintéressement de fous de Dieu ?

Pierre l'Ermite, prédicateur populaire de la croisade, était si vénéré des foules que l'on arrachait, à son passage, des poils de son âne pour en faire des reliques. Il n'avait qu'un but, faire régner Dieu sur terre. Le Christ était à ses yeux le seul souverain, rois et papes n'étaient que ses humbles serviteurs. Il était parti bien avant les seigneurs, suivi par des milliers de croisés populaires, sans heaume ni haubert, des gens de peu à la foi intense. Il avait levé ses cohortes divines de va-nu-pieds en France d'abord, puis en Allemagne rhénane, où ses prédications avaient enflammé les paysans. Les seigneurs n'avaient pas, en Occident, sellé leurs chevaux que les hommes et femmes de l'ermite Pierre, en route depuis le 8 mars 1096, avaient déjà franchi le Bosphore.

Les premiers croisés n'avaient que faire de l'ordre de route du pape ou des seigneurs. Ils étaient partis dès le début de l'année 1096 derrière leurs moines et prêtres fanatiques, comme les Allemands Folkmar ou encore Gottschalk. D'autres étaient des chefs locaux, comme ce Gautier Sans Avoir qui pourrait bien être un Gautier Sans Avoir, originaire de Poissy et chevalier possédant un petit fief près de Montfort-l'Amaury. Sous ou sans leurs ordres, les croisés ne tardaient pas à se dévoyer, devant la pénurie des vivres et l'absence de secours des seigneurs. Les actes de brigandage, les sacs de villes et de villages se multipliaient au point que le roi de Hongrie devait faire donner sa cavalerie pour écarter et châtier ces chrétiens, singuliers pèlerins de la route de Jérusalem.

Folkmar, mais aussi le comte Emich de Leiningen, le comte Hartmann de Dillingen ou le vicomte Guillaume Le Charpentier s'attaquaient aux juifs de Spire le 3 mai 1096, de Worms le 18, puis de Mayence [1]. Des scènes de violence semblables avaient ensanglanté Metz et Cologne, Trèves et Prague. Ni le pape ni les évêques, protecteurs des juifs, n'avaient pu les sauver. L'évêque Ruthard de Mayence avait renoncé à faire donner sa garde personnelle.

On présente généralement ces pogroms comme le résultat d'une furie fanatique de la foule des pauvres hères de la croisade : mensonge. En Allemagne, les paysans et artisans croisés étaient déjà encadrés, dès le départ, par des hobereaux souvent titrés, responsables de ces sanglantes exactions. Le comte palatin Hugues de Tübingen était déjà sous les armes, à la tête des manants, tout comme le duc Gautier de Tesk. Les massacreurs de juifs en Allemagne n'étaient pas toujours le fait de bandes irresponsables, suivant Pierre l'Ermite ou Gautier Sans Avoir, mais des croisés encadrés. À Trèves, Pierre l'Ermite avait touché des subsides de la communauté juive et poursuivi sa route sans aucune violence.

Mais Emich de Leiningen n'était pas un moine mendiant. Il ne demandait pas aux juifs de payer leur écot. Il entendait les piller de fond en comble et les massacrer au besoin. Un anonyme de Mayence

---

1. Voir Jean Flori, *la Première Croisade,* Complexe, 1992, p. 47.

explique que les tueurs commençaient ainsi « leur expédition et leur service contre les ennemis de la foi chrétienne ». À partir d'une source hébraïque, Jean Flori note que ces croisés prétendaient exercer au passage « leur vengeance » sur le peuple déicide. Dans la *Chanson d'Antioche,* on cite pêle-mêle juifs et musulmans comme les ennemis du Christ. Pourquoi ne pas commencer la croisade en massacrant les pacifiques juifs d'Allemagne ? Pour l'évêque Baudri, venu de Dol en Bretagne, « tous ces pèlerins considéraient comme également haïssables les juifs, les hérétiques et les Sarrasins, qu'ils appelaient tous ennemis de Dieu ».

Tous les mensonges étaient bons pour accabler les juifs dans la propagande du départ. Des chroniqueurs[1] ont prétendu, tout au long du XIe siècle, que le sultan fou al-Hakim aurait détruit le Saint-Sépulcre parce que des juifs d'Occident l'auraient averti que les chrétiens préparaient une expédition pour libérer les lieux saints. Que l'église ait été détruite, et d'ailleurs reconstruite, était exact. Mais la rumeur était un mensonge odieux, destiné à attiser la haine.

Ni le pape ni les autorités civiles et religieuses ne partageaient alors cette furie homicide. Ils tentaient au contraire de s'y opposer, comme l'empereur germanique Henri IV modérant Godefroi de Bouillon. Ils luttaient contre la rumeur mortifère, qui accusait les juifs d'empoisonner l'eau. Selon certaines sources, la fureur des croisés tenait au refus des juifs de se convertir. Ils se donnaient eux-mêmes la mort pour ne pas être obligés d'adorer le Christ.

1. Raoul Glaber vers 1050, Adémar de Chabannes vers 1030.

Emich de Leiningen se prétendait le vengeur du Christ persécuté. Il montrait des stigmates sur son propre corps et déchaînait la passion vengeresse de ses gens : le massacre des juifs allemands n'était donc pas dû seulement au désir de pillage, mais bien à la volonté d'exterminer, au débotté, avant le vrai carnage, ces ennemis du Christ. Cette idéologie de croisade n'avait rien à voir avec le départ des pauvres gens. Elle s'apparentait aux thèmes de vengeance des guerres de religion.

*
**

Les pauvres n'avaient pas attendu les riches seigneurs pour prendre la route de Constantinople. Ceux-ci répondaient à des motivations qui correspondaient très peu aux leurs. C'était mentir que de laisser les va-nu-pieds mourir pour la Jérusalem céleste alors que le pape n'avait au cœur que l'idée bien terre à terre d'accroître son Église, dont le territoire était singulièrement rétréci par l'avancée des musulmans. En 1095, Urbain II parlait à Clermont d'Auvergne en chef de la chrétienté tout entière, d'Occident mais aussi d'Orient, et le schisme de 1054[1] lui donnait, croyait-il, mission de rétablir l'unité en assurant, grâce à ses chevaliers, la défense de l'Orient chrétien où il voulait aussi installer des évêques « latins », sous la protection des croisés.

Urbain II n'était pas pape à part entière. En effet, un antipape, Clément III, soutenu par l'empereur

1. Le légat du pape, en 1054, avait officiellement rompu avec la religion orthodoxe de Constantinople en excommuniant son patriarche. Les deux Églises étaient depuis lors séparées. L'Église d'Orient était sous la tutelle étroite du basileus Alexis.

germanique régnait à Ravenne (de 1080 à 1100). Urbain II devait à l'Église des Francs la possibilité de reconquérir la papauté et de faire l'unanimité par la croisade. Cet ancien prieur de l'abbaye de Cluny participait à l'esprit de réforme et d'institutionnalisation d'une Église forte, centralisée, dans la lignée de l'action du pape Grégoire VII le Grand. Partout les abbés et les moines de Cluny soutenaient son action, regroupant autour de lui les évêques des Gaules. Par cette technocratie religieuse, il pouvait espérer imposer aux rois et aux princes la tutelle de Rome et reconstituer la chrétienté. Son ambition politique majeure était d'imposer aux laïcs la loi du Christ, d'établir une sorte de théocratie.

Si l'empereur d'Orient, le basileus, dominait le patriarche de Constantinople, le pape d'Occident pouvait espérer, à l'inverse, s'imposer aux rois et devenir ainsi, en contraignant les princes à la croisade, le chef de toute la chrétienté. Des ambitions aussi larges n'avaient garde de prendre en compte le pathos eschatologique que les moines insufflaient au petit peuple, parce qu'ils y croyaient eux-mêmes. Rien dans l'appel d'Urbain II à la croisade n'annonçait la fin des temps. Il comptait bien au contraire être le premier dans les temps nouveaux, que l'expédition d'Orient permettrait à l'Europe de vivre : temps de concorde, de conversion et de prospérités de toutes sortes, temps de consolations, et non de fin du monde.

Au concile de Clermont, la croisade ne vient d'ailleurs qu'au dernier plan des préoccupations du pape. Il commence par excommunier, comme si c'était l'affaire la plus urgente, le roi de France Philippe Ier et sa femme Bertrade de Montfort pour cause d'inceste et d'enlèvement[1]. Il affirme ainsi son autorité sur les trônes, puisqu'il peut, par son action spirituelle, faire et défaire les rois.

Son deuxième objectif est de rétablir la morale dans l'Église, et d'obliger ses serviteurs à la vertu. Un autre thème majeur du concile est l'établissement de la trêve de Dieu imposée aux chevaliers pillards et querelleurs, qui n'hésitent pas à prendre le bien des évêques.

C'est seulement en fin de programme qu'il cite la reconquête des terres chrétiennes, en Espagne et en Orient. Il fixe le jour du départ de la croisade au 15 août 1096, sous la direction de l'évêque du Puy, Adhémar de Monteil. Il a déjà dit à Angers, pour inciter les seigneurs à partir, qu'ils devaient « chasser de force le peuple païen qui avait pris possession de Jérusalem, de tous les territoires des chrétiens jusqu'à Constantinople ». Il s'agit de ravir aux Turcs seldjoukides, vainqueurs des Fatimides et occupants de la ville sainte, leurs conquêtes faites aux dépens du basileus. Il faut venger les malheurs des chrétiens humiliés à Antioche comme à Jérusalem.

La croisade, dans l'esprit politique du pape, implique des récompenses spirituelles pour les « soldats du Christ ». Recevront-ils l'indulgence plénière et les palmes du martyre s'ils décèdent ? Les papes n'y sont pas hostiles, depuis qu'ils sont acquis à la guerre sainte. Il est loin le temps où les premiers Chrétiens refusaient de servir dans les légions romaines, parce que le Christ avait donné l'exemple de la résistance passive. Depuis la conversion des empereurs romains

---

1. Le roi avait enlevé Bertrade avec la complicité de son époux, le comte d'Anjou, son vassal.

et la généralisation du baptême, le devoir des Chrétiens est de combattre pour assurer la défense de l'empire et de ses églises.

Depuis Pépin le Bref, au milieu du VIIIe siècle, le pape a obtenu latitude de défendre lui-même un territoire qui lui est reconnu, engageant au besoin des soldats contre les Lombards. Les entreprises de conquête ou de reconquête de Charlemagne ont été bénites, de même que la résistance contre les nouveaux infidèles, les Normands. La guerre dans l'intérêt de l'Église est la seule que le souverain pontife admette et sanctifie, et qu'il songe à récompenser par la rémission des péchés et l'héroïsation des guerriers tombés pour la cause du Christ et du pape.

On a vu les clercs et les moines, les évêques, les papes eux-mêmes revêtir la cuirasse et combattre pour la bonne cause. Il n'est donc nullement condamnable que des pèlerins partent en armes vers l'Orient, même s'ils ne sont pas des guerriers. Ils ont la chrétienté à défendre ou à étendre. Ils sont les *milites Christi.*

Naturellement, les seigneurs et leurs armées de chevaliers et de piétons ont la préférence du pape. Ce sont eux qu'il appelle à la croisade à Clermont, et non la foule indifférenciée des fidèles. Que ceux-ci suivent s'ils le veulent, si Dieu les inspire. À leurs risques et périls.

⁂

L'ambiguïté du prêche est donc responsable de l'organisation de plusieurs croisades de natures différentes lorsque les princes se préparent au départ en ce début d'été 1096. Les gueux sont partis les premiers, avec les moines et les chevaliers d'aventure, dès le mois de mars. Les autres tardent. Ils ont besoin de réaliser leurs biens, de trouver de l'argent pour engager leurs chevaliers et les pourvoir en armes et en équipements. Les terres changent de main, les évêchés et les abbayes profitent des ventes. Les seigneuries de ceux qui restent s'agrandissent aux dépens de celles qui appartiennent aux partants. Le retour du Christ à Jérusalem est, dès ce moment, oublié. On ne se presse pas d'aller à sa rencontre, dans les châteaux des grands seigneurs où le délai des préparatifs de départ se prolonge. On prend son temps pour ne pas manquer l'aventure. Les mensonges des moines sont faits pour les gueux.

Plusieurs chefs commandent l'armée, levée dans les provinces de l'ancienne Gaule, et moindrement au-delà du Rhin. L'empereur ne se sent pas concerné par cette affaire qui a été engagée par un pape germanophobe. Les Allemands partent à titre individuel, avec les pauvres gens. Quatre armées de grands seigneurs escortés de piétons et de serviteurs, encombrées de piétaille, prennent le départ par terre et par mer. Les Lorrains de Godefroi de Bouillon accueillent aussi les Flamands et les Rhénans. Le puissant chevalier des Ardennes chevauche avec son frère Baudouin de Boulogne. Ils sont tous les deux les fils du vénérable comte Eustache II de Boulogne, de lignée carolingienne. Vassal de l'empereur Henri IV, il répond à l'appel du pape avec enthousiasme, comme beaucoup de chevaliers lorrains ses vassaux. Godefroi est un chrétien convaincu qui a tout sacrifié à la croisade. Son frère Baudouin avait été chanoine. Il avait renoncé à la tonsure pour partir à l'armée. De son côté, le frère du roi maudit, Philippe Ier, Hugues de Vermandois a rejoint l'armée de Lorraine.

La seconde armée franque venait de l'Italie du Sud et de la Sicile conquise par les Normands. Bohémond de Tarente, fils de Robert Guiscard, duc des Pouilles, de Calabre et de Sicile, la commandait. Doté de trop modestes principautés, il espérait trouver en Orient de vastes domaines et ne passait pas pour un prince pieux. Ces Normands de Sicile étaient rompus à toutes épreuves et comptaient faire bon butin des riches villes musulmanes.

Munificent et sûr de sa force, le comte de Toulouse Raymond IV dit de Saint-Gilles commandait l'armée des Occitans et des Provençaux, accompagné du légat du pape, l'évêque Adhémar de Monteil. Il représentait avec arrogance la légitimité pontificale. Maître des terres du comté de Toulouse et, par son mariage, de celles de Provence, il avait guerroyé en Espagne avant de prendre le chemin de Jérusalem. Il regroupait derrière lui, dans sa piétaille, nombre de gens de foi, humbles et fervents, qui reconnaissaient en lui le chef spirituel de l'expédition. Plus tardif avait été le rassemblement de la quatrième armée, celle des croisés du Nord-Ouest et d'Angleterre, conduits par le duc de Normandie Robert Courteheuse, le comte de Blois Étienne et le comte de Flandre Robert II.

Ces chefs de guerre empruntaient des itinéraires reconnus, terrestres et maritimes, et s'efforçaient d'empêcher leurs gens de piller. Quand ils arrivaient sous les murs de Constantinople, ils y trouvaient les survivants de la croisade des pauvres gens, maltraités par le basileus et tenus en respect par ses soldats. Ces rescapés venaient renforcer la piétaille des princes et trouvaient bon que l'empereur de Constantinople leur distribuât des vivres. Ils avaient tant souffert de la faim et de la soif. À peine secourus, ils ne comptaient déjà plus dans l'entreprise devenue militaire de la croisade.

Chaque prince se présentait séparément devant l'empereur Alexis, qui espérait bien se faire reconnaître comme suzerain par ces nobles chrétiens d'Occident. Il ne ménageait à cette fin ni les présents ni les secours. Après tout, les chevaliers latins allaient servir ses intérêts en affrontant les redoutables Seldjoukides.

Pour la plupart, ils avaient suivi l'exemple de Godefroi de Bouillon, qui, entré le premier au palais impérial, avait accepté la cérémonie de l'hommage. Le basileus ne lui avait-il pas promis d'importantes sommes d'argent pour ses pauvres ou pour armer ses chevaliers ? Bohémond le Normand avait négocié avec plus de cynisme. Il avait obtenu de l'empereur la promesse d'un fief bien délimité, au-delà d'Antioche, « d'une terre de quinze journées de marche en longueur et de huit en largeur ».

L'indignation des « petits chevaliers » était vive, et plus encore celle du peuple des croyants. Avaient-ils pris la croix et vendu tous leurs biens pour ce mensonge, cette imposture ? Mais Bohémond n'en avait cure. Il était le premier attaché à l'idée de conquérir un fief latin en Orient.

Le comte de Toulouse, envoyé du pape, accepterait-il de rendre l'hommage au basileus Alexis ? Tout le long de sa route vers Jérusalem, il s'était opposé aux soldats grecs envoyés pour le surveiller. Adhémar, le légat du pape, avait été dépouillé et frappé par la soldatesque grecque. Dès ses premiers pas en territoire grec, le comte avait pris et pillé la ville grecque de Roussa (aujourd'hui en Turquie d'Europe). Il n'était donc pas question pour lui de rendre hommage à celui qui avait gêné sa marche. Il dit au basileus « qu'il n'était pas venu pour reconnaître un autre sire, ni pour servir un autre Seigneur que Celui pour lequel il avait quitté sa patrie et ses biens ». C'est tout juste s'il accepta de jurer qu'il n'attenterait pas à la vie et à l'honneur du basileus. Cette fermeté renforça son prestige chez les croyants : celui-là, au moins, était un croisé. Le resterait-il ?

***

Voilà les croisés découragés avant d'avoir entrepris. Ils tardent, musardent, prennent les villes et les biens, s'installent sur les terres, en puissants seigneurs. Ils amusent leur peuple en l'associant en partie au partage du butin ou des bienfaits abondants prodigués par le basileus. Ils l'abreuvent de leurs mensonges. Bien sûr, ils marcheront vers Jérusalem, mais l'été est si chaud. Qu'on attende le retour de la fraîcheur. Les chevaux vont mourir dans le désert !

Plus question de remettre à l'empereur les conquêtes. Nicée, prise d'assaut en juin 1097, est la seule ville restituée à Alexis. Les chevaliers de Raimond de Saint-Gilles s'en indignent. Ils ont affronté et défait l'armée de secours des Turcs et ils remettent les clés de la ville prise aux Grecs ! Ils sont prêts à mourir pour le Christ, mais non pour le compte du basileus. Ils prennent conscience du mensonge de cette expédition. Si l'on avait dessein de reconstituer l'Empire d'Orient, on devait le dire. Qu'attendait-on pour marcher sur Jérusalem ? Ils étaient des pèlerins armés, pas des mercenaires de l'empereur grec.

Les croisés sont partis depuis plus d'un an. Nicée a capitulé en juin. La porte de l'Orient, prochaine étape obligée si l'on veut se rapprocher des lieux saints, est la ville d'Antioche, enlevée par les Turcs aux Byzantins depuis peu. Avec ses quatre cents tours et ses réserves de vivres, elle peut rester longtemps aux mains de l'émir seldjoukide, vassal de l'émir d'Alep. Un peu moins de neuf mois seront nécessaires pour prendre Antioche, d'octobre 1097 à juin 1098.

On oublie Jérusalem. Les pauvres s'en offusquent. Ils assistent à la petite guerre opposant Bohémond et le comte de Toulouse, pour la possession de la seigneurie d'Antioche. Ces *tafurs,* ainsi appelle-t-on les va-nu-pieds, insultent les gens de Bohémond, qui ne songent qu'à s'installer dans leur conquête et renoncent à poursuivre la route. Ainsi, depuis le départ, les seigneurs mentaient. Ils ne rêvaient que de prises de guerre et de créations de fiefs.

Les *tafurs* se révoltent. Ils ont aidé les chevaliers à l'emporter sur les Turcs à la bataille de Dorylée, également en juin 1097. Robert de Flandre et Hugues le Grand s'y sont illustrés, en nobles chevaliers chrétiens, contre des adversaires qu'ils considèrent comme leurs égaux en courage. La croisade va-t-elle se réduire à des tournois de chevalerie dans les sables ?

Ceux de Baudouin se sont avancés dans le désert, souffrant de la soif et de l'absence de vivres. Ils ont traversé l'Anti-Taurus, traîné leurs chevaux vers Marash. Tancrède a obliqué vers le sud, pris Tarse, cédé la ville abandonnée par les Turcs aux chevaliers de Baudouin. Il s'est rabattu sur la région de Mamistra, où il compte se tailler un fief. Il la fait appeler déjà « terre de Tancrède ».

Baudouin, à l'appel des Arméniens [1], s'est précipité sur Édesse, loin vers le nord-est. Il a fondé en mars 1098 la première principauté catholique d'Orient, le comté d'Édesse. La ville est riche, les réserves abondantes. Pourquoi les chevaliers seraient-ils pressés de prendre la route de Jérusalem ? Les maîtres s'installent dans leurs demeures plaisantes, à l'abri du soleil brûlant. On leur offre les fruits les plus rares, on les paye en or et en parfums. Ils découvrent les douceurs de l'Orient, le charme des femmes, la grâce de la musique et de la danse, un art de vivre subtil, fort éloigné de la rusticité des châteaux forts d'Occident.

Devant Antioche, ville fortifiée située sur les rives du fleuve Oronte, place clé pour la domination de la Syrie, les croisés piétinent. Dans la ville, derrière les remparts, le petit peuple et les commerçants grecs et arméniens redoutent le pire. La résistance des Turcs risque de pousser les croisés affamés, assoiffés, décimés par les flèches perfides des cavaliers musulmans, au pillage et au crime. Pierre l'Ermite a renoncé, il est parti. Guillaume le Charpentier l'a suivi. Tancrède envoie des chevaliers à leur poursuite. Ils sont rattrapés, ramenés, insultés.

L'envoyé du basileus, le général grec Tatikios, abandonne à son tour. Pas de machines de siège, ni de bois pour en construire. Une flotte génoise apporte quelques secours, mais on annonce l'arrivée d'une armée turque. Faut-il renoncer ? Saint-Gilles lui-même se décourage. Malade, épuisé, il reste sous

---

1. Voir Michel Balard, *Croisades et Orient latin*, Armand Colin, 2001, p. 60.

sa tente. Les sorties meurtrières des Turcs ont tué nombre de ses chevaliers. Bohémond, le plus entreprenant, monte une expédition pour trouver des vivres et du butin. Attaqué par les Turcs à son retour, il revient les mains vides, ayant subi de fortes pertes.

Les chroniqueurs chrétiens racontent que les combats deviennent, au fil des mois, de plus en plus cruels. Les hommes de Bohémond et de Saint-Gilles parviennent à vaincre une colonne turque qui a saisi le butin d'une nouvelle flotte de secours. Les chefs musulmans font enterrer leurs morts. Dans la nuit, les chrétiens déterrent les corps, saisissent les bijoux, coupent les têtes et les lancent dans la ville avec leurs machines de guerre. Où est l'attente du Christ dans ce raffinement de terreur[1] ?

L'armée de secours du Turc Karboghâ s'approche. Les croisés sont à bout. Pour la première fois, un haut seigneur fait défection : le comte Étienne de Blois retire ses gens de la bataille et gagne seul le golfe d'Alexandrette. Il veut s'embarquer pour la France, jugeant la situation perdue. Il renonce à la croisade et à ses bénéfices spirituels. Il ne songe nullement à se tailler une principauté en Orient, comme ses compagnons obstinés et cupides, les Baudouin et les Bohémond.

Étienne de Blois s'est trompé. Il a sous-estimé la rouerie de Bohémond. Entreprenant, le Normand gagne la complicité d'un Arménien converti à l'islam et renégat, qui commande une tour de la ville. Les croisés se précipitent et s'emparent de la place. Deux jours plus tard, les avant-gardes de l'armée de Karboghâ sont signalées aux abords des remparts.

1. Jean Flori, *op. cit.*, p. 88.

Bientôt les chrétiens sont prisonniers dans Antioche, où la peste et la famine gagnent. Vont-ils tous périr ?

***

La chronique de la croisade revient alors à l'eschatologie du miracle. Les grands ont abandonné leurs rêves de domination. Les petits prennent le relais, exigent pénitence et sacrifices. Ils attribuent à la mauvaise conduite des seigneurs l'insuccès de la croisade. Il faut demander pardon à Dieu, multiplier prières et processions. Le clergé y pousse, le légat Adhémar, soucieux des intérêts spirituels du pape qui a prêché cette croisade, prend la tête de la révolte des gueux. Aux mensonges des seigneurs assoiffés de butin, il substitue le mirage de la grâce divine, toujours prête à secourir les justes.

Est-ce la revanche des pauvres ? Un curé de Marseille, Pierre Barthélemy, avait réussi à survivre sur la longue route de terre, en suivant l'armée de Saint-Gilles. Sa seule présence dans les murs d'Antioche était une sorte de miracle, tous ses compagnons étant morts dans les défilés de Dalmatie ou dans les déserts d'Asie Mineure. Personne ne prêtait attention à ce misérable aux pieds nus et à la besace vide. Nul n'avait cru à sa « vision » de saint André, six mois auparavant, lors d'un tremblement de terre. Pourtant il prétendait savoir où le légionnaire romain qui avait percé le côté droit du Christ en croix avait caché la Sainte Lance. Aucun croisé ne l'avait écouté. Les Provençaux n'avaient-ils pas la réputation de trop parler ?

Miracle dans la ville assiégée. Quelqu'un se souvient de l'histoire du Marseillais. Soudain on entoure le curé Barthélemy. On le presse de parler. Sa vision devient capitale. Le 10 juin, dans la ville assiégée, elle lui indique la voie du salut. Barthélemy répète à ceux qui restaient sourds à ses paroles que saint André lui a ordonné de se rendre à la cathédrale Saint-Pierre, à Antioche. Il y trouvera la Sainte Lance, cachée sous le maître-autel.

Comment croire ce prêtre sale et barbu, bavard comme un Marseillais ? Le légat Adhémar, qui n'entend pas sa langue, hésite. Mais les soldats faméliques s'approchent, les *tafurs* le pressent de questions. S'il disait vrai ! La Sainte Lance est un talisman qui promet la victoire. Quelle gloire pour l'expédition que de rapporter cette relique ! L'armée tout entière jeûne trois jours pour se préparer à la quête de la Sainte Lance, comme s'il était question de chercher le Graal. Douze des croisés les plus ardents sont choisis pour l'aventure spirituelle, comme dans la légende du roi Arthur et des chevaliers de la Table Ronde.

Le comte de Toulouse accorde tout de suite la plus grande attention aux paroles du curé. Celui-ci devient intarissable. Il a vu Jésus, assure-t-il. Le Christ lui a parlé des péchés des croisés. Qu'ils se repentissent, le Seigneur les aidera ! Les princes déclarent qu'ils n'abandonneront jamais Antioche, puisque le Christ est à leurs côtés. Ils ne laisseront pas massacrer par les Turcs le petit peuple de la croisade.

Des présages renforcent la parole de Barthélemy. Dans le ciel d'Orient, une étoile filante surgit, d'un éclat éblouissant. Signe du Ciel, le météorite s'écrase dans le camp des Turcs. Le Christ annonce ainsi la victoire. Il donne un signe, visible de tous. Le 14 juin, quand l'aube se lève, les pelles et les pioches vont bon train dans l'église Saint-Pierre. Au soir, on trouve la lance cachée à trois mètres de profondeur. Miracle !

Le comte de Toulouse tient dans ses mains la lance miraculeuse, celle qui promet le succès. Ses *milites* croient dur comme fer à ses vertus. Mensonge, crient les Normands, Barthélemy est un imposteur ! Il veut assurer la victoire au camp des Provençaux. Les chevaliers du Sud s'agenouillent devant l'arme rouillée. Bohémond sent le danger, veut reprendre l'initiative. Alors que Raymond de Saint-Gilles, malade, reste sous sa tente, il provoque en combat singulier, dans la plus pure tradition chevaleresque, le chef turc Karboghâ. Pierre l'Ermite est délégué auprès du camp arabe pour transmettre le défi. Il considère l'infidèle comme un adversaire possible, un chevalier. Le combat singulier établira la volonté de Dieu, plus que les mensonges du curé de Marseille.

Karboghâ ne donne pas suite et promet l'esclavage aux chrétiens qui refuseront de se convertir. Les Normands se retournent alors contre le faiseur de miracles. Le chapelain du duc de Normandie, Arnould de Rœux, prétend prouver que la lance n'est pas authentique. Il est en effet dangereux, si les Provençaux fanatisés l'emportent, qu'ils puissent se targuer de l'assistance divine. Le Normand propose de soumettre Barthélemy au jugement de Dieu. Le malheureux curé devra subir l'épreuve du feu. Une ordalie cruelle, réservée aux coupables : s'ils en réchappent, ils sont proclamés innocents. Ainsi le veut le droit au Moyen Âge.

L'armée se rassemble autour d'un immense bûcher. C'est jour de vendredi saint. Dieu ne peut pas être indifférent au supplice du prêtre qui prétend avoir eu des visions. Ce dernier grimpe un escalier aux marches de bois, portant la Sainte Lance enveloppée dans un tissu de soie. Si elle est bien celle du légionnaire romain bourreau du Christ, elle ne peut se consumer. Le curé s'avance droit dans les flammes et ressort de l'autre côté du bûcher, sans brûlure apparente. Le miracle est incontestable. Il arbore encore la lance et sa robe paraît intacte. Miracle ! Il a triomphé du jugement de Dieu.

Les chevaliers méridionaux hurlent de joie, se jettent à terre pour remercier Dieu. La Sainte Lance est sauvée, elle est à eux. La victoire est leur lot. Ils entreront à Jérusalem. On cherche le curé de Marseille, qui a disparu après son exploit. On veut le féliciter, l'étreindre, arracher un lambeau de sa robe pour en faire un saint souvenir. Le voilà découvert, pressé de toutes parts, écrasé, piétiné. Il en réchappe à grand-peine mais meurt quelques jours plus tard. Son sacrifice a rendu la foi aux Provençaux. Ils ne pourront plus rester immobiles dans Antioche. Ils se ruent au combat.

***

On cherche la Sainte Lance : elle a soudainement disparu. Châtiment du ciel ? A-t-il voulu punir les croisés incrédules pour le sort qu'ils ont réservé au curé ? Peu avant de mourir, le curé Barthélemy reçoit la visite des seigneurs du Midi. Ils sont confus de l'avoir mis à mal, ils lui demandent humblement pardon. N'est-il pas l'élu de Dieu, destiné à monter très vite au ciel ? Il est, en quelque sorte, leur intercesseur.

Au matin du 28 juin 1098, les croisés sortent de la ville, s'alignent en corps de cavalerie, prêts au combat. Saint-Gilles étant toujours malade, Bohémond les anime. Les armées turques se débandent, c'est la victoire attribuée par les chrétiens cette fois unanimes à l'intervention divine.

Ainsi les Grecs du temps d'Homère croyaient-ils qu'Apollon et Athéna pouvaient retenir les traits des ennemis de leurs héros favoris. La foi dans le Ciel porte les cœurs, même si elle résulte de légendes. Des chroniqueurs affirment avec force qu'un escadron céleste, vêtu de blanc, est venu combattre parmi les croisés. Comment les infidèles auraient-ils résisté ? Leur Dieu ne pouvait les soutenir, parce qu'il n'existe pas.

Les chrétiens ont-ils compris la leçon du curé de Marseille ? Marchent-ils droit sur Jérusalem après la victoire inattendue, miraculeuse d'Antioche ? Nullement. Ils s'attardent, retombent dans le mensonge. Que leur importe le rendez-vous du Seigneur, ils ne sont occupés que de leurs ambitions. Le 3 juillet, un « conseil des princes » décide de reporter le départ de l'armée au 1er novembre 1098. Chacun, d'ici là, se retirera « dans sa terre ». Voici revenu le temps des babouches.

Les *tafurs* enragent, ils traitent les princes d'impies et de fornicateurs. On organise, pour les calmer, des razzias qui leur apportent un maigre butin. Saint-Gilles et Bohémond se déchirent pour la possession d'Antioche. Qui tranchera dans cette querelle ?

Le légat du pape Adhémar est mort de la peste le 1er août. Il n'est plus question de rendre la ville peuplée de Grecs et d'Arméniens au basileus Alexis, mais de la tenir en gage. Les seigneurs francs se répandent dans les environs pour agrandir leur domaine, pendant que Godefroi de Bouillon s'avance vers la riche Cilicie qu'il veut disputer à Baudouin.

Les croisés se réunissent malgré leurs querelles, pour supplier dans une lettre collective le pape de venir en Orient pour combattre et supprimer lui-même les hérésies qui fleurissent, celle des Grecs, toujours excommuniés, des chrétiens d'Arménie particularistes, des Syriens et même des jacobites : cette Église orientale, orthodoxe et monophysite, organisée par l'évêque Jacques Baradée, n'obéit qu'à son patriarche et refuse à la fois l'autorité de Rome et celle de Constantinople. Les croisés doivent-ils considérer toutes ces sectes comme chrétiennes ? Elles le sont, puisqu'elles croient au Christ. Mais elles ne reconnaissent nullement le pape. C'est à lui d'imposer sa loi. Pas de réponse du pape. Peut-il venir en Orient sans condamner aussi le patriarche de Constantinople et braver l'autorité du basileus, la seule force chrétienne légitime dans cette région ?

La politique reprend ses droits, contre la foi des *tafurs*. Les princes se réunissent et décident de reprendre la croisade. Ils mettent le siège devant Ma'arrat an-Nouman, une ville syrienne située entre Antioche et Alep, qui est pillée de fond en comble et ses habitants massacrés. Était-ce le vœu du Seigneur ? Bohémond et Raymond de Saint-Gilles se disputent de nouveau la victoire, et le butin. Qui songe à prendre Jérusalem ? Les visions se multiplient chez les *tafurs*. Les plus ardents parlent de mettre les grands seigneurs en demeure de poursuivre. On assure dans les chroniques qu'ils mangent le corps de leurs ennemis tués. On les fait passer pour des cannibales.

Les mensonges de la propagande font rage, d'un camp à l'autre. Raymond de Saint-Gilles, ancien combattant d'Espagne, se souvient-il des prédications sur le thème de la malédiction de l'Islam déclamées par le clergé espagnol parce que ce dernier recherchait le martyre, qu'Euloge, décapité en 859, avait subi ? Les sectateurs de Mahomet avaient obligé dans ce pays les autorités musulmanes à abandonner leur politique de tolérance pour châtier les chrétiens imprécateurs — ces derniers présentaient Mahomet comme un faux prophète libidineux —, notamment à Cordoue au IXe siècle. Proches des Espagnols, les clercs de Toulouse étaient certes les mieux informés de ce sacrifice des martyrs d'outre-Pyrénées, qui nourrissait l'ardeur au combat des chevaliers de la *Reconquista*. Pour eux, Mahomet était l'Antéchrist, la bête de l'Apocalypse. Pas de contacts, pas de tolérance avec les destructeurs de la foi chrétienne.

La propagande mensongère contre l'Islam alimentait la foi des *tafurs*. Sans doute y avait-il en Espagne des chrétiens arabophones, les mozarabes, qui prétendaient controverser avec les savants docteurs de l'Islam. Pas de ces joutes de rhéteurs, la seule réponse à l'Antéchrist était le glaive des croisés. Comment tolérer une religion dont le prophète était un obsédé sexuel arrachant l'épouse de son propre fils adoptif ? Son corps n'était pas, comme celui du Christ, ressuscité. Il avait disparu de la terre, léguant à ses proches l'idée de la guerre sainte, que les Chrétiens n'avaient acquise que malgré eux, pour répondre aux violences inouïes de Musulmans qui forçaient les filles vierges et sodomisaient les évêques. N'étaient-ils pas des idolâtres, adorant des statues de Mahomet couvertes d'or et de pierreries ? Comment admettre que le tombeau du Christ fût livré à de tels hérétiques ? La diabolisation de la religion musulmane était le pain quotidien des croisés et de ce qui restait du petit peuple accompagnant les seigneurs dans la guerre sainte.

⁂

Les *tafurs* en viennent à détruire les murs de Ma'arrat, pour obliger les princes à prendre la route de Jérusalem ; c'est la révolte des *minores*, des piétons de la croisade, des *milites Christi*. Le comte de Toulouse comprend l'avertissement, il fait pénitence et prend en pèlerin, pieds nus, le chemin de la ville sainte. Tancrède le suit, et Robert de Normandie. Les autres seigneurs, réunis à Antioche, décident qu'ils doivent abandonner leurs ambitions personnelles pour ne pas être absents à l'épisode ultime de la croisade, du jour de gloire de la reconquête des lieux saints. Ils partent après en avoir délibéré, ce qui marque le peu d'intensité de leur foi. Les piétons auront attendu huit mois pour contraindre les seigneurs de cette guerre à suivre la voie de Dieu.

Ils assistent, chemin faisant, aux querelles continuelles des chefs d'une armée pourtant réduite au minimum. Baudouin et Bohémond ne participent pas au dernier épisode. Ils se sont retirés sur leurs conquêtes. Les pauvres, les traîne-sandales sont de plus en plus indignés par les lenteurs de la marche de Raymond de Saint-Gilles. Celui qu'ils considéraient comme un vrai croisé s'est attardé autour de Tripoli après avoir pris la ville de Tortose et assiégé en vain Arqa. Il a daigné recevoir un tribut des émirs de la côte. Il a pris le temps d'installer, pour plaire au pape, un évêque latin à Rama. Tancrède a osé planter sa bannière sur la petite église de la Nativité à Bethléem, comme si elle était de son fief.

Le siège de Jérusalem est pénible. Les puits sont empoisonnés, les échelles manquent. Pas de bois pour en construire. Des pauvres abandonnent, pensent à rembarquer dans les bateaux génois. Quand la flotte de secours débarque enfin les madriers qui permettent de construire des machines de siège, l'armée est morte de soif et de faim.

Une vision vient à point pour ranimer les courages : l'évêque du Puy Adhémar, ancien légat du pape, est apparu en songe à un manant, pour exiger une procession autour des murs de la ville. L'assaut est donné. Le 15 juillet, la bannière de Toulouse flotte sur la tour de David. Les chrétiens l'ont emporté, avec l'aide du Seigneur. Jérusalem est prise.

Les vainqueurs s'agenouillent-ils, en attendant la deuxième incarnation du Christ ? Ils en sont loin : priorité est donnée au massacre. Les musulmans dans les mosquées, les juifs dans leurs maisons, un bain de sang qui témoigne, dit Raymond d'Aguilers, le chroniqueur de cette croisade, de la « vengeance de Dieu ». Coule à plein bord le sang « de ceux qui, pendant si longtemps, y avaient proféré contre Dieu leurs blasphèmes ». Ensuite seulement, la foule se presse aux portes du Saint-Sépulcre, pour y adorer Jésus.

La fin de la croisade est donc marquée par les traits sanglants d'une guerre de religion. Mais aussi par une entreprise de création de fiefs en pays esclavagiste. Rien qui rappelle l'enthousiasme du départ. À l'évidence, le Christ n'est pas au rendez-vous de Jérusalem et les temps continuent.

Sans doute a-t-il dédaigné de se manifester au regard des fautes et des terribles péchés des chefs de la croisade. A-t-il eu pitié des petits marcheurs, des marche ou crève de la piétaille ? Pourquoi les a-t-il laissés sans recours ? Les visions des plus sensibles ont relancé la croisade, rappelant les impératifs de la foi. En se disant « avoué du Saint-Sépulcre » et non roi de Jérusalem, Godefroi de Bouillon a seulement écarté la candidature d'un comte de Toulouse ou d'un Normand de Sicile. Il a laissé la chaise vide pour le pape.

La plupart des croisés décident de rentrer chez eux et montent à bord des nefs génoises. Ne restent en Terre sainte que ceux qui tiennent et exploitent des fiefs. Ceux-là sont tout prêts à jouer le jeu subtil de la politique orientale, ils sont mûrs pour la guerre de puissance à puissance, pour l'affrontement futur avec Saladin, qui délivrera en 1127 le Saint-Sépulcre de la domination chrétienne et rendra Jérusalem aux musulmans. Un bel espoir s'évanouit au crépuscule de Palestine. Les Lieux saints dont Charlemagne se proclamait le protecteur reviennent dans l'escarcelle des émirs qui feront un lieu de culte des traces de sabots de la gentille mule du prophète. Bientôt tombera Constantinople (1453) et les janissaires du sultan feront le siège de Vienne (1529).

Les faiseurs d'histoire ont menti. La croisade était un rêve. La réalité de la conquête n'échappait pas à la vigilance des seigneurs. Le pape n'était pas en mesure de profiter de l'avancée guerrière des royaumes latins. Il ne paraîtrait pas en Orient, mais laisserait les croisés piller les palais impériaux

(1204). Il verrait grandir la puissance des sultans seldjoukides, puis l'empire des Ottomans. Il devrait plus tard, au bras protecteur de Charles Quint, successeur de Charlemagne, la défense de l'Occident et la victoire de Lépante (1571). Il serait, plus que jamais et pendant des siècles, réfugié dans Rome.

Lancer les chevaliers, directement, sans l'intermédiaire des rois, leurs suzerains naturels, dans l'aventure de la croisade avait fait du pape son chef spirituel, son ordonnateur en quelque sorte. Il avait récupéré l'événement pour le faire servir à la plus grande gloire de l'Église, humilier l'Islam, vassaliser l'empereur grec. L'attente de la fin du monde n'était pas un mensonge. La papauté n'avait aucune part directe dans l'orchestration de cette croyance. Mais elle se gardait de la contrarier ou d'empêcher les pauvres de suivre les prédicateurs non mandatés, capables de les entraîner sur l'enfer des routes d'Anatolie.

On mesurait bientôt l'échec politique de la croisade. Comment le pape pouvait-il croire à la reconquête spirituelle de l'Orient aux quarante églises, alors qu'en l'an 2000 il est encore incapable de parler d'unité et de se rendre dans Jérusalem déchirée ? Mais il avait définitivement axé la défense de la chrétienté sur l'idée d'une guerre juste, nécessaire, sacrée : au nom du Christ, le peuple élu de Dieu pourrait se lever pour abattre les puissances hostiles à l'Église. Les dés étaient jetés, les camps adverses délimités : d'un côté, la *djihad* islamique menaçant l'Europe et, de l'autre, le départ sur mer pour la conquête du monde sous le signe de la croix : des siècles d'affrontement entre les deux religions guerrières suivraient le mensonge eschatologique de la croisade.

Qui se soucierait jamais du petit peuple sacrifié à ses ambitions planétaires ? Où sont les tombeaux des *tafurs* ? Leurs squelettes blanchis dans le désert n'ont pas laissé la moindre trace de leur passage. Ils ont été la bonne conscience des puissants, leur alibi de religion. Ils leur ont permis de croire qu'à leur manière, en entrant dans Jérusalem ensanglantée, ils avaient gagné leur paradis. Plus tard, au XIVe siècle, les danses macabres rétabliraient sur les fresques des monastères l'égalité entre princes évêques et manants. L'égalité dans la mort. Pour l'heure, seuls les puissants avaient droit à des tombeaux en Terre sainte, seuls ils gardaient l'image du chevalier *galantuomo*, celui du poète italien Dante, qui avait offert sa vie pour la gloire du Christ.

*
**

L'Église osera reprendre le même thème pour éliminer ses ennemis de l'intérieur, au premier rang desquels les sujets des comtes de Toulouse, des hérétiques appelés cathares ou encore Albigeois, du nom de la ville à la cathédrale de briques, centre de la révolte.

Le mouvement vient de loin, du temps où l'Église, compromise avec le siècle, c'est-à-dire puissance temporelle, confronte son pouvoir à celui des rois, mais prend aussi sa place comme puissance économique et sociale, celle qui dépend alors de la possession de la terre, par les legs des fidèles et la constitution de seigneuries ecclésiastiques. Pendant longtemps la volonté réformatrice des papes lutte contre les abus de ces seigneurs de l'Église, constitués en principautés indépendantes, en évêchés dotés de pouvoirs civils, juridiques et militaires. Cette sécularisation de l'Église, incluse dans le système de domination féodale, et si peu conforme aux Évangiles, suscite naturellement contre elle des révoltes. Les rebelles citent en exemple les vertus monastiques venues d'Orient comme seules capables de régénérer l'Église, par un contact direct des individus avec Dieu.

Pendant longtemps, le courant réformateur de Cluny et les papes fidèles à la pensée de Grégoire VII s'appuient sur ce désir de réforme du peuple de Dieu, même s'ils se méfient de l'influence du pope bulgare Bogomil [1], créateur d'une secte de purificateurs vers 970, inspirateur de la pensée dualiste des moines du mont Athos, pour qui le mal absolu, comprenant l'Église de Rome, s'oppose au bien, l'Évangile purifié. Les moines barbus, aux cheveux longs retenus en chignons, vêtus de la robe grise, sont redoutés des évêques d'Occident pour leur influence néfaste [2]. Ne rejettent-ils pas l'autorité des évêques de Rome ? Ne contestent-ils pas les sacrements délivrés par les soins d'hommes perdus par les vices ? Ne prêchent-ils pas le refus des impôts ecclésiastiques, dîmes payées aux évêques seigneuriaux et annates au pape ?

Les moines barbus du mont Athos manifestent au contraire un respect particulier pour les plus *parfaits*

---

1. Bogomil signifie en langue slave « ami de Dieu », comme Théophile en grec.
2. José Dupré, *Catharisme et chrétienté. La pensée dualiste dans le destin de l'Europe*. La Clavellerie, 1998, p. 18.

d'entre eux. Ils les saluent trois fois d'une courte révérence et se contentent de leur effleurer la main, sans la serrer : un signe de reconnaissance propre à une secte.

Les patriarches d'Orient sont les premiers voués aux gémonies par les moines réformateurs. On leur reproche leurs mœurs lascives, le nombre de leurs femmes, leur cupidité fiscale et leur goût pour la luxure. La révolte gagne Constantinople et se diffuse dans les communautés slaves de Bosnie, avant de gagner l'Occident, où apparaissent d'autres dissidences. Ces prédicateurs individuels sont en effet bien reçus des foules excédées par la pression des évêques et de leurs gens. La parole de Dieu, vue par le moine Bogomil et ses adeptes, semble libératoire.

Les successeurs et adeptes de Bogomil se perpétuent longtemps et rejoignent la résistance des Pauliciens d'Arménie, déportés en Thrace au Xe siècle. Un patriarche bogomile, Nicetas de Constantinople, sera présent au synode cathare de Saint-Félix-de-Camaran, dans le Lauragais, en Languedoc, réuni en mai 1167 pour organiser l'Église des frères. C'est dire la permanence et la fécondité des liens de l'hérésie occidentale avec l'Orient.

D'autres foyers de résistance apparaissent en France à la fin du XIe siècle, au temps de la première croisade. Ce mouvement de retour à la foi primitive qui pousse les humbles sur les routes de Jérusalem les incline aussi à la révolte contre les seigneurs de l'Église. Au Mont-Aimé, en Champagne, les paroissiens de Vertus suivent le manant Leuthard, dangereux illuminé qui abandonne femme et domicile, brise les croix, symbole du christianisme persécuteur et affirme qu'il n'y a pas lieu de payer la dîme aux curés menteurs.

Il comparaît aussitôt devant l'évêque de Châlons-sur-Marne qui le fait passer pour fou et le traite d'hérétique. Il faut croire que d'autres cas semblables inquiètent le clergé puisqu'un synode est réuni en 1012 pour extirper l'hérésie. Deux siècles plus tard, au Mont-Aimé, cent quatre-vingts cathares seront exécutés sur le bûcher. On leur réserve cette mort pour que leurs corps réduits en cendres et jetés dans un fleuve ne soient pas susceptibles de renaître lors du jugement dernier.

À la même époque, les rebelles se manifestent déjà en Aquitaine et surtout autour de Toulouse. Ils refusent la croix comme symbole, ainsi que les sacrements de l'Église. Comment recevoir la confession d'un curé simoniaque — un curé qui vend ses services sacerdotaux contre de l'argent ? Ne vaut-il pas mieux s'accuser de ses péchés devant les frères ? Dans d'autres villes du royaume, même au nord, l'hérésie montre le bout de l'oreille. La reine Constance, épouse de Robert le Pieux, crève d'un coup de bâton l'œil de son confesseur, un chanoine reconnu coupable, avec onze autres de ses collègues du chapitre de Sainte-Croix d'Orléans, tous condamnés au bûcher au jour de Noël 1022.

L'introducteur des mauvaises doctrines à Orléans était un prêtre venu du Périgord, donc du Midi contestataire. En 1049 au concile de Reims, le pape affirme que « l'hérésie pullule en Gaule », mais aussi en Allemagne et en Italie. Les rebelles s'opposent à la violence, à la guerre, à la chasse, à la tuerie des animaux domestiques. Ils sont végétariens et protestent contre l'élevage des poulets fermiers. Un test pour les démasquer consiste à leur ordonner de tuer une volaille.

Un autre moyen de les obliger à se trahir est de les prendre sur le fait de refus des sacrements. Ils évitent le baptême aux enfants. Ce sacrement, disent-ils, ne peut être célébré qu'à l'âge de raison. Quant à la communion, il est scandaleux de faire croire que le corps et le sang du Christ se trouvent réellement dans l'hostie et le vin consacrés, consommés sur l'autel par quelque prêtre indigne. Peut-on admettre que les fidèles soient épargnés de l'Enfer, que Thomas d'Aquin garantit aux pécheurs avec une violence verbale incroyable, si les sacrements imposés par l'Église — l'absolution et l'extrême-onction — leur sont administrés par des prêtres eux-mêmes promis, pour leur conduite, à l'Enfer ?

Autant de raisons de réformer l'Église, pensent les papes clunisiens. Ainsi la valeur des sacrements ne pourra plus être contestée par les fidèles. Des ordres érémitiques se créent en Italie, les chartreux, les camaldules dont la recherche de pureté annonce singulièrement celle des « parfaits » cathares. Ces contempteurs des « vices des prêtres » sont récupérés par les papes réformateurs, notamment par Grégoire VII. La réforme va-t-elle dissiper le mensonge de l'Église de Dieu ?

***

Grégoire VII, élu en 1073, est un pape théocrate, soucieux de substituer à l'anarchie de l'Europe des rois et des seigneurs féodaux, où s'englue l'action religieuse, une communauté de peuples respectueux de l'autorité spirituelle qui serait capable de s'imposer aux rois eux-mêmes. L'Église devient une puissance à compétence universelle dont le chef est consacré par le vote du collège des cardinaux. Au lieu d'être soumise au monde féodal, elle prétend le soumettre à ses intérêts supérieurs.

Autant dire que le pape ne voit pas d'un mauvais œil le départ vers l'Orient des barons querelleurs, mais aussi de l'immense armée des puristes de la foi, de ceux qui croient à la deuxième venue du Christ et au jugement dernier. Que leur bande désordonnée parte à la croisade derrière les moines missionnaires et les chefs de bande n'est pas assurément conçu comme un danger par les moines de Cluny partisans du pouvoir romain, heureux de voir l'hérésie s'effacer devant une eschatologie migratrice, débarrassant l'Europe de ses agitateurs les plus suspects.

En Italie même, les « patarins » de la *Pataria* narguent l'autorité des évêques. Ces tisserands agités du Milanais ne cessent de dénoncer les abus du haut clergé. Des curés pauvres, des clercs trop misérables pour espérer le bénéfice d'une cure les rejoignent et les dirigent. Pas question de les punir. Le pape veut encore les récupérer. Il blâme les bûchers pour hérétiques allumés par les évêques seigneuriaux. Il accable beaucoup plus les prélats féodaux indignes que les misérables tisserands révoltés. L'heure de la répression n'a pas sonné. La croisade purge la chrétienté.

Au XIIe siècle, la papauté prend de nouveau l'initiative d'une croisade, prêchée en 1146, cette fois, par le conseiller du pontife, le tout-puissant Bernard de Clairvaux. Il propose la remise des dettes et la rémission des péchés. Il réussit à convaincre les souverains de prendre la tête des armées, tout en encourageant le départ des manants soucieux d'assurer leur salut. Le prêche de Vézelay est efficace, même si l'expédition est plus guerrière que populaire, plus politique qu'eschatologique. Le roi de France Louis VII et l'empereur germanique Conrad III répondent à l'appel du pape, reconnaissant ainsi sa primauté spirituelle. Il est temps pour l'Église de resserrer les liens hiérarchiques et de rétablir son autorité sur les clercs et les simples croyants. Pour saint Bernard, les hérésies doivent être extirpées par la force. L'Europe ne peut nourrir que des chrétiens fidèles à Rome.

Fondateur de l'ordre de Cîteaux, Bernard incline le pape à l'intransigeance dogmatique, seul moyen de lutter contre les hérésies et de maintenir l'unité. Trois quarts de siècle plus tard, en 1215, au quatrième concile du Latran, le pape Innocent III rend canonique le terme de transsubstantiation : le Christ est physiquement présent dans l'hostie. Pour ceux qui ne veulent pas l'admettre, les fers, les bourreaux, le bûcher.

« Outre qu'il est légitime de retrancher les hérétiques du corps de l'Église par l'excommunication, il est nécessaire de les retrancher de la communauté humaine en leur ôtant la vie », écrira saint Thomas d'Aquin. Et Saint Louis : « le seul moyen de discuter avec les hérétiques est de leur planter l'épée dans le ventre ». Point de controverse doctrinale, plus de conciles mixtes. La force est la seule réponse à l'hérésie.

Ainsi, après la tolérance affichée des grands réformateurs de l'Église grégorienne, des clunisiens rationnels, se trouve définie l'intransigeance absolue des nouveaux maîtres à penser de l'Église, les cisterciens impitoyables, uniquement soucieux de la gloire du Christ et du triomphe universel de son Église [1].

Ils doivent immédiatement se mobiliser sur le front de l'hérésie qui ne se dit pas encore cathare. Pierre de Bruys, prêtre du Dauphiné, réussit follement dans ses prêches contre les sacrements de l'Église et dans son refus de la croix. Pour lui, l'eucharistie est une superstition. Il passe en Languedoc, en Narbonnaise, en Gascogne. Pris à Saint-Gilles-du-Gard, il subit le supplice du bûcher en 1140.

Le bénédictin de Lausanne Henri, prédicateur hérétique, est arrêté en Arles. Son talent est tel que Bernard lui propose d'entrer à Clairvaux. Il refuse et poursuit ses prêches sulfureux dans la région de Toulouse et d'Albi, les foyers du catharisme. Il explique aux paysans qu'ils n'ont que faire du mariage célébré par les prêtres. La fornication des époux ne regarde pas Dieu. Elle est affaire humaine et l'Église ne saurait y intervenir. L'union civile peut parfaitement être dissoute en cas d'adultère. Il est honteux d'écarter les prostituées de la communauté chrétienne. Elles doivent pouvoir s'amender et se marier, sans qu'un curé y trouve à redire.

Ces idées dangereuses, qui écartent les prêtres des sacrements, décident Bernard de Clairvaux à lancer une série de missions dans le Midi, avec l'aide du légat du pape Albéric. Il faut reprendre en main les populations hésitantes, leur montrer avec conviction, au besoin par la menace, la voie du salut, réaffirmer les droits de l'Église. Ils sont fraîchement accueillis

1. L'abbaye de Cîteaux est fondée en 1098, l'année de la première croisade, par Robert de Molesmes. Ses moines ascétiques se posent en rivaux et successeurs des clunisiens.

dans les villes occitanes, où le pape et son clergé ont mauvaise presse. Les Agenais, les Albigeois organisent des cortèges d'ânes revêtus des ornements épiscopaux, ils jouent du tambourin comme dans les saturnales romaines.

Les prédicateurs ulcérés des excès tapageurs de ces protestataires en profitent pour rappeler au devoir le comte de Toulouse Alphonse Ier Jourdain (mort en 1148), beaucoup trop tolérant. Ils annoncent la reprise en main de la région par des moyens plus violents. Henri l'hérétique est condamné à la prison perpétuelle. Il sera assassiné dans sa geôle. Telle est la réponse de l'institution à la contestation pré-cathare. On emploie la force, en affirmant mensongèrement que les hérétiques, en repoussant les sacrements de la religion, ne reconnaissent pas le sacrifice du Christ.

***

À la fin du XIIe siècle, la papauté a du pain sur la planche. Pierre Valdès a créé en Dauphiné des communautés vaudoises taxées d'hérétiques. Les premiers cathares constituent une Église dans le Midi. Le mensonge de la répression consiste à réprimer, au nom de la foi unique, des hérésies créatrices de sectes, alors que l'unité de la religion peut seule garantir la domination politique de l'Église sur toute l'Europe, face à la « balkanisation » de l'Orient, où plusieurs rites se développent. Monter la garde sur le front du dogme, c'est en fait assurer la prééminence d'un pouvoir qui se juge encore, à juste titre, dominant. N'est-il pas capable d'expédier à la croisade les deux souverains les plus puissants du continent, le Français et le Germanique ?

Le pape décide de la croisade contre les Albigeois. Il veut reprendre par force les villes et les campagnes révoltées du Midi, qui ne reconnaissent plus l'autorité de l'Église et refusent tout impôt. Il s'appuie sur les moines cisterciens pour prêcher l'interdit sur les terres des hérétiques.

L'Église cathare est organisée, prête à la résistance passive. Sicart Cellérier, évêque cathare d'Albi, ne refuse pas le dialogue. Il accepte de participer à un colloque avec les évêques romains. Les cathares n'imposent à ceux qui les rejoignent aucune obligation dogmatique. Il est entendu qu'ils sont seuls dans leur dialogue avec Dieu et qu'ils n'ont pas à s'asservir à un dogme, quel qu'il soit. La liberté est leur lot, la pureté leur objectif. Un évêque cathare, Bernard Raymond, administre les fidèles de Toulouse, Guiraud Mercier ceux de Carcassonne, Raymond de Casals ceux d'Agen. Une église parallèle se met en place et les messes des prêtres catholiques sont désertées.

Les cathares sont-ils hostiles à la divinité incarnée de Jésus ? Sur ce point crucial, Rome fait porter sa propagande. Si le Christ n'est pas Dieu, les Albigeois sont des démons. Seuls le fer et le feu peuvent en délivrer l'humanité. En 1179, au troisième concile du Latran, les évêques décident que les hérétiques doivent subir, du bras séculier, une « juste punition ».

Le mensonge est en place. Condamnés pour des raisons de dogme, les cathares deviendront gibier de répression, et le comté de Toulouse terre de proie, même si le comte, seulement tolérant pour les religions différentes de l'Église romaine, protecteur des juifs comme des cathares, s'affirme lui-même croyant en Jésus-Christ et dans l'Évangile.

Si les cathares doivent mourir, c'est à l'évidence que le comté de Toulouse doit faire l'objet d'une conquête. Si son seigneur et les capitouls de la ville protègent une Église non romaine, c'est qu'ils refusent l'universalité chrétienne chère à Bernard de Clairvaux, qu'ils prétendent faire cavaliers seuls et ne rien devoir à personne. Ainsi se fortifie le mensonge, avant qu'il n'engendre la répression.

Le pape et le comte hésitent, étant de la même Église, à franchir le saut fatal. Ils tentent de négocier, d'autant que le roi d'Aragon, chrétien fanatique de la Reconquête en Espagne, a pris la défense de son vassal de Toulouse. Le pape déchaînera-t-il aussi ses croisés contre l'Aragon ?

Le catharisme est enraciné dans le Sud. Ses familles se rapprochent, se confortent, se préparent à la persécution. Les femmes ne sont pas les moins ardentes. Blanche de Laurac est « revêtue », comme on dit en langage cathare. Les gens des meilleures familles prennent la tête de la résistance. Les cathares ignorent le sexisme. Ils ont des prêtres femmes, comme cette Esclarmonde de Foix, ordonnée en 1204 avec plusieurs dames de la noblesse. Une « maison » cathare se rassemble autour du château de Montségur appartenant à la famille de Mirepoix. Son chef est la gente Forneria, veuve du seigneur de Péreilhe. Qui dira que ces nobles du Midi ne sont pas des chrétiens ?

Innocent III, pape en 1198, est parfaitement conscient de la volonté d'indépendance et de renouveau de toutes les terres du Sud. Il veut s'informer, tenter une reconquête en douceur. Son légat, le cistercien

Pierre de Castelnau, ancien moine de l'abbaye de Fontfroide, en Corbière, est chargé avec l'abbé de Cîteaux Arnaud Amalric de sonder les provinces révoltées.

Ils ont pour première tâche d'écarter les évêques simoniaques et criminels, comme Bérenger de Narbonne, pour que les cathares n'aient plus aucun motif de se plaindre de la hiérarchie religieuse romaine. Ils organisent ensuite des colloques pour tenter de convaincre les infidèles. Ils voyagent à pied, deux par deux, comme les cathares, abandonnant leurs cortèges de mules enrubannées et de serviteurs à livrées. Ils veulent séduire le peuple de Dieu par la simplicité reconquise de l'Ordre.

Mais ils montrent bientôt le bout de l'oreille, le bâton caché sous la robe. Ils ne tolèrent pas que des femmes prennent position dans la querelle religieuse. Esclarmonde de Foix, à Pamiers, ose discuter le dogme : « Allez, madame, lui dit un cistercien, filer votre quenouille ! » L'Espagnol Dominique de Guzman, habitué aux répressions hâtives pratiquées en Espagne sur les terres musulmanes reconquises, brille par son intransigeance : « Là où la bénédiction ne peut, lance-t-il, menaçant, il faudra le bâton. »

Les prédications des cisterciens ne réussissent à convaincre, miracles à l'appui, que les indécis. Les cathares ont appris, hommes et femmes, la liberté de penser leur rapport à Dieu, en dehors des interdits de la gendarmerie romaine. Ils ne se laissent pas séduire. En mars 1204, le pape demande au roi de France Philippe Auguste de prendre la tête d'une croisade. Sa résolution était déjà forte, il était décidé à la répression quand ses missionnaires faisaient semblant de vouloir convaincre les hérétiques. Le pape mentait, en envoyant des prédicateurs en Languedoc, il ne cherchait pas l'entente, mais la rupture. Il tentait, sans attendre le moindre résultat de cette tournée de conversions, d'engager sous sa bannière tous les grands seigneurs du royaume, leur promettant les riches terres du Sud. Le meurtre de son légat, Pierre de Castelnau en janvier 1208, lui donnait enfin un prétexte fort. Arnaud Amalric, nouveau légat, fut chargé d'organiser lui-même la croisade en Languedoc.

***

Les seuls sincères dans cette affaire sinistre étaient les *parfaits* cathares résolus à mourir plutôt que d'adopter la foi romaine. La guerre de religion était déclarée, sous la bannière du pape. Mais les troupes venaient de la société civile, des bandes de soldats conduites par des chefs cyniques, promettant à leurs gens le butin, des groupes de chevaliers de petite naissance et de foi affirmée, suivant Simon de Montfort et son frère, de retour de Palestine, avides de titres et de terres. Le but n'était pas de délivrer Jérusalem, mais d'exterminer des hérétiques, avec promesse de paradis. Et de rompre des lances, sous les couleurs du pape, contre des princes chrétiens.

Une fois de plus, le pape s'était adressé aux seigneurs, par-dessus la tête des rois. Il viendrait en Languedoc des seigneurs du Nord français, mais aussi flamands, allemands, espagnols. Les chevaliers du Midi n'étaient pas dignes de leurs fiefs. Le pape en avait décidé ainsi. Il convenait de mettre les terres en proie et de remplacer ces excommuniés dont la présence insultait la création. Ainsi l'alibi de la foi couvrait la réalité de l'expropriation. Au nom de Dieu, n'importe quel mécréant venu du Nord pouvait mettre le Midi à sac.

Les maraudeurs firent bonne besogne. Dans chaque église de la chrétienté, le curé en chaire avait appelé tous les volontaires à la croisade : « Que celui qui ne se croisera pas, disait la *Chanson de Croisade*[1], ne boive de vin ni ne mange sur nappe... Qu'à sa mort, il ne soit pas mieux enterré qu'un chien ». Les « ribauds » de la piétaille ne sont en rien modérés dans leurs excès. Ces serviteurs du Christ ont toute licence. Se gêne-t-on chez l'infidèle ?

Le 10 mars 1208, la croisade est proclamée par le pape. Seuls répondent les ducs de Bourgogne et de Nevers, vite écœurés par le carnage et le traitement des gens du seigneur de Toulouse, dont l'ancêtre avait pris la tour de David à Jérusalem. La croisade contre l'hérétique prenait en terres d'oc le tour d'une extermination sans rapport avec l'honneur féodal et les relations de fief à fief. Que le comte de Toulouse fût considéré comme félon sous prétexte qu'il ne voulait pas livrer ses gens au bûcher pour fait de religion mettait en danger le code des guerres de chevalerie. Qu'un roi d'Aragon, ardent soldat du Christ en Espagne, combattît contre les enrôlés de la croisade ajoutait à la supercherie. Le pape recherchait-il son intérêt ou la gloire du Ciel ?

Était-il nécessaire que les ribauds rôtissent à la broche les enfants des infidèles et prostituent leurs

1. Guillaume de Tudèle et l'Anonyme, *Chanson de la croisade albigeoise*. L'auteur inconnu est un clerc navarrais établi à Montauban puis à Saint-Antonin-de-Rouergue en 1212. Il est francophile. Le deuxième auteur, anonyme, est francophobe. Éditée et traduite en français d'oïl par Eugène Martin-Chabot, Paris, 1931, n^lle^ édition, Les Belles Lettres, Paris, 1973.

filles ? Était-ce conforme à la parole du Christ dans l'Évangile ? En déchaînant la soldatesque sur le Languedoc, le pape devait s'attendre à ces excès. Les instructions données à Amalric montrent un calcul politique évident. Innocent III cite « le conseil de l'apôtre : j'ai fait preuve d'astuce et vous ai conquis par la ruse ». Il n'est pas partisan d'attaquer le comte de Toulouse de front. « Procédez, dit-il, par une sage dissimulation, laissez-le d'abord à l'écart et agissez contre les rebelles. » Si le comte les défend, il est difficile de les abattre. S'il tarde à intervenir, « il sera aisé d'en venir à bout ». Il s'agit bien de l'écraser, mais « sans trop d'efforts ».

L'armée croisée se rassemble à Montpellier, pille d'abord les fiefs d'Albi, Carcassonne et Béziers du jeune vicomte Raymond-Roger Trencavel. Ce catholique adoré du peuple protégeait sur ses terres les cathares, les vaudois et les juifs. À Béziers, Amalric somme les consuls de livrer 222 hérétiques avec leurs familles. Ils refusent. Après une résistance courageuse, les défenseurs de Béziers sont passés au fil de l'épée : 20 000 morts, assassinés jusque dans les églises, catholiques compris. Pillage et incendie (22 juillet 1209). Un moine cistercien, Césaire d'Heisterbach, atteste la réponse du légat du pape Arnaud Amalric à ceux qui lui demandent comment séparer les hérétiques des autres : « Tuez-les tous, car le Seigneur connaît ceux qui sont à lui. » Assiégé dans Carcassonne, le vicomte Trencavel se rend. Il mourra oublié dans un cachot de son propre château, sans doute assassiné.

Le légat du pape, sans vergogne, offre les fiefs de Trencavel aux seigneurs du Nord vainqueurs à peu de frais. Le duc de Bourgogne refuse avec hauteur, suivi par les comtes de Saint-Pol et Hervé de Nevers, qui rentre sur ses terres. Simon de Montfort accepte. Il vient de condamner au bûcher un chrétien « revêtu ». Il a pris sans combat les places de Limoux, Montréal, Lombers, Castres. Ses massacres indignent la population qui se dévoue corps et âmes aux seigneurs acharnés à résister aux barons pillards. Le comte de Foix, ardent catholique, prend la tête de la reconquête des villes martyrisées par Montfort.

En 1210, Montfort a reçu des renforts, notamment des chevaliers allemands. Ses ardents barons catholiques arrachent les yeux, coupent le nez et les lèvres des défenseurs de Bram. À Minerve, le 22 juillet 1210, on allume le premier brasier collectif de cathares. On compte 140 martyrs. Ainsi commence l'époque des bûchers, qui prendra fin en 1244 à Montségur. Dans la cité de Lavaur, Dominique de Guzman est témoin du martyre de Guiraude de Laurac, seigneur de la ville, enceinte et violée par les routiers avant d'être jetée dans un puits. Les chevaliers prisonniers sont pendus. Quatre cents « revêtus » sont brûlés ensemble hors de la ville au chant du *Veni creator.* Montfort, devenu vicomte d'Albi, de Carcassonne et de Béziers ne fait pas de quartier et paye rubis sur l'ongle les financiers de la croisade, les frères Élie et Raymond de Salvanhac, de Cahors, qui ont avancé les fonds pour armer et nourrir chevaliers et routiers [1].

***

Reste Toulouse. Le comte refuse toujours de livrer les siens et se prépare à la bataille. Il s'engage, non pour défendre le catharisme qui n'est pas sa religion,

1. José Dupré, *op. cit.*, p. 79.

mais pour empêcher le pape et ses gens de faire leur loi sur ses terres. C'est un catholique d'illustre famille que combat un Montfort.

Le mensonge est de l'avoir lui-même excommunié comme incroyant. Cet incroyable abus de pouvoir était nécessaire pour lever la croisade. Le 17 juin 1211, Montfort assiège la Ville rose. Il doit abandonner devant une sortie vigoureuse du sénéchal d'Agenais Guy d'Alfaro. Les barons du Nord lèvent le siège de la capitale, ravagent le Quercy et le comté de Foix. Raymond VI de Toulouse, aidé par les comtes de Foix, de Béarn et de Comminges, libère Castelnaudary et reprend cinquante places.

La croisade est devenue un affrontement féodal où la religion n'a plus aucune part. Les seigneurs du Sud défendent leurs fiefs contre les prédateurs venus du Nord. Pierre d'Aragon vient lui-même combattre à la tête des seigneurs du Midi. Le récent vainqueur de la bataille de Las Navas de Tolosa aux dépens des musulmans d'Espagne (16 juillet 1212) affronte ainsi les hordes du pape. Désavoué et menacé par Innocent III, le roi d'Aragon perd, faute de coordination avec Toulouse, la bataille de Muret le 12 septembre 1213. Il est lui-même tué au combat.

Le pape veut en finir, en changeant de méthode. Arnaud Amalric est nommé archevêque de Narbonne, la place forte de l'Église en Languedoc. Le nouveau légat Pierre de Bénévent veut négocier. Il organise des conciles à grand spectacle. Raymond VI lui-même se rend à Narbonne avec ses féaux. Montfort parade à Montpellier.

Raymond VI consent à céder ses biens à son fils Raymond VII et laisse le légat exiler douze capitouls dans Arles. Lui-même part en exil à Londres. Honte pour Toulouse que cette capitulation. Le quatrième concile du Latran (1215) enlève le fief de Toulouse au fils du comte pour le donner à Simon de Montfort. Le pape paye ses dettes, sans égard pour l'indigène de langue d'oc, pour l'illustre « Provençal » (comme on disait à Jérusalem) qui porte sur sa bannière la croix d'or potencée. Raymond VII ne régnera qu'au-delà du Rhône, au-delà de Beaucaire, en Provence. Philippe Auguste, qui n'a pas donné un sou ni un soldat au pape, reconnaît immédiatement Montfort comme comte de Toulouse. L'autre lui rend l'hommage du vassal. Ainsi le Capétien pourra-t-il un jour s'emparer à son tour des terres du Sud, grâce au mensonge de la croisade.

Raymond VII, à peine sûr de ses forces, reprend Beaucaire, la ville des foires opulentes, et lève une armée pour libérer Toulouse. Le pape n'a pas la moindre raison de le combattre. Catholique, il n'est pas excommunié. Il se bat, non pour défendre les cathares que l'on brûle tous les jours sur les terres de Montfort, mais pour redevenir seigneur dans la ville de ses ancêtres.

Mais son père, réputé hérétique, vient à la rescousse, et le nouveau pape Honorius III peut saisir ce prétexte pour relancer la croisade, en 1217. L'année suivante, des chevaliers flamands et champenois viennent au secours de Montfort. La vaillance de Raymond VII fait merveille. Le comte regardé par le peuple, dit la *Chronique de croisade,* « comme une fleur de rosier » rentre chez lui sous les vivats. Montfort voit son frère tué sous ses yeux. Lui-même a la tête fracassée par une pierre. Le spoliateur trépasse. Les Toulousains respirent l'air de la liberté (1218).

Les églises cathares reprennent souffle et vie. Le fils de Philippe Auguste, le prince Louis, n'a pas réussi à reconquérir le Languedoc. Tout au plus a-t-il pu exterminer en 1219 les six mille citadins de Marmande. Il n'a pas réussi à prendre Toulouse, défendue par tous ses habitants. Mensonge de la croisade qui s'attaque sans aucune exclusive à l'ensemble de la population du Sud, qu'il s'agit désormais de soumettre au roi de France.

Raymond VII, libérateur du Languedoc, ne jouit que d'un court répit. Le pape Honorius, fort du soutien du roi Louis VIII, a sommé le comte de livrer ses cathares. Comme son père, il refuse, étant souverain sur ses terres. Il est à son tour excommunié au concile de Bourges organisé par le légat du pape Romain de Saint-Ange, complice du roi de France attaché à la conquête du fief que lui a offert Simon de Montfort.

Et le mensonge se poursuit. Sous couleur d'extirper l'hérésie, une armée de Louis VIII assiège Avignon et, sans succès, Toulouse. Mais dans la province s'installe un sénéchal envoyé par le roi de France, Humbert de Beaujeu, qui prétend imposer la loi du Nord. Le pape Grégoire IX obtient de la régente, la très catholique Blanche de Castille originaire d'Espagne, l'organisation d'une croisade d'extermination, pratiquant en pays d'oc la tactique de la terre brûlée. La répression fait rage en 1227, dirigée par Beaujeu. Le pays est dévasté, les paysans réduits à la famine, les cathares se terrent dans les forêts et les grottes. Pour épargner à son pays une destruction méthodique, le comte Raymond VII ne songe plus qu'à les protéger en abandonnant la lutte. Il est contraint de signer le traité de Meaux qui livre le

Languedoc à la France, devenu traité de Paris, le 12 avril 1229.

Pour redevenir chrétien, ce qu'il n'a jamais cessé d'être, le comte Raymond VII de Toulouse doit paraître sur le parvis de Notre-Dame, pieds nus devant le roi Louis IX alors âgé de quinze ans, pour y être flagellé devant l'autel par le légat du pape. Il doit, de plus, livrer sa fille Jeanne à l'un des fils, non encore désigné, de Blanche de Castille.

Ainsi disparaissent définitivement l'indépendance et la civilisation tolérante des pays de langue d'oc. Les Capétiens du Nord ont gagné. Leur langue, leur université, leur Parlement s'acharneront à aligner les têtes, à uniformiser les élites du Grand Sud. Au nom de la croisade, le pape leur a livré Toulouse, par un des mensonges les plus étonnants de l'histoire. Quant aux cathares, l'Inquisition se chargera de les détruire jusqu'au dernier, jusqu'au bûcher de Montségur (1244), sans que nul ne puisse plus les défendre.

Chapitre 3
Le tribunal de la foi

L'Inquisition n'est pas une spécialité française, même si les cathares sont les premiers à en subir les foudres. Elle a vocation de maintenir le dogme de Rome sur toute la chrétienté, et naturellement l'autorité absolue du pape. Elle n'apparaît qu'au XIIIe siècle. Jusque-là les papes, les évêques et les abbés se chargeaient eux-mêmes de la police du dogme, de la défense des intérêts de l'Église et de la propagation de la foi aux dépens des hérétiques, des sataniques, des infidèles et des sans-dieu [1].

Pour longtemps l'Église s'installe dans la répression des crimes de foi. Elle est constamment contrainte d'employer la violence et de recourir au bourreau, en lieu et place des tribunaux civils. Si les affaires religieuses ne regardent que les papes et les évêques, il leur appartient d'utiliser les services des exécuteurs du bras séculier, ceux des seigneurs ordinaires. Joseph de Maistre, philosophe du monde chrétien au début du XIXe siècle, l'indique, dans *Des sacrifices,* en décrivant « l'abject ministre de la Justice » qui vient requérir, au petit matin, le bourreau dans l'État très

---

1. La procédure de l'Inquisition est fixée lors du concile de Toulouse en 1229. À l'Inquisition épiscopale est alors ajoutée une Inquisition des légats du pape, confiée aux frères dominicains et franciscains. L'institution est en place autour de 1240. Elle sera organisée au XVe siècle en Espagne.

chrétien du royaume de Piémont-Sardaigne. L'homme doit être roué : « Les membres sont fracassés, s'enlacent dans les rayons, la tête pend, les cheveux se hérissent, et la bouche, ouverte comme une fournaise, n'envoie plus par intervalle qu'un petit nombre de paroles sanglantes qui appellent la mort. »

C'est la peine réservée aux crimes sacrilèges de parricide ou de régicide. Comment l'Église peut-elle s'associer à cette justice barbare, qui martyrise les condamnés ? « Toute grandeur, dit Joseph de Maistre, toute puissance, toute subordination repose sur l'exécuteur. Ôtez du monde cet agent incompréhensible, dans l'instant même l'ordre fait place au chaos, les trônes s'abîment et la société disparaît. »

Pour le philosophe très chrétien, il faut se résigner à l'horreur de la répression. L'Église assure l'ordre suprême, elle doit donner l'exemple de la rigueur absolue. Elle doit faire respecter, « dans le cercle temporel, une loi divine et visible pour la répression du crime ». En raison même du dogme du péché originel. « Le mal étant sur la terre, écrit Joseph de Maistre, il agit constamment et, par une conséquence nécessaire, il doit être constamment réprimé par le châtiment. » Qu'on ne reproche donc pas à l'Église d'utiliser les services des bourreaux et de condamner au bûcher les renégats et les hérétiques. Elle ne fait que défendre l'ordre voulu par Dieu, et assuré par son Église sur terre. Même si cette répression est honteuse, injuste et pharisienne. Il appartient au juste de la corriger, non d'y renoncer.

La mise en question et la condamnation des présumés coupables, jusqu'à la création de l'Inquisition, sont assurées par les tribunaux ecclésiastiques, au-delà par les conciles réunis pour les cas les plus graves, mettant en question la doctrine, par exemple quand de graves affaires d'hérésie se présentent. Certains procès témoignent de l'acharnement de la répression, quand se lève un vent puissant de contestation dans quelque province. Les cathares en ont fait les frais. Les hérétiques étaient une minorité dans les vastes domaines du comte de Toulouse, et le souverain était lui-même chrétien. Mais la croisade était l'occasion de lui faire rendre gorge et de le soumettre au roi du Nord, qui faisait profession d'être l'épée de l'Église.

La plupart des grands procès du Moyen Âge ont été menés par des gens d'Église, alors qu'ils servent des intérêts politiques manifestes. L'Église dispose de prédicateurs et de théologiens de grand talent pour répondre aux « déviants » dont le plus connu est au XIIIe siècle le moine Abélard, brillant adversaire de saint Bernard de Clairvaux.

Contre le moine contestataire, l'abbé cistercien, familier des puissants et faiseur de papes, réunit un tribunal de la foi qui le condamne. C'est Bernard qui affirme, dans sa robe blanche, que son adversaire doit être exclu, excommunié. Il a recours, pour être assuré de vaincre, à toutes les armes, et, comme le chevalier au combat, il ne répugne ni à la ruse, ni à la calomnie, ni au mensonge. Tout est bon pour accabler le pécheur.

Il ne s'agit pas d'établir la vérité. Elle est présente, de temps immémorial, dans les textes des deux écritures, et particulièrement de la nouvelle, celle des Évangiles. Il s'agit de la faire vaincre par la confusion de l'adversaire, par sa renonciation au combat. Il est très évident qu'Abélard, au départ de la joute, est un catholique apostolique, tout comme le moine de

Cîteaux. Mais s'il mord la poussière, il sera aussitôt exclu de la communauté des chrétiens, condamné à l'isolement absolu, peut-être à perdre ignominieusement la vie, s'il persiste dans l'erreur.

La défense de la foi ne supporte pas le sursis ni la peine intermédiaire. Elle exige le désaveu de soi, l'humiliation publique, la rétractation. Au procès, tout se joue sur l'éloquence, sur la parole de Dieu qui l'emporte sur celle du diable. La vérité doit apparaître aussi lumineusement que dans l'ordalie, quand Dieu marque lui-même le coupable et l'oblige à expier après sa défaite. Les conciles de la foi sont des ordalies spirituelles et Bernard de Clairvaux est le plus rude des procureurs. Sa parole vole, frappe et condamne comme celle d'un archange exterminateur. Il ne compose pas, il accable. Il ne recherche pas le compromis, mais l'agenouillement. Parle-t-il pour la gloire du Christ ou pour la majesté de l'Église ? Pour lui, c'est tout un.

Mensonge, dit Abélard, nul ne peut se flatter d'une vérité révélée, nul ne peut accabler un chrétien et le convaincre d'erreur et de faute (car c'est une faute d'être dans l'erreur en matière de foi), sans avoir établi la preuve de la déviation. La vérité se cherche, aucun homme ne peut se flatter d'en avoir le monopole. Elle n'apparaît pas lumineusement au pécheur, même dans les textes des Pères de l'Église, partis eux-mêmes à sa recherche. Dans son *Éthique* (1229), Abélard devait établir, et tenir pour assuré, que la faute n'existait pas en soi, mais seulement dans son intention. Aimer le Christ est une chose, condamner en son nom en est une autre. Non pas une question de foi, mais d'utilisation de la foi à des fins de pouvoir spirituel et temporel, de mise en ordre du monde sous une autorité unique et intransigeante. Cela, Abélard ne l'accepte pas.

⁂

Qu'on le comprenne : pour l'irréprochable prieur de Cîteaux, Abélard n'est sans doute pas un chrétien à la moralité exemplaire. Mais que lui chaut ? Ce n'est pas sur le terrain de la vie privée ou sociale qu'il l'attaque, mais exclusivement sur les questions de foi.

Qu'Abélard ait réellement péché n'est un secret pour personne. On ne lui en fait pas grief dans l'Église. Une faute avouée est, avec le repentir, dûment pardonnée. Qu'il ait séduit et engrossé la nièce, ou peut-être la fille d'un chanoine de Notre-Dame, ne regarde que ce Fulbert, assez puissant, grâce à ses liens avec la famille de Montmorency, pour faire émasculer le coupable qui promettait cependant de contracter avec la jeune fille un mariage secret, très usité parmi les clercs parisiens de cette époque [1]. Abélard ne pouvait faire plus, étant membre du clergé, et surtout pas offrir un mariage au grand jour, sauf à jeter son froc aux orties.

Mais celui qui nourrissait à juste titre l'ambition d'être le nouvel Aristote ne voulait pas s'encombrer d'une famille ni d'un scandale. Il n'est pas sûr qu'il ait animé la vendetta qui fut lancée contre les hommes

1. Il était en effet de pratique courante que les gens du clergé se mariassent secrètement, après la tombée du jour et devant témoin, et qu'ils fussent bénis par un prêtre dans quelque chapelle seigneuriale. Mais le mariage devait rester secret, sous peine, pour le contractant, de perdre ses bénéfices ecclésiastiques. Seuls ceux qui bénéficiaient de hautes protections pouvaient recourir à ces pratiques vivement condamnées par les réformateurs.

de main du chanoine Fulbert. Ses bourreaux furent à leur tour émasculés et, par un raffinement de justice, énucléés. Abélard convainquit Héloïse, qui maudissait Dieu d'avoir abandonné les siens, de rentrer dans un couvent. L'enfant de l'amour, élevé en dehors du couple et loin de sa mère, fut plus tard pourvu d'un bon bénéfice ecclésiastique en lointaine Bretagne. Le petit Astrolabe sera plus tard chanoine à Nantes.

L'évêque de Paris ferma les yeux sur le mariage secret, et permit en échange à Fulbert de récupérer son canonicat et ses biens. Abélard s'employa de son mieux à convaincre Héloïse, élue par résignation, et par grâce spéciale, abbesse du couvent de Paraclet. Maître de philosophie à Saint-Denis, Abélard reprendrait son enseignement, avant de devenir abbé de Saint-Gildas-de-Rhuys en Bretagne. Il retourne à Paris en 1133 pour occuper une chaire à l'école de l'église Saint-Hilaire sur la montagne Sainte-Geneviève. Il termine sa vie comme moine à Cluny, sous la protection de Pierre le Vénérable.

Le drame de ses amours avec Héloïse n'a donc nullement nui à sa carrière. D'autres obstacles expliquent sa fin relativement effacée. Noble lui-même, et de bonne souche, du pays nantais, ayant renoncé au métier des armes pour guerroyer dans la *disputatio,* il était protégé à la cour de France par un puissant seigneur, le chancelier du roi devenu en 1120 sénéchal, Étienne de Garlande et par le comte de Champagne, Thibaud de Provins. Il n'était certes pas facile de l'abattre.

D'autant moins que cet universitaire ne recherchait pas, comme d'autres maîtres de l'enseignement parisien ou provincial, le pouvoir ecclésiastique ou politique. Il considérait l'enseignement de la logique comme un combat de chevalier, où il devait jouter sans cesse pour se rendre illustre en marquant la philosophie, et d'abord contre les plus célèbres. Il s'était fait ainsi de rudes ennemis comme le maître Guillaume de Champeaux dont il avait été l'élève. Et qu'il provoquait dans un de ces « assauts oratoires » où l'on évoquait Socrate, Boèce, Aristote et Platon, la logique et les universaux.

Il affrontait encore Anselme de Laon, qui jouissait d'une solide réputation de philosophe. Mais l'excellent homme, flanqué de son frère Raoul, participait activement aux luttes de sa cité très bouleversée par des conflits sociaux et par l'opposition des bourgeois à leur évêque. Il était donc peu disponible pour les joutes philosophiques, bien qu'il ne pût s'en abstraire, puisque cette noble activité était la source de son pouvoir. La réputation d'un maître conditionnait en effet sa carrière dans la hiérarchie ecclésiastique et dans l'influence politique à la *curia regis*.

En même temps qu'il professait, le vieux maître de Laon assumait donc son rôle politique. Et Champeaux de même : il devenait chanoine de Saint-Victor et évêque de Châlons-sur-Marne grâce à sa réputation de professeur et à sa brigue incessante. On connaît, au début du XXIe siècle, nombre d'universitaires qui ne résistent pas à la tentation du pouvoir et qui se mêlent aux luttes politiques et brûlent de décrocher des maroquins dans les distributions ministérielles. Cette déviation singulière, après une longue éclipse, prend naissance dans les écoles religieuses du Moyen Âge.

Abélard ne voulait être ni conseiller du prince, ni évêque, ni archidiacre. Il avait une ambition plus élevée : devenir le premier philosophe de son temps, *l'unicus,* disait Héloïse. « J'estimais, écrira-t-il, être le seul philosophe au monde. »

Pour parvenir à cette gloire sans tâche, éblouissante comme un soleil, il devait charger comme un rhinocéros (c'était un de ses surnoms) ses adversaires dans des querelles purement universitaires et se garder comme *Palatinus* (ami ou familier des gens du Palais mais aussi, par un jeu de mots, natif du Pallet, près de Nantes) de ses ennemis hypocrites qui lui cherchaient noise en déformant sa pensée pour le mettre à la merci des sanctions ecclésiastiques.

Il avait aussi la ressource de publier des ouvrages de doctrine, qui le rendaient sans doute vulnérable à la malveillance. Non pour sa vie privée (son protecteur Garlande était, il est vrai, soupçonné d'assassinat, mais il était assez puissant pour ne pas être inquiété) mais bien exclusivement pour sa vie publique, Abélard pouvait être atteint par le mensonge. Il suffisait qu'il s'avance seul en terrain découvert, dans le champ miné de la théologie ou qu'il tombe dans quelque piège doctrinal savamment mis au point par quelqu'un de ses rivaux. Au temps où l'hérésie faisait rage dans le royaume, on ne lui ferait pas grâce.

***

Tant qu'il reste dans le domaine de la logique enseignée aux clercs, Abélard n'est pas dangereux. Il flatte l'Église plus qu'il ne la gêne. Qu'il veuille démontrer que le Christ est bien le *logos,* le langage essentiel encensé par Platon et saint Augustin, nul ne peut lui en tenir grief. Encore déborde-t-il déjà du domaine réservé de la logique, pour passer à la métaphysique, et peut-être à la théologie. À ses risques et périls. Il affronte ainsi délibérément la condamnation éternelle pour hérésie. Chassé de l'Église, il s'expose au pire. Pour cette raison, et pour son châtiment même, il est devenu l'idole des redresseurs de tort, mais aussi des romantiques amoureux de ces deux héros de l'amour contrarié, Héloïse et Abélard. Au XIXe siècle, ses restes sont transférés au cimetière du Père-Lachaise, comme ceux d'un héros, et deviennent l'objet d'un culte. L'aventure sentimentale s'est finalement confondue, dans son personnage, avec son amour de la liberté de penser vrai, et de se heurter au dogme.

À étudier de près sa vie, en suivant les fines analyses de Michael Clanchy[1], on s'aperçoit qu'Abélard s'est gardé de toute provocation pendant la première partie de sa vie. Il reste longtemps prudent, s'efforçant de briller par la seule subtilité du raisonnement logique. Sa virtuosité enchante ses élèves, séduit Héloïse, confond ses adversaires. Ainsi construit-il lentement son personnage, grâce à ce critère d'excellence et d'infaillibilité dans l'enchaînement des arguments. « Il était notre Aristote », devait dire Pierre le Vénérable et saint Bernard se gardait alors de dénoncer sa « stupido-logie ».

Ce dialecticien pense que la vérité doit sortir de la « tension des opposés » (il l'explique dans un ouvrage intitulé *Sic et Non*, vers 1122). Il prétend utiliser la méthode d'Aristote pour l'appliquer avec rigueur, mais aussi ménagement, aux propositions des livres sacrés. Il prétend appliquer les méthodes de la logique aux textes recensés des Pères de l'Église. Il

1. Michael Clanchy, *Abélard : A Medieval Life*, Oxford, 1997. Trad. fr., Flammarion, 2000.

sort déjà du domaine sans trouble et sans danger du jeu des figures logiques. Il n'est plus un amuseur de l'esprit, mais un réformateur en puissance.

Il ne peut manquer d'étaler les contradictions des Pères, même s'il s'attache à les résoudre. Le fait même de les déployer peut être soupçonné de mauvais esprit. Pour qui se prend ce clerc ? « La foi, disait-il, est une estimation des choses qui n'apparaissent pas. » Définition singulièrement réductrice, pour qui pense, comme Bernard de Clairvaux, que la foi est une conviction profonde, qui n'a pas besoin de raisons pour exister. Il n'est pas possible, scandait-il, de « tenir Dieu pour suspect ». À quoi Abélard opposait saint Anselme : « Pour croire, je dois commencer par comprendre. »

Le maître de l'abbaye de Saint-Denis, puis de l'école de la montagne Sainte-Geneviève, est donc celui qui « cherche le Verbe parmi les mots ». *Philologos*, comme dira Montaigne, amoureux de la langue, avant de l'être de la Sagesse (philosophie). Au risque de passer pour un bouffon *(joculator)*, le professeur joue sur les mots, mais ne se joue pas d'eux. Ils sont la pensée même et la foi ne peut s'en passer.

Usurpation, clame saint Bernard, que ce titre de maître qui sent son *magus*, son magicien, et qui, sous sa forme acceptable, ne doit être attribué qu'au Christ lui-même et aux religieux proches de lui. Querelle de pouvoir, source de mensonges et d'abus. Abélard, par la seule force de sa pensée, commence à gêner l'autorité, l'institution de l'Église. Il prétend que l'intelligence doit s'imposer pour comprendre et soutenir la foi. Il met en question ceux dont l'autorité ne relève que de l'institution religieuse. Il se donne le pouvoir de les réduire à néant par le seul poids des mots. Il devient un adversaire dangereux, un homme à abattre.

Une fois reconnu et installé comme maître en son école, il n'hésite pas à aborder les problèmes fondamentaux de la foi avec les armes de la logique, ce que ses étudiants attendent. « Pourquoi Dieu s'est-il fait homme ? » est une des questions de fond. Elle ne ressort pas du domaine d'Aristote et touche le dogme de plein fouet. Anselme déjà demandait « que rien ne fût affirmé sur l'autorité de l'Écriture ». La pensée libre ne devait recourir qu'à elle-même. Dieu craindrait-il la vérité ? Anselme l'avait fait admettre au pape Urbain II : l'Église ne devait pas redouter l'intelligence, bien au contraire, elle devait admettre « le droit de poser des questions ».

On pouvait ainsi discuter librement du mal et du péché originel, de la création et de la Trinité, de l'incarnation et de la légitimité des sacrements. Que croyaient ces philosophes ? Qu'ils seraient hors d'atteinte des censeurs et des imprécateurs ? D'où tenaient-ils leur invulnérabilité ? N'étaient-ils pas des clercs, au service de la Sainte Église ? Même si c'était mentir que de dénoncer leurs mensonges, ce pieux mensonge serait exigé par la hiérarchie, par l'ordre, par le pape lui-même. On attendait la première défaillance d'Abélard, l'enfant chéri des écolâtres européens, pour dénoncer et frapper.

*
**

Abélard utilisa souvent devant ses élèves une formulation rhétorique qui a le don de scandaliser les censeurs[1]. Cette méthode du « je ne vois pas », critique dans son principe, mais destinée à rétablir la

1. Clanchy, *op. cit.*, p. 121 (édition française).

vérité, donne lieu à de surprenantes incidentes comme celle-ci : « Je ne vois pas comment on pourrait imputer comme faute aux petits enfants cette absence de foi dans le Christ », écrit-il, ou encore, beaucoup plus gravement : « Je ne vois pas ce que peut valoir une confession à Dieu, qui sait tout. » Une proposition qui peut plaire aux cathares. Bien sûr, ce n'est qu'une proposition sous forme de question, qui est destinée à être corrigée dans l'exercice de dialectique. Isolée de son contexte, elle est assassine et peut être imputée à crime.

Ainsi la logique peut conduire en enfer, elle est « meurtrière et m'a rendu odieux au monde », devait écrire, à la fin de sa vie, Abélard à Héloïse. Le « philosophe du Christ » (ainsi salué par l'abbé clunisien Pierre le Vénérable), le « péripatéticien du Pallet », comme ironisent ses adversaires, peut accumuler sans danger les syllogismes sur Socrate et introduire les étudiants, comme l'écrit Clanchy, « dans un jardin secret où l'on pouvait entrevoir une rose (celle du concept) quand il n'y avait point de roses ». Le plus sourcilleux censeur ne pouvait y trouver à redire. Abélard prévenait son public : il n'est pas question de mêler Dieu à ces jeux, car il dépasse la logique et ne saurait y être réduit. Mais on peut cependant analyser les représentations que les hommes se font de Dieu selon les lois de l'esprit et du langage. Exercice salutaire, dépuratif, qui donne au logicien un pouvoir et le désigne donc aux foudres de l'institution.

En ce domaine, il n'existe pas de vérité, mais seulement une vraisemblance. La recherche logique est sans cesse asymptotique au vrai, elle ne peut y prétendre, comme toute entreprise humaine. Abélard ne revendique pas le monopole de la science, mais le droit de critique. Le dialecticien « est un thérapeute du langage, dont le savoir-faire chasse la douleur du doute [1] ».

Selon sa méthode, Abélard n'hésite pas à entreprendre l'analyse critique de la Trinité, dogme chrétien essentiel. Il établit avec désinvolture que Dieu peut bien avoir trois personnes, comme Cicéron a trois noms. Scandale ! Pour un chrétien, les trois noms de la Trinité désignent bien trois personnes, ce qui a suscité dans l'histoire des premiers âges de l'Église la querelle fondamentale, christologique, sur la nature du Christ (est-il homme plus que Dieu ou l'inverse ?) réglée arbitrairement, au sens d'arbitrage [2], par le *Credo* de Nicée.

Revenir sur le dogme, même dans une bonne intention, est d'entrée de jeu suspect. Abélard s'offre aux coups. Il entraîne imprudemment ses élèves, dira Bernard, « dans la chambre à coucher du roi, jusqu'à Lui, qui est enveloppé de Ténèbres ». Il bafoue le mystère, il le nie. Comment peut-on oser prétendre devant les jeunes auditeurs « qu'ils vont comprendre même ces choses sublimes et saintes qui se nichent dans le giron de notre Sainte Foi ». On ne joue pas avec le mystère, sous peine d'y perdre la vue.

Le Saint-Esprit en est un. Il est la source de la pensée religieuse. Le réduire, comme le tente irrévérencieusement Abélard, à « l'âme du monde » dérivant du *nous*, « esprit » en grec, l'esprit universel de

---

1. *Ibid., op. cit.*, p. 142.

2. En 325, au concile de Nicée, présidé par l'empereur Constantin en personne, les rédacteurs du Credo avaient prétendu établir sur une base imprescriptible le dogme.

Platon, est un pur scandale. La christianisation de la pensée grecque est une faute. Il faut renoncer à ces jongleries verbales. Elles entraînent les hommes à l'erreur. Les clercs qui entourent Abélard, ses élèves, seront les maîtres, les évêques, les archidiacres de demain. C'est les pervertir que de les conduire hors de toute prudence sur les sentiers entourés de précipices de la pensée critique et des analogies trompeuses. Pierre Abélard en est le premier conscient : « Je ne veux pas, écrit-il à la fin de sa vie, être Aristote, s'il faut que la porte du Christ me soit fermée. »

Mais qui l'accuse ? « Des pervers qui pervertissent. » Comment peut-il accepter que sa pensée soit mise en question par un Guillaume de Champeaux et même par Bernard de Clairvaux, des ecclésiastiques qui occupent dans la hiérarchie de l'Église des positions dominantes, mais qu'il peut récuser sur le plan de la pensée, en tous cas considérer comme des adversaires à combattre.

Ils n'ont, assure-t-il, ni l'autorité des Pères de l'Église ni celle des grands maîtres de l'université. Il a maintes fois pulvérisé les arguments de Guillaume. Quant à Bernard, il est un faiseur de papes, une autorité de l'Église, mais non, pense-t-il, de la théologie et il n'entend rien à la philosophie.

Il s'estime alors, écrit-il, « le seul philosophe au monde » et il met assurément la philosophie au-dessus de toutes les disciplines de la connaissance. Il n'accepte pas que ces puissants de l'Église le condamnent sans l'entendre. Le « rhinocéros indomptable » refuse aussi bien leurs railleries que leurs mensonges.

Déjà, en 1121, son ouvrage *Theologia* a été condamné et brûlé par un concile tenu à Soissons. Abélard a ensuite quitté définitivement l'abbaye de Saint-Gildas, où les moines bretons voulaient l'égorger (1136). Maître de logique à l'école de l'église Saint-Hilaire sur la montagne Sainte-Geneviève, Abélard est au sommet de son prestige intellectuel (entre 1137-1140). Il est tenu dans la plus haute estime par les étudiants venus de toute la France et même d'Europe pour assister à ses joutes. Il n'a pas alors d'égal et passe effectivement pour le meilleur des philosophes. Le problème est pour lui de savoir si l'Église admet ou non la discipline philosophique, si elle en reconnaît la suprématie. C'est une querelle qui menace les fondements de la connaissance. Pierre Abélard est prêt aux grandes joutes absolutoires. Il sait qu'il doit rencontrer Bernard de Clairvaux, « le plus célèbre prédicateur de France ». Il le dit, il l'attend.

***

Qui sont les juges de Pierre Abélard lors du concile de Sens (1140) ? Le pape Innocent II, et les plus grandes autorités de l'Église, toutes hostiles. Plus particulièrement, Bernard de Clairvaux, qui a joué un rôle déterminant dans l'élection du pape, qui est donc son obligé. L'archevêque de Sens, ancien aumônier du pape. L'évêque Geoffroy de Chartres, furieusement hostile aux hérétiques. Le cardinal et chancelier Haimeric. Enfin Thomas, l'abbé de Morigny, jusque-là favorable à Abélard mais retourné par on ne sait quelle influence et accablant l'auteur de *stultologia* (imbécillités). Ainsi l'abbé traite-t-il cavalièrement l'ouvrage d'Abélard *Théologie chrétienne,* qu'il convient de condamner.

Si l'auteur est frappé d'hérésie, on peut craindre le pire, car deux doctes esprits de la hiérarchie justifient le lynchage par le « peuple de Dieu » qui, dans ce genre de procès, peut exercer une justice sommaire. Abélard a pris soin de convoquer ses étudiants à Sens pour qu'ils puissent intervenir en cas d'émeute, et le couvrir de leurs corps. Vingt ans plus tôt, au concile de Soissons, en 1121, il avait failli être lapidé.

La réputation de Pierre Abélard ne dépasse pas les frontières des cercles universitaires et du cercle des pouvoirs. Pour les illettrés des cités médiévales, les querelles de clercs n'ont d'importance que si elles menacent la paix civile assurée par l'Église. Les perturbateurs sont maudits. Au niveau du petit peuple, à qui s'adresse l'imagerie formative des frontons et des chapiteaux d'églises ou de cathédrales, ceux qui mettent en doute le Dieu en trois personnes sont de dangereux agités, capables d'irriter le Ciel et de provoquer des catastrophes. Pour calmer Dieu, disait aux pauvres croisés le légat du pape, il faut reprendre la route de Jérusalem.

Il est facile aux moines de susciter la colère populaire, dans une prédication enflammée, contre les perturbateurs de la foi. Ils ont un public toujours disponible, attentif, soucieux d'écarter par le fer et le feu ceux qui menacent l'intégrité de la foi, car ils attirent les foudres des représailles. Tous ceux qui contestent la conception « sans péché » du Christ par la Vierge privent la masse des chrétiens du pouvoir d'intercession de Marie et des saints. Encore plus, naturellement, ceux qui critiquent les sacrements. Le pape a pris soin d'afficher en premier dans le dogme la transsubstantiation. Il avait besoin de rassurer les croyants et de mettre en garde les incroyants : communion et confession resteraient les sacrements essentiels de l'Église catholique.

Le peuple du Moyen Âge cherche protection, adore les reliques, suit les processions, croit que Marie est réellement présente dans son image ou sa statue : on use les pieds des saints à force de toucher le marbre pour les implorer. Qui veut priver le peuple de ces croyances, de ces pratiques, risque sa vie. On ne lui pardonnera pas de chercher à couper aux humbles la voie du Paradis, à changer les grâces divines et les châtiments. Les évêques ont le front de présenter les procès en hérésie comme la protection assurée par l'Église des prévenus. S'ils n'étaient pas enfermés dans des geôles, le peuple les écharperait. Ainsi la philosophie d'Abélard peut s'opposer à la démagogie de ceux qui sont habiles à flatter les passions du peuple, à obtenir, sous la menace réelle ou provoquée, une sentence d'excommunication, une condamnation pour hérésie.

Pas un membre du concile de Sens ne peut prendre la défense d'Abélard. Tous sont convaincus de sa faute. Le problème n'est pas de discuter sa doctrine, mais de savoir s'il accepte de se rétracter, comme son maître, le théologien Roscelin, l'avait fait à Soissons en 1092. Si le maître de Paris s'attend à une joute, il risque d'être déçu. Il est seulement convoqué pour subir l'invective et l'imprécation, sans aucun moyen de défense.

Le légat du pape a refusé de lire son livre. Il n'était pas question de discuter à Soissons de doctrine parce que les examinateurs se référaient à un précepte de saint Anselme, un autre grand Père de l'Église : « Nul chrétien ne doit, assurément, disputer ce que l'Église catholique croit de cœur et confesse de bouche. » Il était évident, dans ces conditions, que Pierre Abélard, qui avait osé traiter de la Trinité, devait être condamné sans même qu'aucune lecture fût faite de son livre. Il avait en outre failli à la règle qui exigeait qu'une œuvre de ce genre fût soumise à la censure préalable du pape.

L'expérience qu'il avait d'un concile présidé seulement par un légat du pape assez incertain de ses pouvoirs et respectueux de la hiérarchie épiscopale du lieu était entièrement négative. Il n'avait en aucune manière eu la possibilité de se défendre ; son livre avait été condamné et publiquement brûlé pour des raisons formelles, et pour la seule raison véritable qu'il remettait en question le *Credo*, issu d'un autre concile, celui de Nicée (325), et ouvrait ainsi la porte aux anciennes divisions de l'Église. Pour cette raison, le livre avait été brûlé par le bourreau.

Abélard avait été taxé de légèreté et de présomption. Comment avait-il osé attaquer le fondement de la Sainte Église, avec les règles de la logique formelle ? Il était difficile de prouver qu'il était dans l'hérésie, aussi avait-on prudemment jugé qu'on ne discuterait pas de sa doctrine. Il lui était seulement reproché de s'avancer en zone interdite. Personne ne pouvait affirmer qu'il avait voulu combattre le dogme. Son intention était pure : n'est hérétique, affirmait-il, que celui qui veut l'être. L'hérésie est un péché d'orgueil.

Il est donc interdit de se défendre dans un procès pour hérésie : c'est aggraver son cas. Abélard s'est fait piéger de la sorte au procès de Soissons. Il s'est rétracté sur les conseils des évêques. Il a subi l'humiliation de l'*autodafe*. Demander pardon et persister dans l'erreur, cela est interdit et aboutit à une impasse. Abélard, cette fois, décide de passer outre en s'adressant directement au pape. Il fait appel avant que sa cause ne soit entendue. Parallèlement, Bernard de Clairvaux réunit les évêques à dîner à la veille du procès pour leur faire condamner d'avance les dix-neuf erreurs contenues dans l'*Introduction à la théologie*. « Bernard est un menteur » proteste en vain Abélard. Il fait un procès de malveillance, il n'a pas lu correctement les passages incriminés, il les a déformés. Le vrai procès aura-t-il lieu ?

***

Il n'y a pas vraiment procès, mais une mise en accusation à grand spectacle, devant le roi de France Louis VII, le comte de Champagne Thibaud, le comte de Nevers Guillaume et un parterre formé des gens de la suite des cardinaux de Sens et de Reims. Le haut clergé est pressé d'en finir, considérant l'hérésie comme une épidémie.

Elle court les provinces du royaume au XIIe siècle, de Châlons-sur-Marne à Toulouse et du Dauphiné au pays de Foix. Que le plus grand maître de l'université soit accusé d'hérésie par le puissant abbé de l'ordre de Cîteaux, qu'il soit défendu par le maître abbé Pierre le Vénérable, de l'ordre de Cluny, montrent assez le désordre des esprits en haut lieu. Celui-ci révèle l'incertitude romaine, car le pape Innocent II a eu beaucoup de mal à se faire élire et respecter, malgré l'appui véhément de saint Bernard. Le maître de Cîteaux sait parfaitement que, si Abélard fait appel à Rome, c'est qu'il compte des amis dans la Curie.

Ainsi, le procès est à la fois fabriqué et truqué : un mensonge qui ne sert ni la cause de l'Église ni la gloire d'Abélard contraint ce dernier à la dérobade. Mais il met singulièrement en relief la méthode choisie par Bernard de Clairvaux, prince de l'Église, pour affirmer la supériorité du pouvoir spirituel du pape sur tous ceux qui prétendent, à l'instar d'Abélard, créer des fiefs spirituels générateurs de troubles dont peuvent profiter les sectes sécessionnistes, comme celles des vaudois et des cathares. Il ne s'agit pas d'accorder au suspect la moindre chance de faire connaître ses idées dans une confrontation loyale, où il risquerait de l'emporter, par son talent ou par la force de ses arguments, mais de le condamner d'avance et de le discréditer, pour qu'il ne puisse pas ouvrir la bouche. Le but n'est donc pas de faire parler Abélard, mais de le réduire au silence.

La seule parole d'invective et de condamnation est celle de Bernard. Elle est véhémente, excessive et, selon Abélard, mensongère. L'abbé de Cîteaux confirme ses précédents discours dans une longue lettre au pape qui exige la condamnation de l'hérétique. Il a fait le siège des évêques, en détachant de l'ouvrage de Pierre Abélard tout ce qui peut provoquer la damnation des juges. Rien ne lui paraît inutile pour truquer le dossier, au nom de la sainte justice. Il ne considère nullement qu'il doit traiter Abélard en homme libre, capable de se défendre, appelé à un combat loyal. On ne combat pas pour ou contre le dogme. On est condamné au préalable sur intention, pour éviter tout débat profanateur. L'accusé a osé *raisonner* sur le dogme de la Trinité. Cela suffit à le confondre.

On ne juge pas le profanateur, parce qu'on ne discute pas le dogme. Telle est la vérité de Bernard. Il suffit, dès lors, de recourir à l'invective, à la calomnie, au besoin au mensonge. On peut ridiculiser sans risque le plus grand maître des écoles françaises. Celui qui a osé pénétrer « dans le mystère de la Trinité, le Saint des Saints » est un enfant inconscient, irresponsable. Insane, il « vaticine ». Il « fait le sot avec les Saintes Écritures ». Est-ce tolérable ? Il croit aux mots, dont il use avec perversité. Mais croit-il « au livre de l'expérience » ? Est-il sensible à l'émotion de la présence du Christ en chacun des hommes ouvert à son amour ? Aux ratiocinations des rhéteurs, Bernard oppose la chaleur mystique de la rencontre intime avec Dieu. Il demande « si quelqu'un des moines (du genre d'Abélard) avait connu le privilège d'un baiser de la bouche du Christ ». Il s'indigne qu'on substitue le culte des mots à celui des âmes. « Nous avons en France, dit-il, un dénommé Pierre Abélard, moine sans règle, prélat sans responsabilité, abbé sans discipline, qui dispute avec les garçons et fraie avec les femmes. » Cette anomalie de la chrétienté peut-elle se perpétuer ?

Elle est dangereuse, car Abélard, même s'il n'est pas lui-même hérétique, sécrète et encourage l'hérésie. Il est pétri d'orgueil : « Goliath s'avance, de sa démarche imposante, ceint de ses beaux accoutrements de guerre et précédé de son porte-armure, Arnaud de Brescia. » Perfidie de Bernard : ce Brescia, réfugié à Paris dans l'école d'Abélard, est un abbé des chanoines réformés, hostile à son évêque [1].

1. Arnaud de Brescia devait mourir sur un bûcher romain pour avoir institué à Rome, contre le pape et l'empereur, une république indépendante.

L'orgueil pousse ainsi à la sédition. Arnaud, fidèle à ses méthodes de violence, rassemble, encadre, pousse à l'action les étudiants de la montagne Sainte-Geneviève en faveur d'Abélard. Fort de ce parti de manifestants musclés et vociférateurs, le maître devient arrogant, prétend débattre, ose faire appel à Rome. Pour qui Goliath se prend-il ? Bernard n'a certainement pas à entrer en lice contre lui, mais à le museler comme un ours pour qu'il ne morde pas. Il obtient satisfaction : Abélard est solennellement condamné par le pape avant d'avoir pu alerter à temps la Curie de Rome (1140).

⁂

Condamnation sans exécution capitale. Innocent II, par lettres, impose au coupable le *silence perpétuel*, sanction du moine hérétique. Il sera enfermé à vie dans un monastère. Pierre le Vénérable, son admirateur et ami, lui propose le refuge de Cluny, en dehors du royaume, en terre de Bourgogne. Il n'aura pas à subir de châtiment physique. Il finira sa vie dans une « maison de religion » sans plus chercher à s'en évader, en renonçant à toute carrière, à tout enseignement. La lettre du pape le rend muet, plus que s'il avait eu la langue coupée.

Le silence est celui du tombeau. Ses œuvres doivent être détruites, ses livres « brûlés où qu'on les trouvât ». Il faut donc les faire rechercher, un par un, pour les livrer aux flammes de l'Enfer. Le pape cite dans sa lettre un décret ancien d'un empereur édictant que « nul clerc... ne devait essayer de discuter de la foi chrétienne en public ». Cette citation, touchant le « philosophe du Christ », est révélatrice de l'oppression romaine : la religion est un domaine où la pensée philosophique n'a rien à faire. Que la logique ose s'en prendre au dogme est intolérable, même si elle a l'honnête intention, comme saint Anselme, de conforter l'orthodoxie par des arguments imparables.

Cette prétention intellectuelle n'est pas acceptable pour un Bernard de Clairvaux, abbé politique, bâtisseur de l'Église, qui ne voit le salut que dans le refus de toute discussion mettant en cause le vrai fondement de l'institution, le *Credo* issu du concile de Nicée. Seule la résistance à la pensée critique sur la base de cette maçonnerie romaine peut sauver l'Église en lui conservant son unité. La moindre discussion est rejetée, et la condamnation d'Abélard, sans tortures ni bûchers est avant tout morale et religieuse. Aussi pures que soient ses intentions, aussi sûrs ses arguments, il n'a pas droit à la parole. En le condamnant au « silence éternel », le pape est dans son rôle, celui d'assurer la survie de l'institution cléricale, accablée de bourrasques et peu sûre de son avenir.

En 1148, huit ans après la condamnation du rhinocéros du Pallet, et six ans après sa mort, saint Bernard réunit un concile à Reims pour juger de l'hérésie cathare. Il poursuivra ce combat jusqu'à sa mort en 1153. D'autres le continueront jusqu'au concile de Vérone en 1184 et bien au-delà. L'hérésie court tout le long du XIIIe siècle et Bernard de Clairvaux, en condamnant Abélard, avait cru pouvoir frapper à la tête.

De son côté, Pierre le Vénérable, abbé de Cluny, avait ramené la brebis galeuse au bercail, avec la méthode douce. Jamais plus le moine orgueilleux ne viendra troubler la sérénité de l'Église. Mais le ferment de sa doctrine se propagera encore longtemps après sa mort. Sans avoir reçu aucune notification officielle de pardon, il a bénéficié, dit Clanchy, de la « grâce apostolique ». Bernard de Clairvaux, par son intransigeance, Pierre le Vénérable, par son indulgence, l'ont fait rentrer dans le giron de « notre mère l'Église ».

Mais son aventure non sanglante était porteuse d'une double leçon : il ne combattait le dogme qu'au nom des principes et des arguments de la logique antique. On n'avait pas besoin de le réfuter. Il suffisait de discréditer son entreprise, en lui opposant la chaleur lumineuse de la présence du Christ. Quand Roger Bacon (v. 1212-1252) combattra plus tard en Angleterre le dogme catholique et romain au nom de l'expérience dans les sciences de la nature, le combat changera de terrain et l'Église sera de plus en plus démunie, devant les assauts de la pensée libre.

Elle renforcera alors constamment, de toute sa puissance institutionnelle, la position conquise par saint Bernard. Se situant dans le périmètre sacré de la défense de la foi, seule capable de sauver le dogme par le mystère, elle donnera à la mystique christique toute sa force d'expansion et à la répression inquisitoriale son efficace. Mais avant de mettre en place, à la fin du XVe siècle en Espagne, l'institution granitique du tribunal de l'Inquisition, la papauté devra subir à son tour les rafales mensongères d'une autre puissance ; celle des rois sûrs de leur force, au point d'organiser eux-mêmes, sans le pape et au besoin contre lui, des procès de foi pour se défaire de leurs ennemis.

Si le comte de Toulouse avait combattu le légat du pape moins par inclination pour l'hérésie que par souci de rester maître sur ses terres, le roi de France, bénéficiaire de la croisade contre les Albigeois, reprendra à son compte la protection du pouvoir monarchique, contre le pape et l'idéologie universaliste de Bernard de Clairvaux, au besoin en allant jusqu'à décider de s'opposer à toute incursion de Rome sur ses terres. Quand la monarchie française devint sûre de son destin au point de livrer ce combat, s'ouvrit un des procès les plus mensongers de l'histoire de la chrétienté, celui des Templiers.

⁂

L'ordre des Templiers avait été complètement réorganisé en 1128, à l'occasion du concile de Troyes, par Bernard de Clairvaux. À l'origine, l'ordre est formé des « pauvres chevaliers du Christ et du temple de Salomon ». Voilà qu'on les accuse, deux siècles plus tard, sous le règne de Philippe le Bel (1285-1314), de renier le Christ et de cracher sur la croix. Les Templiers doivent mourir, et le Temple sera détruit, aussi sûrement que celui de Salomon.

Pour les faire disparaître, on utilise le mensonge. Ils sont contraints par la justice d'avouer des forfaits imaginaires. Ils sont leurs propres accusateurs et demandent humblement pardon. Comment ces rudes moines soldats, vainqueurs de tant de batailles, ont-ils pu être contraints, après leur maître Jacques de Molay, à cet humiliant reniement ? Comment désigner à la vindicte publique des chevaliers si longtemps présentés à l'opinion des fidèles comme les premiers et les plus sûrs serviteurs du Christ ? Quel est au juste leur crime, pour accepter un tel déshonneur ?

L'Histoire les a cloués au poteau d'infamie, sans qu'ils aient pris la peine de se défendre. L'auraient-ils fait, s'ils en avaient eu la possibilité ? Ils ont tout accepté sans murmure, y compris de mentir lors de leurs confessions. Ils ont laissé consigner leurs aveux par les inquisiteurs de la foi. Ils ont reconnu qu'ils avaient souillé la sainte croix, même s'ils essayaient piteusement de faire admettre qu'ils avaient craché à côté. Comme s'ils n'avaient pas pu se dérober au rituel d'initiation dans l'Ordre. Comme s'ils n'avaient pas eu le choix.

Les archives secrètes du Vatican ont livré les procès verbaux de ces interrogatoires [1]. Les questions posées aux prévenus sont identiques, comme s'il existait des formules toutes prêtes. Ont-ils renié Jésus trois fois, comme saint Pierre au mont des Oliviers ? Ont-ils reçu une corde mystérieuse destinée à ceindre leur chemise ? Leur a-t-on défendu le commerce des femmes dans les bordels et de fréquenter des femmes en couches ? A-t-on exigé qu'ils « s'unissent à des frères de l'Ordre quand ils seraient tentés par la chair » ? Ont-ils accepté d'embrasser le frère « précepteur » sur la bouche, le nombril et « l'extrémité de l'épine dorsale » ? Ont-ils accepté de ne se confesser jamais qu'à des frères de l'Ordre et de garder les secrets ? Ont-ils reçu, à la cérémonie initiatique, le pain et l'eau, et le manteau décoré d'une croix de sang sur les épaules ? Ont-ils reconnu la tête étrange,

1. Reproduits en partie in *l'Assassinat programmé des Templiers*, Jacques Rolland, La Table d'Émeraude, 2000, pp. 215 et suiv.

une tête de mort, ou d'un mort, que leur présentait le précepteur ?

Généralement les frères répondent aux questions sans s'étonner qu'on ose les leur poser. Il est vrai qu'ils parlent sous la torture, mais c'est alors une procédure normale des tribunaux ecclésiastiques, savamment réglementée, comme pour éviter une souffrance inutile. Ils tentent d'atténuer leurs péchés, d'expliquer qu'ils ne peuvent se dérober à une cérémonie que tous les Templiers ont subie, comme un rite de passage obligé. Tel ne sait pas s'il a craché une, deux ou trois fois sur la croix du manteau. Ils ignorent à quoi servait la corde dont ils étaient contraints de ceindre leur chemise. L'un d'eux prétend que cette corde « avait été enroulée sur une tête qu'ils tiennent pour [celle d']un sauveur et fondateur de l'Ordre ». Un autre assure qu'elle a été donnée à l'ordre par saint Bernard.

Tous les impétrants acceptaient sans peine de se déshabiller et de se prêter, dans un coin retiré, au rituel des baisers infamants, avant d'être recouverts du manteau des chevaliers. Certains admettent qu'ils ont embrassé le maître « mais sur la bouche seulement ». Nul ne veut reconnaître le péché de sodomie. Un frère sergent, reçu depuis onze ans dans l'Ordre, a dû renier « les apôtres et saints de Dieu ». On lui désigne le Christ « comme une image du prophète qui a été, dit-on, crucifié ». À croire qu'il est interrogé par quelque juriste musulman.

Il s'explique sur la tête : chaque année, au chapitre général de l'Ordre, pendant la première nuit, un prêtre présente une tête éclairée par la flamme des bougies. Elle est placée à côté de l'autel, « sur deux coussins en tapis de soie ». Cette tête coupée a des cheveux blancs argentés, un visage de chair « très pâle », une barbe grisonnante. Le sergent croit pouvoir affirmer que la tête est celle d'Hugues de Payns, le premier maître de l'Ordre.

Ces aveux ont été faits régulièrement. Les prévenus affirment que leurs dépositions véridiques ont été consignées sur place « par les notaires publics présents ». On leur a demandé s'ils voulaient rien changer à leurs aveux. Ils ont répondu « qu'au contraire ils voulaient persévérer et persister ». Comment ne pas croire à la culpabilité de ces repentis, qui souffrent qu'on couche sur un document leurs aveux officiels, devant les autorités dûment mandatées de l'Église ?

Ceux qui ont juré la perte des Templiers ont entre les mains des aveux circonstanciés, qu'ils peuvent produire publiquement. Ils ne se présentent pas comme des justiciers abusifs. En dévoilant la vérité, ils ne font que répondre à l'attente des coupables. Eux-mêmes s'offrent au jugement, et acceptent d'avance la sanction, tout en implorant leur pardon. Le grand maître ne dit pas un mot pour sa défense. Peut-on imaginer un mensonge politique plus minutieusement orchestré, portant sur des crimes défiant l'imagination, attribués aux frères de l'ordre le plus saint d'Occident ?

***

Les dirigeants du Temple ont adopté la même tactique, comme s'ils s'étaient passé le mot. Geoffroy de Charnay, précepteur de Normandie, inaugure cette méthode de défense. On lui a dit, il a entendu dire, mais il ne se souvient de rien. Il ne proteste pas contre l'énormité des accusations. Pas plus que le grand maître Jacques de Molay. Il assure qu'il a seulement maintenu la continuité des rites hérités du passé, sans se mêler lui-même de savoir ce que faisaient ses assistants quand ils « conduisaient à l'écart » l'impétrant. Le visiteur de France, Hugues de Pairaud, a certes renié le Christ, comme le voulait l'usage, mais, bien entendu « de bouche et non de cœur ». Un simple simulacre, sur des rites hérités du passé de l'Ordre.

Il en est de même de tous les dignitaires. Ils ne nient pas les faits, mais leur interprétation. Geoffroy de Gonneville, le précepteur d'Aquitaine, raconte qu'il s'est plié, à son initiation, aux coutumes de l'Ordre. Comme il s'étonnait qu'on lui demandât de renier le Christ, le frère Henri de Torteville, maître d'Angleterre, consentit à lui expliquer l'usage. Un mauvais maître, dans des temps anciens, prisonnier des musulmans, jura d'imposer le reniement aux frères de son Ordre s'il était jamais libéré [1].

Cet exemple est-il une justification ? Nullement sans doute. Comment contraindre tous les futurs Templiers au reniement consenti par un des leurs, sauf pour rappeler sa honte, dans un but d'édification ? Ceux qui entrent dans l'Ordre doivent se souvenir du crime et de l'humiliation de l'ancien, pour ne jamais retomber dans cette tentation. Une forme d'expiation collective. Ils doivent savoir ce qu'il en coûte de renier, ce qu'il en a coûté jadis à saint Pierre.

Le frère de Gonneville semble justifier les rites les plus insupportables par le poids des coutumes, les circonstances oubliées des premières épreuves des

1. Jean Favier, *Philippe le Bel*, Fayard éd., 1978, p. 443.

chevaliers, le sens caché des symboles. Nul ne s'explique sur la portée exacte de la cérémonie de la tête. Le précepteur d'Orléans croit qu'elle était destinée à faire peur aux néophytes. « Sa figure est terrible, dit-il, il semblait que c'était celle d'un démon. » Le but est d'effrayer l'initié.

Ainsi les croisés projetaient-ils dans les villes qu'ils assiégeaient les têtes coupées des cadavres de leurs ennemis. Qui est le Templier décapité, dont le visage est rehaussé d'argent et d'or, ainsi qu'une relique enchâssée ? La tête n'est pas protégée par une architecture précieuse, une châsse qui la dissimule aux regards. Exhibée au contraire, comme une menace. Tel est le sort que les frères peuvent attendre en Orient, le martyre, le sacrifice. Au lieu d'être une cérémonie démoniaque, la procession de la tête peut faire figure d'adoration sacrificielle. Un hommage brutal rendu par des soldats à celui qui a su mourir.

Il en est ainsi de tous les chefs d'accusation retenus contre les Templiers. Ils peuvent être retournés à leur avantage. Jusqu'au crime de sodomie, cruellement puni au Moyen Âge par les inquisiteurs, mais disséqué dans les actes d'accusation jusque dans les moindres détails. N'ont-ils pas toutes les circonstances atténuantes, privés de femmes dans un pays hostile ? N'est-il pas préférable de fermer les yeux sur les pratiques homosexuelles très courantes en Orient, et même afficher la tolérance, que de laisser les soldats du Christ se dévoyer dans les bordels ? Mais la faute, en un siècle où l'on ordonne encore l'émasculation publique des pédérastes et leur pendaison par les pieds, ne doit pas être avouée sous peine de répandre l'opprobre sur l'Ordre tout entier. Aussi, nul n'avoue. À peine Jean Favier produit-il la confession d'un Templier, Hugues Marchant, probablement violé au cours de son initiation[1].

Ainsi tous les chefs d'accusation pouvaient se retourner, si les maîtres de l'Ordre avaient décidé de résister. Mais comment pourraient-ils produire leurs arguments sans prendre le risque de les voir utilisés contre eux par des adversaires habiles et déterminés ? On ne retiendrait pas l'excuse, mais seulement la faute. Ils ne pourraient nier les aveux qu'ils avaient consentis, sachant bien qu'ils n'entraînaient aucun péché. Ils prêteraient ainsi le flanc aux interprétations les plus iniques, celles qui entraîneraient à coup sûr la mort et le déshonneur.

Il ne pouvait être question de défendre un ordre créé par saint Bernard, exposé à de pareilles accusations. Il devait à tout le moins disparaître, même si des sanctions de clémence étaient prises contre les coupables. Avaient-ils reçu des promesses ? Étaient-ils prêts à toutes les lâchetés ? Comment le Temple était-il tombé si bas qu'il n'eût plus le moindre souci de mourir debout, d'affronter le complot politique manifestement ourdi contre lui sans protester ni combattre ? Pourquoi les Templiers étaient-ils les seules victimes de la répression organisée, et pas du tout leurs homologues de Prusse, les chevaliers teutoniques dont les mœurs n'étaient sans doute, pas plus que les leurs, étincelantes de pureté ?

⁂

1. Jean Favier, *op. cit.*, p. 448.

Le véritable crime des Templiers n'était-il pas d'avoir été des soldats du Pape, ne relevant que de son autorité ? On mentait en ne retenant contre eux que les griefs glauques de leurs rites d'initiation. Ce qu'on leur reprochait, en fait, était d'exister. Ils devaient disparaître.

Les chevaliers à la croix pattée étaient d'abord des professionnels de la guerre en Orient, au moment où le pape voulait maintenir et si possible étendre la présence de l'Église romaine dans les États latins. Ils étaient les instruments permanents de la conquête chrétienne. Et leurs forteresses imprenables, du haut desquelles ils veillaient sur les déserts de Palestine et de Syrie, manifestaient le désir de la sainte Église de rester là pour toujours. Ils existaient depuis 1118 quand huit chevaliers français groupés autour du Champenois Hugues de Payns avaient déjà reçu du roi Baudouin de Jérusalem une maison baptisée Temple, sur les ruines des écuries du temple de Salomon, qu'ils avaient restaurée pour en faire leur « maison chevêtaine ». Ensuite la fondation de l'Ordre avait été approuvée solennellement par le concile de Troyes, en 1128.

Bernard de Clairvaux pensait que seule une chevalerie cléricale, « spirituelle », pouvait faire face aux guerriers du *djihad,* eux-mêmes pétris de religion. Quitte à expédier à grands frais des soldats permanents en Orient, autant les choisir dans le clergé et les organiser en Ordre. Même s'ils venaient de n'importe où. « Les scélérats de toute espèce, écrit Bernard de Clairvaux, les impies, les sacrilèges, les parjures, les homicides affluaient dans l'Ordre, en expiation de leurs péchés et de leurs crimes. Leur conversion procure deux biens : elle débarrasse le pays de ses ennemis et amène des secours en Terre sainte et le Christ trouve parmi eux ses plus ardents défenseurs. » L'entrée dans l'ordre entraîne le pardon pour ceux qui jurent de consacrer leur vie au service de l'Église.

Saint Bernard, dans son traité *De laude novae militiae,* s'était fait le propagandiste des moines soldats. Organisés selon la règle la plus dure, la règle cistercienne, ils juraient de servir « la chevalerie du souverain roi ». L'ordre était rigoureusement organisé, les heures de prière impératives, comme celles des moines de Cîteaux.

Les chevaliers devaient respecter leurs vœux de charité, de pauvreté et de fraternité, observer les jeûnes, participer aux fêtes, porter, pour les chevaliers, le manteau blanc et, pour les frères sergents, le noir. Ils avaient la garde de la « vraie croix » à Jérusalem. Armés de pied en cap, ils suivaient à la bataille le gonfanon Baucéant, qui en terme d'héraldique était « d'argent au chef de sable », c'est-à-dire argenté et noir. Ils devaient combattre jusqu'à la mort, tant que le gonfanon n'était pas abaissé en signe de défaite et de retraite. Encore celui-ci ne pouvait-il l'être que sur ordre du grand maître, quand il n'y avait plus rien à espérer. « Abaisser le Baucéant » inconsidérément était un crime inexpiable.

À la mort du grand maître, une assemblée de commandeurs des provinces du Temple élisait un grand commandeur chargé d'organiser l'élection de son successeur par treize électeurs venus de tous les horizons. Le grand maître était chargé de faire régner une sévère discipline dont saint Bernard vantait les mérites. Les frères coupables d'avoir pris femme, de simonie, de lâcheté à la bataille étaient exclus sans rémission.

Selon les statuts, la cérémonie de réception d'un frère était précédée d'un agrément. Qui avait un avis contraire à l'admission ? Rien dans les statuts n'impliquait le secret de l'initiation ni ses rites étranges. Ce n'étaient que des usages, survenus après coup en Orient. L'impétrant devait jurer qu'il « souffrirait tout pour Dieu » et bien réfléchir avant de s'engager, à genoux, devant les évangiles ouverts. Il devait encore jurer qu'il n'était pas serf, ni recruté dans un autre ordre. Il était stipulé qu'il ne devait jurer ni du nom de Dieu et des saints, ni de celui de Notre Dame. Le chevalier devait obéir « comme un serf et comme un esclave ». À qui ?

Au pape exclusivement, depuis la bulle *Omne Datum Optimum* d'Innocent II en 1139. Cette soumission exclusive à la papauté est bien dans l'esprit de celui qui a édicté la règle de l'ordre, saint Bernard : il s'agit de doter le Saint-Siège, dont l'autorité doit s'imposer à tous les rois d'Europe, d'une milice chrétienne transeuropéenne, recrutant dans tous les royaumes et dans l'empire. À charge pour le pape de protéger ses Hospitaliers et ses Templiers contre les autorités séculières, et aussi contre les évêques dont ils ne relèvent nullement.

La présence continuelle des Templiers en Orient les désigne à la reconnaissance des fidèles qui multiplient dons et legs. Les grands maîtres sont contraints de mettre sur pied une administration pour gérer les richesses d'un ordre qui rassemble, vers 1250, neuf mille commanderies en Occident et qui possède des quartiers entiers dans les villes ainsi que plus de quatre millions d'hectares de champs cultivés.

Les relations des Templiers avec l'Orient les obligent à entretenir deux flottes, avec La Rochelle à l'ouest comme port de relâche. Un Commandeur de la Voûte dirige la flotte templière en Méditerranée, à partir de Saint-Jean-d'Acre. Ces navires de commerce protégés par les chevaliers rivalisent avec ceux de Venise et réalisent très vite des profits considérables en important les denrées précises d'Orient, et en embarquant au besoin des esclaves. L'accumulation des richesses et le développement du grand commerce les conduisent à imaginer des procédés comptables pour financer aisément achats et ventes sans transporter les lourdes espèces. Ils utilisent les premières techniques bancaires.

Ils sont ainsi recherchés par les puissants pour les prêts d'argent et deviennent non seulement des banquiers préteurs, mais également les administrateurs des trésors princiers et royaux. Les maîtres de l'Ordre ont été contraints de recruter, non plus exclusivement de rudes soldats illettrés, mais des administrateurs polyglottes, férus en langues orientales et en méthodes de calcul. Par les circonstances de l'histoire, après la multiplication des croisades, les hommes de guerre sont devenus des hommes d'affaires.

*
**

Une première explication au mensonge saute aux yeux. S'ils sont si riches, les Templiers doivent céder leurs biens de gré ou de force. Le pape Clément V, le roi de France Philippe le Bel veulent les dépouiller. Ils se servent d'une campagne d'opinion à motif religieux pour dissimuler leurs rapines. Ils ont discrédité les moines chevaliers pour mieux les voler.

Leur réputation établie de richesse et de rigueur dans la gestion les a placés au centre des grandes opérations politiques du XIIIe siècle. Ainsi prend naissance le mythe de leur action clandestine, de leur pouvoir secret. Il aurait pour origine le trésor des Templiers, caché dans la haute tour de l'abbaye du Temple, à Paris, proche du palais royal.

Cette réputation d'enrichissement rapide tient au grand nombre des opérations lancées par eux : dépôts d'argent et lettres de change, gestion des revenus des grands, de Blanche de Castille et de Charles d'Anjou, de Marguerite de Flandre et de Robert d'Artois. Ils rachètent au comptant à 50 % les créances impayées qu'ils se chargent de récupérer. Ils touchent des droits quasi notariaux sur les actes passés devant eux. On leur demande leur caution, ils bénéficient de la confiance de la clientèle. Ils payent les rançons des seigneurs et bien contre leur gré celle du roi Saint Louis fait prisonnier à la bataille de Mansourah en 1250, en garantissant la somme libératrice. Ils donnent leur caution quand le roi de France signe des traités impliquant des engagements d'argent.

À partir du règne de Philippe Auguste, ils tiennent les comptes de la monarchie capétienne. Le roi choisit l'un d'eux comme exécuteur testamentaire. Ils seront les trésoriers de Saint Louis et de Philippe le Bel. Ils sont devenus un État dans l'État.

Chaque année, pendant la première moitié du XIIIe siècle, plus de 250 000 livres tournois viennent alourdir les coffres de la tour du Temple à Paris. C'est le temps de la gloire. Les soldats du Temple accompagnent les versements d'argent lourd et sont les seuls à garantir la sécurité des transferts, par exemple des impôts perçus au nom du pape. Une monnaie templière est utilisée en Orient. Entre les mains du Commandeur de la Terre de Jérusalem (c'est le titre officiel de ce ministre des Finances du Temple) passent toutes les recettes, tous les transferts négociés par l'Ordre. L'enclos du Temple dans Paris et ses deux tours monumentales couvrent 60 000 mètres carrés de surface urbaine, soit un tiers de l'espace bâti intra-muros. Le Temple lève des droits sur les commerces, bénéficie lui-même de diverses franchises, c'est une puissance seigneuriale.

Bonne occasion de lui faire rendre gorge que ce scandale de l'initiation. On conte au peuple d'abominables histoires de baisers fourchus, et l'on vide les coffres du Temple ! On pourrait suivre cette explication simple, si le Temple était resté, à l'aube du XIVe siècle, une puissance financière enviable. Il n'en est rien, et les historiens s'accordent pour diagnostiquer, à partir de 1280, un ralentissement des ressources du Temple, comme un début de décadence qui s'accélère à la fin du siècle, quand les tributs exigés par les musulmans deviennent trop lourds et que l'insécurité menace l'Orient chrétien.

Le Temple est alors incapable de remplir sa mission essentielle : maintenir les Francs, catholiques et romains, dans les villes d'Orient. Ces Francs font face à des États guerriers, les Mamelouks d'Égypte, les Turcs de Damas, enfin les Mongols. L'équilibre de la région est sans cesse remis en question. Le territoire occupé par les chrétiens d'Occident se rétrécit comme peau de chagrin.

En 1260, leurs positions sont déjà menacées. L'empereur allemand Frédéric II, grand maître de l'ordre teutonique, dispose d'une armée de chevaliers à croix noire ne dépendant que de lui et condamne les Templiers, parce qu'ils ne remplissent plus leurs fonctions militaires. Il rêve d'annexer les États latins d'Orient et de s'approprier les chevaliers à la croix rouge, pour renforcer sa propre armée.

Il arrive ainsi que les ordres chrétiens s'affrontent, au hasard des intrigues et des batailles que se livrent entre eux les seigneurs de la guerre. Impossible de les réconcilier devant l'infidèle, car l'idée de croisade, en 1250, a fait faillite. Elle s'est achevée définitivement par la mort du roi Saint Louis sous les murs de Tunis. Ces coûteuses entreprises réunissent dès lors contre elle la quasi-unanimité, quoi qu'en disent les hauts dignitaires et le pape. Les Templiers sont les premiers à les condamner.

Peuvent-ils au moins tenir leurs positions de défense, leurs forteresses imprenables, justifier en somme leur prestige et leur prépondérance ? Ils ne sont en fait pas capables d'empêcher les Francs d'être rejetés à la mer, dans une série de désastres. Baïbar, le sultan d'Égypte, rase la place d'Ascalon en 1270. Les sept cents Templiers de la forteresse de Chastel-Blanc abaissent le gonfanon l'année suivante, presque honteusement. La même année se rend le formidable *Krak* des chevaliers hospitaliers. Les Teutoniques ne font pas meilleure figure puisqu'en rendant Château-Beaufort ils capitulent, disent les chroniqueurs musulmans, en obtenant de leurs assaillants la liberté de gagner la mer à dos de chameau, comme des bédouins : honte pour la chrétienté[1].

⁂

1. Voir Rolland, *op. cit.*, p. 138.

Mais aussi pour le Temple, dont c'est la vocation de tenir jusqu'à la mort. Le concile de Lyon, en 1274 le met pour la première fois en question. Les notables de l'Ordre y présentent un *memorandum* pour établir que les richesses qu'on leur attribue n'existent plus. Elles ont été engagées dans les œuvres caritatives, les rançons et les tributs à payer, les devoirs militaires. Pourtant, une fois encore, on leur demande de garantir un prêt pour la reconquête des territoires perdus d'Orient.

En fait les échecs continuent à s'accumuler. Depuis la chute de Jérusalem, en 1187, les possessions chrétiennes se rétrécissent. En 1289, cent ans plus tard, les dernières places tombent et l'armée des Mamelouks s'empare du port de Tripoli, vital pour le grand commerce.

Les places sont investies les unes après les autres. Aucune armée de secours ne peut les dégager et les Templiers, sans renforts venus de l'ouest, sont impuissants. Les villes sont détruites, les maisons incendiées, les habitants déportés, vendus comme esclaves. Malik al-Mansour, l'ennemi irréconciliable des Francs, mène la guerre sainte, en même temps que le sac et le pillage des entrepôts et comptoirs. Les khans Mongols, avec qui les Templiers projetaient peut-être de conclure une alliance contre les musulmans, sont vaincus par l'émir et rejetés du Proche-Orient. Les Templiers restent seuls en lice, sans secours possible.

Le 18 mai 1291, l'émir Khalil, successeur d'al-Mansour, s'empare de Saint-Jean-d'Acre défendue par les Templiers et les Hospitaliers, après cinq semaines de siège. Les chevaliers portent la responsabilité devant l'opinion chrétienne de cet ultime échec : ils n'ont pas su tenir l'Orient.

Le grand maître de l'ordre, l'énergique Guillaume de Beaujeu, est mort, atteint d'une flèche, pendant que les « Sarrasins » emmenaient les nonnes et moniales en esclavage, saisissaient les missels et autres objets précieux du culte, tuaient les moines jusqu'au dernier.

Beaujeu avait tenté de recruter des chevaliers et des sergents dans les neuf mille maisons possédées par l'ordre en Occident. Il rêvait d'aligner les vingt mille guerriers que le Temple pouvait espérer armer grâce à son recrutement dans les commanderies de Troyes, Provins, Caen, Toulouse, Narbonne, Montpellier, Arles, Toulon, Lyon, pour les expédier dans les ports, où les galées à croix pattée étaient ancrées.

Mais l'Ordre n'avait plus les moyens d'armer et de transporter ces hommes. Ses ressources diminuaient rapidement selon la courbe devenue négative du grand commerce avec les comptoirs d'Orient. Les troubles sanglants de la guerre avaient fini par désarticuler durablement le réseau des échanges maritimes et même caravaniers au Proche-Orient. La prospérité avait disparu des ports de Méditerranée.

Le roi de France lui-même cherchait de l'argent pour son trésor en utilisant les procédés les plus brutaux. En 1291, les banquiers lombards avaient été expulsés, leurs biens saisis. Enguerrand de Marigny, l'énergique serviteur de Philippe IV le Bel, avait empoché 230 000 livres tournois à la suite de cette spoliation. En 1306 c'était le tour des juifs : cent mille d'entre eux étaient chassés du royaume, leurs biens saisis. On commençait à dire, autour d'Enguerrand de Marigny, que la dévolution au Temple d'énormes propriétés et revenus n'avait plus de justification, dès lors que ses chevaliers s'étaient montrés incapables de reconquérir Jérusalem. On envisageait de nommer grand maître l'un des fils du roi, ce qui faciliterait l'expropriation. Si faibles que fussent les ressources de l'Ordre, ses propriétés restaient immenses.

Le roi est le premier intéressé. Mais le Temple dépend du pape. Comment obtenir la mainlevée du Saint Père ? L'enjeu est plus que financier, il est politique. Les Templiers sont une puissance. Si leurs terres retournent en friches, si les ports s'envasent, ils gardent en Occident leur capital de confiance, ils tiennent dans leur main, par leurs prêts accumulés, tant de hauts seigneurs. Ils sont au courant de tous les secrets de la chrétienté, en France comme au Portugal ou en Angleterre, en Espagne comme en Italie. Abattre cette puissance n'est pas de l'intérêt du pape, mais bien du roi Philippe.

Le grand maître Jacques de Molay est-il en mesure, après Saint-Jean-d'Acre, de défendre son bien ? Sa chance unique est de rester à la tête de l'Ordre, institution sacrée qu'il est impossible à une puissance temporelle de détruire. Élu par les frères, maître d'une armée en déroute, mais susceptible de se redresser, et d'un domaine foncier garantissant des revenus, il n'est pas sans arguments. Il ne doit aucun compte au roi de France et les premières attaques politiques subies par l'Ordre ont été infructueuses, aussi maladroite que soit sa défense.

Pourtant, en 1306, le scandale des *secrets* du Temple avait été révélé à Nogaret, âme damnée du roi, par un prieur de l'Agenais. La rumeur était remontée jusqu'au pape. Molay, flairant le piège politique, avait lui-même demandé au Saint Père l'ouverture d'une enquête.

Elle est diligentée sans hâte, dans le calme feutré des palais. Mais Nogaret fait du zèle, saute sur l'occasion inespérée, lance ses propres enquêteurs, recrute des délateurs, des faux témoins parmi les hommes chassés du Temple. À défaut de supprimer l'Ordre, on peut espérer s'emparer de ses ressources, le discréditer, le ruiner en abolissant, par exemple, ses privilèges fiscaux qui dépendent du roi.

Le maître Jacques de Molay savait qu'il ne serait pas soutenu par le pape. Il ne pouvait compter sur la faveur de l'opinion. Une campagne bien orchestrée pouvait au contraire retourner prestement contre les moines soldats la colère et l'indignation populaires. La foi restait vive dans le petit peuple et les scandales des gens d'Église pouvaient trouver un châtiment dans une période de terreur fiscale, surtout s'ils étaient riches et coupables de délits de mœurs.

⁂

Le roi va mentir, délibérément. Pour le bon peuple, les Templiers présents en France, ces éclopés rentrés d'Orient, n'ont pas bonne réputation. Philippe IV le Bel le sait parfaitement. On boit, dit-on dans Paris, « comme un Templier ». « Aller au Temple » signifie couramment : entrer dans un bordel. L'image héroïque de la Croisade ne colle plus à leur armure. Ils ne sont plus les défenseurs des Lieux saints mais les profiteurs d'un vaste domaine privilégié. Ils passent leur vie dans l'oisiveté, échappant aux charges. À peine entretiennent-ils leurs maisons. Dans les conciles, les grands de l'Église imaginent de fusionner les ordres militaires pour réduire le Temple. Jacques de Molay avait sauvé son autonomie en plaidant devant le pape, armé d'un long mémoire rédigé dans les commanderies. Pourrait-il tenir plus longtemps ?

Philippe le Bel tient bientôt en main un dossier d'accusation parfaitement mensonger, nourri d'informations calomnieuses par Nogaret grâce à l'infiltration du Temple par des espions. On a introduit dans l'Ordre une douzaine de moutons chargés de colporter et de rapporter. Des procédés de basse police, familiers de Nogaret. Les dénonciations du *secret* permettent aux scribes de soutenir une accusation capable d'alerter l'opinion.

On n'hésite pas à taxer les Templiers d'hérésie, d'idolâtrie. Ils sont des renégats, sans doute sodomites. Chacun des points soulevés permet de les perdre. Au pape qui fait traîner son enquête en longueur, le roi oppose sa détermination. Avec des dénonciations sans preuves, il se croit en mesure d'agir. Il ne veut pas laisser le temps aux Templiers de se disperser. Les prendre tous au gîte est son obsession.

L'opération est réalisée le 13 octobre 1307, par surprise. Croyant en la protection du pape, Jacques de Molay ne s'inquiétait pas. Les baillis et sénéchaux, agents du roi, reçurent ce jour-là l'ordre d'arrêter tous les Templiers. Un dominicain, Guillaume de Paris, inquisiteur de France, avait cru pouvoir soutenir la politique du roi en dépêchant à son tour des réquisitions au bras séculier. Au petit matin, les Templiers reçurent la visite des lieutenants du roi qui les conduisirent en prison sous bonne garde. Aucune résistance. Les biens saisis étaient mis sous scellés, inventoriés, la gestion des domaines confiée à des notables.

Un acte d'accusation, rédigé par Nogaret, rappelait que le pape avait été consulté et que l'inquisiteur s'était associé à une opération présentée comme le résultat d'une concertation. Mensonge absolu du garde des Sceaux Nogaret, qui compromettait ainsi le pape dans une opération de police. On assurait que les coupables ne pourraient comparaître que devant les tribunaux de l'Église.

L'opinion était ameutée par des agitateurs dans des réunions organisées d'explication. D'abord au plus haut niveau, au chapitre de Notre-Dame, sur le front des chanoines et des professeurs en théologie de l'université. L'acte d'accusation se voulait résolument religieux. Il prétendait imposer le grief d'hérésie. C'était le moyen le plus sûr d'engager les masses populaires contre les Templiers. Le 15 octobre, les dominicains de l'Inquisition et les conseillers du roi haranguaient en termes violents le peuple réuni dans le jardin du Palais, dénonçant les crimes de Templiers. Les secrétaires du roi expédiaient dans les cours européennes des missives d'explication. Nogaret ne négligeait rien pour accabler ses ennemis. Il prétendait leur couper tout recours.

Le pape seul pouvait réagir, dans l'indifférence des rois d'Angleterre et d'Aragon. En résidence au château de Loches, Clément V comprenait parfaitement que l'opération était dirigée contre lui, et qu'il venait de subir un nouvel affront. Il décidait d'expédier deux légats auprès du roi, auquel il reprochait benoîtement d'avoir agi par précipitation.

Que pouvait-il faire d'autre, alors que les Templiers soumis à la torture étaient déjà passés aux aveux ? Pour ne pas laisser tomber dans des mains séculières les richesses de l'Ordre, le pape à son tour ordonnait l'arrestation et la saisie des biens, le 22 novembre 1307. Il précisait que le butin serait réservé à la croisade, et plus tard restitué au Temple. Il prétendait ne rien perdre. Il n'avait nulle intention de dissoudre un ordre qui lui appartenait. Le roi triomphait : le pape l'avait suivi. Philippe IV le Bel pouvait proclamer impunément que les Templiers étaient, dans leur prison de Paris, tenus à disposition des légats nommés par la Curie de Rome.

Le scandale des aveux obtenus par les commissaires royaux, confirmés devant les inquisiteurs, permettait au roi de poursuivre en justice. Pas un Templier n'avait pris le risque de nier ces accusations ridicules, et encore moins de se rétracter : on leur avait promis le pardon après aveu. Sans défense aucune, isolés dans leurs cellules, ils se résignaient à leur sort, jugeant incompréhensible une procédure d'une telle ampleur.

Les atténuations apportées aux aveux des chefs ne plaidaient pas en leur faveur. Qu'un Hugues de Pairaud, visiteur de France, prétendît avoir renié le Christ « de bouche et non de cœur » était un piètre argument, dans la fureur déchaînée par le scandale. Les vieux Templiers n'étaient pas des héros, ils ignoraient les arcanes de la politique, les étapes du duel entre le pape et le roi de France. Ils payaient les pots cassés d'une querelle qui n'était pas la leur. À quoi bon nier les calomnies ? Qui les entendrait ? N'étaient-ils pas au *secret*, cette arme favorite de l'Inquisition ?

***

Le pape finit par s'émouvoir quand le roi parla de dissoudre l'Ordre. Il n'avait pas renoncé à une nouvelle croisade et comptait sur un Temple rénové pour conduire l'entreprise. Il n'avait surtout pas l'intention de laisser au roi la disposition des biens de l'Ordre. Il lui importait enfin que sa juridiction spirituelle fût reconnue dans son intégralité. Il prit donc la décision de casser les inquisiteurs de Paris et des diocèses, et ses légats encouragèrent Molay et les autres inculpés à se rétracter. Soucieuse de son indépendance, l'université de Paris, consultée par le roi, prit le parti du pape. À l'Église seule, martelaient les maîtres, appartenait le pouvoir de juger l'hérésie.

Nogaret faisait alors signer à Philippe le Bel un « appel au royaume », le 25 mars 1308. Le roi était dans son domaine le défenseur séculier de la foi. Il était naturel qu'il convoque, pour rechercher leur approbation unanime, les états généraux des nobles, prélats et bourgeois. Le 15 mai 1308 à Tours, ces états se permettaient, contre tout usage, alors qu'ils n'en avaient aucun pouvoir, de déclarer les Templiers coupables et d'affirmer qu'ils méritaient la mort.

Nogaret n'avait pas perdu de temps. Il s'agissait de contraindre le pape à tout prix. Une propagande zélée, orchestrée par le palais royal, s'en prenait au pape lui-même, qui ne pouvait rentrer à Rome, d'où les intrigues l'avaient chassé. Comment résister à Philippe le Bel, alors qu'il lui devait tout ? Nogaret le savait. Il était prêt à frapper le coup décisif pour convaincre le Saint-Père de sortir de ses atermoiements.

L'affaire des Templiers, dans cette querelle du pape et du roi, trouvait son vrai terrain : un affrontement politique rappelant et reprenant la violente querelle entre le roi et le précédent pape, Boniface VIII.

Ce pape intransigeant d'origine catalane avait prétendu construire un système théocratique en Europe, accablant les royaumes d'impôts. L'empereur allemand et Philippe le Bel avaient alors pris la tête de la résistance. Déjà soutenu par ses états généraux du « peuple du royaume de France » dûment convoqués pour la circonstance, Philippe le Bel avait protesté contre la bulle *Unam Sanctam* qui affirmait le pouvoir du pape sur les rois. Le légiste royal Nogaret s'était rendu en Italie pour arrêter le pape. Giflé au cours de l'attentat d'Agnani, le 7 septembre 1303, Boniface VIII devait renoncer à toute prétention. À sa mort, Bertrand de Got, noble aquitain, était élu à Pérouse, le 5 juin 1305, sous le nom de Clément V, grâce à l'appui du roi de France. Il lui devait sa tiare.

Affecté par la campagne déchaînée en France par les agents du roi qui l'accusaient de népotisme, soucieux de ne pas apparaître comme un pape encourageant l'hérésie, il n'était guère en mesure de défendre efficacement les Templiers. Tout au plus pouvait-il espérer conserver la prééminence de son autorité spirituelle sur le concile des évêques de France, véritable enjeu du conflit. Le 26 mai 1308, il rencontrait à Poitiers Philippe le Bel. Il était sommé de condamner les Templiers, ou d'être dénoncé comme leur complice.

Le pape tenta de négocier, pour récupérer les biens du Temple. Il menaçait de laisser subsister l'Ordre, ce qui empêchait les confiscations. Il savait bien que les Templiers n'étaient pas coupables, mais ils s'étaient mis par leurs aveux dans la main du roi. Le pape, s'il ne pouvait rien pour leurs personnes, essayait de sauver les meubles. Le roi, pour l'engager de force à prendre un parti, lui remit soixante-douze prisonniers fortement chapitrés. Devant Clément V, ils confirmèrent leurs aveux. Les dignitaires, interrogés à part par trois cardinaux dépêchés par le pape, n'osèrent se rétracter. Ils se repentaient et le pape faisait prendre par écrit leur abjuration. Les avait-il sauvés ?

Les inquisitions diocésaines une fois rétablies, les prisonniers, réexpédiés vers les capitales de province, seraient soumis à toutes les pressions habituelles du roi sur les clergés locaux. Le pape les avait abandonnés à la garde des agents royaux. Il se réservait de juger lui-même, après une longue enquête, de la question du maintien en l'état de l'Ordre, qui serait abordée en concile. Le roi notait que les cardinaux envoyés par le pape avaient conclu leur mission en écrivant au roi pour implorer le pardon des hauts dignitaires coupables. Était-ce au roi de juger ?

Cette querelle de pouvoir était vitale, car elle permettrait à Philippe le Bel, non seulement de spolier le Temple, mais de prendre en main définitivement l'Église de France. On oubliait les questions de foi, elles n'étaient brandies bruyamment par les agents du roi que pour ameuter l'opinion contre les Templiers, à l'approche des décisions définitives.

L'enquête pontificale décidait Jacques de Molay à se rétracter en novembre 1209. On lui avait promis la lune, il ne l'avait pas vue se lever. Il était temps pour lui de parler. Mais au lieu de proclamer son innocence absolue, il contestait seulement la procédure. Le pape demandait à des porte-parole des cinq cent quarante-six Templiers arrêtés de se justifier. En avril 1310, neuf d'entre eux comparurent devant le tribunal agréé par le pape, mais présidé par un évêque à la botte du roi, Philippe de Marigny, le propre frère du grand chambellan. Ils étaient forts de la déclaration de tous leurs frères prêts à témoigner qu'on leur avait extorqué des aveux sous la torture.

Avant même que la commission d'enquête désignée par le pape eût achevé ses travaux, l'archevêque de Sens, Marigny, jugeait ceux des frères qui, ayant avoué leurs fautes, s'étaient rétractés et rendus coupables du crime de relaps. Cinquante-quatre d'entre eux étaient condamnés à mort pour cette seule raison et l'on allumait déjà les bûchers. Les autres, impressionnés, se sentant abandonnés, prenaient le parti de demander pardon, d'abandonner toute résistance. Molay et les dignitaires refusaient de parler, attendant de comparaître devant le pape. Ce dernier osera-t-il saborder le Temple ?

⁂

Il osa, au concile de Vienne, en octobre 1311. Le roi était présent, à la tête d'une armée nombreuse, campée aux portes du concile. Nogaret surveillait les délibérations. Les quelques Templiers réchappés de la rafle et rassemblés à Vienne demandaient le droit de défendre leur Ordre. Il n'en fut pas question. Grâce à Enguerrand de Marigny, le pape et le roi étaient tombés d'accord : l'ordre des Templiers serait simplement supprimé par le pape, sans procès, par décision administrative, en quelque sorte. Ses biens seraient réservés pour une croisade et affectés à l'Ordre concurrent des hospitaliers. Philippe le Bel aurait la charge de la gestion provisoire des biens français. Le tour était joué. Les Templiers accourus au concile de Vienne pour la défense de l'Ordre n'auraient pas la parole.

Restait à châtier les dignitaires accusés de tous les péchés. Jacques de Molay attendait toujours depuis sept ans sa comparution devant le pape. Le pontife délégua sur place trois cardinaux, dont Nicolas de Fréauville, fort dévoué au roi. Molay refusa de parler. Ses juges lurent alors la sentence sur un podium dressé sur le parvis de Notre-Dame. Ils étaient condamnés à la prison à vie.

Jacques de Molay eut alors un sursaut héroïque. Puisque le pape l'abandonnait, il devait sauver l'honneur. Les cardinaux le laissèrent protester publiquement de son innocence. Seul le suivit Geoffroy de Charnay, précepteur de Normandie. Les autres dignitaires étaient rentrés dans leurs cellules, acceptant la sentence. Molay s'accusa d'avoir trahi le Temple pour se sauver. Le Conseil royal, aux ordres de Nogaret, prit la décision d'exécuter les relaps. Ils furent brûlés sur un double bûcher, la face tournée vers l'Orient, dans un immense concours de foule. « Dieu vengera notre mort », dit seulement le grand maître avant de trépasser.

Le Temple avait cessé d'exister et la victoire du roi de France était complète. Pour obtenir la suppression d'un ordre qui constituait en France un État dans l'État, et non pas seulement pour les dépouiller de leurs biens, Philippe le Bel avait exercé sur le pape, tenu à sa merci dans le royaume, une pression continuelle. Pour mobiliser le peuple et diriger l'opinion, Nogaret, son conseiller, avait obtenu des aveux mensongers et mis en avant les questions de foi. Les Templiers, des vieux soldats du Christ, souvent des invalides revenus d'Orient, étaient accusés de reniement du Christ, d'adoration d'idoles, de détournement de sacrements, sans oublier les mœurs abominables et les cérémonies secrètes.

Les rumeurs s'amplifient dans Paris. On les accuse de rôtir des enfants, de faire manger aux frères les cendres des morts, d'adorer le chat parlant du diable. Mal vus du petit peuple en raison de leur richesse, les moines soldats, dont la foule demandait le supplice, étaient désarmés, d'autant que le pape, leur défenseur naturel, n'était pas en mesure de répondre aux appels de détresse du grand maître.

Tous les mensonges étaient des armes imparables, aux mains d'un Nogaret, quand elles étaient utilisées par une Église docile, aux ordres du roi, dans la défaillance totale du pouvoir romain. Le pape n'était plus dans Rome, mais depuis 1209 dans Avignon, sans palais, sans moyens, sans protection. Les rois d'Europe ne le soutiendraient pas et certains prendraient volontiers leur part, comme le roi d'Aragon, au sac du Temple.

Déconsidérer les Templiers aurait été impossible au XIIIe siècle. Ces chevaliers de la foi, riches et puissants, tenaient le haut du pavé, étalant en même temps leur rang seigneurial de possédants en Occident et leur réseau méditerranéen de relations et de communications. Ils étaient non seulement les défenseurs de la foi, mais le rempart de la chrétienté. Il y avait risque à déposséder, mais surtout à discréditer un ordre que saint Bernard avait réorganisé.

Le peuple chrétien pouvait penser à la suite de cette violente campagne d'opinion que les plus durs, les meilleurs défenseurs de la foi étaient des hérétiques pervers, tenant leur puissance du secret, comme plus tard les francs-maçons. Il est à cet égard curieux de constater qu'une filiation a pu être établie, mais non prouvée, entre des fugitifs du Temple et les premiers maçons de rite écossais. Qu'on tînt au début du XIVe siècle les défenseurs du Christ pour les adeptes corrompus d'une société secrète marquait la faiblesse de leur pouvoir : ils n'étaient que des survivants, dans un monde déchiré.

Plus question de repartir en croisade : l'Orient était aux musulmans. Le basileus survivait à l'abri des murailles de Constantinople, qui sera prise en 1453. La Méditerranée était de nouveau un lieu d'affrontements entre marins et corsaires. La royauté européenne du pape dont rêvait saint Bernard était en complète faillite. S'il existait en Europe de l'Est des moines guerriers, ils étaient au service de l'empereur allemand, comme les Templiers d'Espagne rempileront dans l'armée aragonaise. Les rois d'Europe survivaient seuls, chacun à son rempart. Le pape n'était qu'un errant, incapable de rentrer dans Rome. Il ne vivait que de la protection du roi de France.

Par une stratégie du mensonge, qui alignait les griefs de foi pour achever une politique de prééminence du trône sur l'autel, Philippe IV et ses conseillers avaient bafoué le pape en l'obligeant à supprimer le Temple. À sa mort, Clément V ne serait pas remplacé avant deux ans. Et cette longue vacance donnait à penser que l'autorité spirituelle du pontife n'était plus utile à la défense de l'Europe.

Les rois seuls s'en chargeaient. On entrait ainsi dans un nouveau royaume du mensonge en Histoire : il n'était plus question d'avancer la bannière de la foi pour réduire à l'unité les consciences, comme au temps d'Abélard, pour établir dans le monde le nouvel empire de la religion unique, celle du Christ, mais de se servir cyniquement des émotions religieuses populaires, ameutées par des agitateurs professionnels, au bénéfice des intérêts de l'État, en y soumettant strictement l'Église. Ainsi les royaumes temporels, en se servant frauduleusement de la religion, et avec la complicité de l'Église et des églises, se posaient triomphalement comme puissances souveraines et fractionnées en nations, en lieu et place du royaume céleste que saint Bernard avait voulu instaurer autour du rayonnement spirituel de Rome. On était sur le chemin d'une autre série de mensonges de l'Histoire, inaugurée par le procès de Jeanne d'Arc.

Chapitre 4

Jeanne d'Arc a menti

Elle n'est pas une sainte inspirée par Dieu, mais une sorcière habitée du démon : la petite Jeanne a menti. Ainsi le veut la politique anglaise pendant la guerre de Cent Ans. Celui qui affirme la culpabilité de la Pucelle est un évêque français, monseigneur Cauchon, disposant de tout le prestige de la Sorbonne et soutenu par les clercs parisiens. Jeanne n'a pas de protecteur. Elle a sauvé Charles VII, le « roi de Bourges ». Il n'a pas dit un mot pour sa défense. Le procès de Jeanne d'Arc est l'exemple du crime instruit par une institution religieuse, portant sur des questions de foi, à des fins exclusivement politiques. La condamnation de Jeanne est d'abord un crime d'État, reposant sur le mensonge.

Pas plus que l'évêque, le roi Charles VII qui finit par la recevoir à Chinon ne croit aux voix qui lui ont commandé de quitter sa Lorraine. Pour le dauphin Charles héritier du trône, Dieu peut envoyer au roi de France, protecteur de l'Église, un signe de victoire, mais en aucun cas une inspirée ne peut prétendre rassembler le peuple à la place du roi, et se tenir dépositaire de la foi. Il appartient au souverain oint à Reims de représenter seul la parole de Dieu. Aussitôt tombée, Jeanne est oubliée.

Tous ses conseillers considèrent, dès le départ, sa mission comme une imposture. Mais, parce qu'ils n'en sont pas tout à fait sûrs et pensent que, par sa foi, elle peut ranimer le courage des soldats, elle est soumise à un interrogatoire, une série de questions et de pièges, pour tâcher d'établir si elle ment, par un recours habituel aux recettes de l'investigation religieuse. Une longue série d'épreuves humiliantes dont elle se sort à son honneur.

Sa seule présence à Chinon est pour le roi impuissant une humiliation de plus. Que certains attendent le salut de cette pucelle vaticinatrice dit assez la faiblesse de la monarchie. Cette dernière est tombée plus bas que terre. Comment un souverain ferait-il reposer la mission sacrée de conduire son peuple sur une adolescente inconnue qui croit entendre des voix ? Pourquoi recevrait-il cette pucelle qui déclarait au capitaine Robert de Baudricourt, commandant la place de Vaucouleurs, « que le royaume n'appartenait pas au Dauphin mais à son Seigneur, et que son Seigneur voulait que le Dauphin devienne roi et qu'il ait le royaume en commende » ? Une mission venue de Dieu, vrai maître de la France, un intermédiaire féminin entre Dieu et le roi, voilà qui n'était assurément pas pour complaire au dauphin Charles.

Ils sont nombreux, au départ, ceux qui pensent que Jeanne a menti. Le roi n'est pas, bien au contraire, de ceux qui cherchent à les détromper. Elle avait douze ans en 1406 quand elle avait déjà entendu les voix de l'archange saint Michel — qui avait sauvé le Mont — et des saintes Catherine et Marguerite. Les voix du Ciel lui répétaient qu'elle aurait à chasser les Anglais et à faire sacrer le roi.

Jeanne elle-même n'y avait pas cru. Elle en avait fait confidence à son oncle, qui l'avait accompagnée chez le capitaine de Baudricourt. Cet homme de guerre venait d'interdire rudement sa place forte aux Anglais. Fidèle à Charles, il ne pouvait que bien accueillir une enfant de l'une de ces pieuses familles de Lorraine, aussi hostiles à l'occupation bourguignonne qu'à celle des Anglais leurs alliés. Le capitaine avait entendu Jeanne et s'était amusé de ses propos. Il ne croyait pas qu'elle mentait, seulement qu'elle s'était trompée.

Mais, en 1428, le siège d'Orléans tournait mal, on redoutait le pire pour le royaume. Le régent Bedford, maître des armées anglaises d'occupation, voulait à toute force prendre le pont de pierre d'Orléans, clé du royaume de Bourges. Nouveau Jules César, il serait ainsi le maître de toute l'ancienne Gaule. On avait appris de bouche à oreille, à Vaucouleurs, la défaite retentissante des Français, morts dans l'attaque d'un convoi de harengs destiné au ravitaillement de l'armée anglaise (la célèbre « défaite des harengs », en février 1429).

Charles de Bourbon et le fier Dunois avaient été blessés dans cette affaire. Les assiégés, coupés du plat pays par des fortifications ennemies, n'attendaient plus aucun secours et se préparaient à capituler. Poton de Xaintrailles, chef de guerre sans reproche, engageait des négociations avec Philippe le Bon, duc de Bourgogne, pour obtenir une reddition honorable à des Français. Si Dunois se rendait, c'en était fini du royaume de Bourges. On assure que Charles VII était alors découragé au point d'envisager son départ proche pour le Dauphiné sa province, ou pour la Castille, ou même pour l'Écosse. Il était prêt à abandonner la partie.

Désespéré par les rumeurs sinistres qui venaient d'Orléans, le capitaine de Baudricourt se souvenait soudain de l'enfant de Domrémy. On croyait à cette époque aux prophéties, aux devineresses, mais aussi aux signes divins et aux missions miraculeuses. L'homme de guerre envoya quérir la pucelle. Dans son désespoir, le moindre réconfort comptait. Avait-il le droit de négliger le sursaut spirituel que donnerait à son parti la présence d'une jeune fille qui se disait conseillée par des voix célestes ?

Les paysans du Barrois avaient appris, de village en village, les révélations de Jeanne. Depuis un an, elle ne cachait plus sa « mission », elle s'en ouvrait franchement, simplement, avec candeur, mais d'un air résolu. Les curés la voyaient d'un bon œil, les vilains l'accompagnaient en foule quand elle se rendait à son deuxième rendez-vous avec Baudricourt, le sire de Vaucouleurs. N'avait-il pas appris que le duc de Lorraine malade avait convoqué la jeune fille pour tenter de retrouver à son contact la santé ? Avait-elle un pouvoir miraculeux ? La Lorraine avait-elle hérité de la bienveillance divine d'une voyante thaumaturge ?

⁂

Le capitaine se défiait du mensonge, et de la supercherie, mais plus encore du diable. Et si elle était inspirée par le démon ? Qu'en savait-il ? Mieux valait s'en remettre à l'expertise du curé, la soumettre à l'exorcisme. Première épreuve pour Jeanne, première victoire. Le curé de Vaucouleurs se disait certain que la jeune fille n'était pas possédée du démon. On pouvait l'entendre, et la suivre. Il était possible qu'elle n'ait pas menti.

Était-elle crédible ? Puisque sa mission était de faire sacrer Charles VII, autant la conduire au roi. Il devait avoir besoin de réconfort. L'examen du curé de Vaucouleurs n'est pas destiné à écarter le mensonge, mais à affirmer que Jeanne peut dire la vérité. Quant à la réalité des visions, c'est affaire de foi. Nul ne peut se risquer à les confirmer, puisqu'elles ne regardent que Jeanne.

La voilà donc partie, un jour de la fin du mois de février 1429, en habit d'homme, en chausses grises et chaperon noir, une épée au côté fournie par le capitaine, escortée de gens d'armes et d'écuyers. Elle entre ainsi dans l'Histoire. Il faut prendre au sérieux une envoyée de Dieu officiellement armée par un seigneur. Baudricourt s'est engagé en fournissant son aide. Il a crédibilisé l'opération. Le peuple, et les seigneurs, ne demandaient qu'à croire. Dans ces temps de malheur, on aimait et on recherchait les prédictions. Une prophétie de l'époque attirait l'attention du peuple de Dieu sur la mission céleste de la Lorraine : la France avait été perdue par une femme, la fameuse reine Isabeau de Bavière, épouse de Charles VI (elle avait pris le parti des Bourguignons et… des Anglais et fut à l'origine du funeste traité de Troyes, en 1420). Une autre femme, vierge et pure, la sauverait du néant. Jeanne pouvait être celle-là.

Sa détermination surprend. Elle veut à toutes forces rencontrer le roi « avant la mi-carême ». Une paysanne de Domrémy ? Pourquoi le monarque la recevrait-il ? Il le faut, dit-elle à l'un des écuyers du capitaine. « Il n'y a personne ni roi, ni duc, ni fille du roi d'Écosse, ni autre qui puisse recouvrer le royaume de France, et il n'aura de secours, si ce n'est de moi, bien que j'aimerais mieux demeurer à filer auprès de ma pauvre mère, car ce n'est pas mon état (de monter à cheval pour faire la guerre). Mais il faut que j'y aille et je le ferai, puisque mon Seigneur veut que j'agisse ainsi. »

Qu'elle ait entendu ou non des voix importe peu dans cette reconnaissance de sa mission par des tiers. Seules comptent son insistance et la précision des termes de la mission. Loin d'apparaître comme une prophétesse vaticinatrice qui reste assise sur son trépied, elle demande à partir, à combattre, à risquer elle-même la mort dans la guerre devenue sacrée, puisque Dieu lui-même impose le combat du salut. Jeanne n'existe que pour représenter, incarner pourrait-on risquer, sa volonté. Elle situe ainsi délibérément l'acte politique de l'engagement pour la guerre de libération dans le domaine du surnaturel et du religieux. Elle sacralise la guerre de Cent Ans. La foi la pousse, non le calcul.

La force immense dont elle est dépositaire s'applique à deux petits points précis de la géographie du royaume, Orléans et Reims. Le Seigneur n'intervient qu'une fois, pour préciser ces points. Comme Athéna dans la guerre de Troie, il a choisi son camp et son héros. Mais les Grecs et les Troyens avaient chacun leurs dieux. Dieu unique, révéré par les deux belligérants, celui de Jeanne ne laisse aucune chance aux Anglais. Il entend qu'elle fasse connaître au roi sa volonté fulgurante. Il l'a choisie pour cela. Qu'elle parte !

Elle sera bientôt connue et vénérée dans le royaume dès qu'on saura qu'elle est l'envoyée de Dieu. Le plus modeste village voudra la recevoir. Sa seule présence rendra la vue aux aveugles et fera renaître les enfants morts en couches. Mais cet effet miraculeux est second. Elle n'est pas là pour faire des miracles mais pour en assurer un seul : la reconnaissance du roi de France, l'élu du Seigneur.

Devant elle, l'institution. Il faut convaincre gens d'armes et gens d'Église que sa mission n'est pas une imposture. Y songe-t-elle ? Le rude Baudricourt s'est bien laissé fléchir. Dans l'incertitude, il n'a pas voulu prendre de risque et braver le surnaturel par sa force d'inertie. Il l'a mise en route sans se préoccuper de peser le vrai et le faux. Il laisse à d'autres le soin de juger. Sur le chemin, quand un passant demande à Jeanne qui est son seigneur, elle répond simplement : Dieu. À l'écuyer qui l'interroge sur la date de son départ, elle dit : « Plutôt maintenant que demain, et demain que plus tard. » Elle est pressée d'arriver, sa mission n'attend pas.

Qui prendrait le risque de l'arrêter, à moins de faire la preuve de ses mensonges ? Qui est juge de l'imposture ? Uniquement les clercs, les gens de Dieu. Ils sont de tous les degrés, de tous les niveaux de connaissance dans la hiérarchie ecclésiastique. Eux seuls ont le pouvoir de dire, en analysant le langage, en confrontant les témoignages, si la titulaire de l'ordre de mission céleste ment. Jeanne a commencé les épreuves par le plus bas niveau. Le premier examinateur, l'humble curé de Vaucouleurs, ne s'est pas compromis davantage que le sire de Baudricourt. Il a seulement affirmé, mais avec force, que le démon n'était pas du voyage. C'était assez pour qu'elle pût partir.

***

Plus on gravit la hiérarchie sociale, plus le mensonge est redouté. Si forte que soit la réputation de la pucelle quand elle chevauche vers Chinon, elle doit subir des épreuves de plus en plus redoutables pour être reconnue et suivie.

Le dauphin ne peut admettre l'imposture. Il est trop faible pour résister à une douteuse mise en scène. Il ne croit même plus ses chevaliers vassaux et féaux capables de mener la guerre. Les adoubés, c'est clair, n'ont plus Dieu avec eux. Ils se font tuer dans des charrettes de harengs. Ils valent moins au combat que les coutiliers qui les achèvent.

Le roi ne croit plus qu'aux soldats professionnels soldés. Il établit des tarifs, engage des Écossais, des Italiens, des Allemands, des Suisses et même des capitaines de brigands, durs à la guerre et au pillage. Il veut une armée régulière et commandée par de vrais chefs de guerre, ardents et savants. La chevalerie française, en vingt batailles, a fait la preuve de sa dramatique impuissance. Devenue seigneuriale, elle n'est même plus politiquement sûre. Les hauts seigneurs ont trahi les premiers et ne suivent jamais que leurs intérêts de féodaux. Le roi ne croit qu'aux professionnels des sièges et des coups de main. Il ne croit que ce qu'il voit.

Parce qu'il enregistre défaite sur défaite, au point d'envisager de quitter le royaume, on peut le convaincre qu'une vierge lorraine se disant inspirée du Seigneur ranimerait la confiance dans les rangs et ferait repartir les hommes au combat. Si frustes soient-ils, ces brutes craignent le diable, et croient en Dieu. Les guerriers, connaissant le sort des batailles, savent que la victoire tient à un fil, et qu'un signe suffit à la provoquer. *In hoc signo vinces* était la devise inscrite sur les premiers étendards chrétiens. Il faudra songer à doter Jeanne d'un gonfanon de nouvelle facture, où les noms de Dieu et de la Vierge soient bien lisibles et vus par tous.

Mais, avant tout, tester la pucelle. Lui imposer de nouvelles épreuves, plus exigeantes. Ne pas hésiter à sonder jusqu'à son pucelage, savoir à tout prix si elle dit vrai. Le dauphin ne peut se permettre aucune erreur, aucune faute. Que ses gens d'Église lui donnent des garanties !

On commence par le plus simple. Si Dieu inspire la Lorraine, s'il lui a désigné le dauphin, elle doit le reconnaître entre mille, même si elle ne l'a jamais vu. La scène est-elle arrangée, les flambeaux allumés au château pour impressionner la « bergerette » ? Les historiens restent sceptiques[1]. Il n'est pas sûr que la scène de la reconnaissance dans la grande salle du château de Chinon, qui a eu lieu le 6 mars, ait été préméditée. Qu'importe. Le fait qu'elle fût reçue à la cour, venant de Domrémy, était en soi un événement. Qu'elle s'inclinât sans hésitation devant le roi, vêtu sobrement et retiré à l'écart, est un fait qui a frappé les contemporains.

Le roi ne l'a pas reçue tout de suite, il l'a fait attendre. Après onze jours de voyage éprouvant sur des routes infestées d'hommes d'armes bourguignons alliés des Anglais, guidée tout de même déjà par un agent royal, Colet de Vienne — elle était annoncée mais elle avait dû néanmoins attendre deux jours entiers dans une hôtellerie de Chinon la convocation du dauphin. Elle avait subi un premier

1. Voir Régine Pernoud et Marie-Véronique Clin, *Jeanne d'Arc*, Fayard, 1986, p. 39.

interrogatoire qui avait divisé les conseillers. Les uns la traitaient de folle, les autres proposaient seulement de l'entendre. Mais Charles avait reçu un message du sire de Baudricourt, son bon serviteur, qui avait escorté Jeanne au départ de Vaucouleurs. Il ne pouvait refuser de recevoir celle que lui expédiait le plus fidèle et le plus menacé de ses capitaines.

Cette réception ne prouvait rien. Jeanne avait parlé calmement, répétant les deux points de sa mission. Elle avait confié au dauphin « certain secret que personne ne savait et ne pouvait savoir si ce n'est Dieu ». Le monarque en était assez satisfait pour décider sur-le-champ de garder Jeanne auprès de lui. Elle dormirait avec des femmes dans une tour du château du Coudray, un des trois châteaux de Chinon. Au plus tôt, elle comparaitrait devant les savants théologiens de Poitiers, pendant qu'une équipe d'enquêteurs se renseignerait sur sa famille à Vaucouleurs et Domrémy.

Ainsi se poursuivaient l'épreuve, la traque du mensonge. L'intrigue s'en mêlait. Qui manipulait l'innocente ? Qui avait avantage à l'opération ? Le duc Jean d'Alençon, célèbre pour avoir été laissé pour mort sur le champ de bataille de Verneuil et racheté aux Anglais après cinq ans de captivité, a été le témoin d'un premier examen subi par Jeanne à Chinon dès le lendemain 7 mars. Il attend beaucoup de Jeanne, étant du clan des Armagnacs mortellement ennemi du clan des Bourguignons.

Des évêques, des maîtres posent des questions à la Pucelle. L'évêque de Castres, confesseur de Charles, les évêques de Senlis, de Maguelonne et de Poitiers. Elle répond invariablement « qu'elle avait des voix et un conseil qui lui disaient ce qu'elle avait à faire ». Le

« roi du Ciel » était son maître et inspirateur. Elle avait dit à Charles qu'il devait lui donner son royaume et qu'il « le remettrait dans son premier état ».

À Poitiers, les théologiens devaient se montrer plus curieux : elle avait comparu le 11 mars devant eux comme face à un véritable tribunal. Des femmes avaient été chargées de surveiller ses faits et gestes dans la maison d'un avocat où elle était hébergée. Le tribunal ? Outre les évêques déjà cités, le conseiller du roi Garivel, des théologiens de tous les ordres : Aymeri, frère prêcheur, Jean Lambert, un moine des Carmes et le futur doyen de la faculté de Poitiers le frère Seguin Seguin. Des professionnels de la foi institutionnelle, comme le chanoine bachelier Le Marié, un spécialiste des écritures saintes. Rien n'est négligé pour que l'épreuve soit concluante. Il ne suffit pas de se dire inspirée par Dieu : Jeanne doit le faire dans les règles de la foi catholique apostolique et romaine, sous peine d'être soupçonnée d'hérésie ou de sorcellerie.

Elle ignore le risque majeur auquel on l'expose. Elle devra répondre aux questions les plus insidieuses, éviter les contradictions, les provocations, les insinuations, lutter sur le terrain inconnu d'elle de la foi établie, du dogme installé. Les Anglais aussi ont leurs théologiens. La Sorbonne est à eux. Il faut répondre d'avance à leurs critiques, les prévoir et s'en prémunir. Si l'on prend la peine d'examiner Jeanne à Poitiers, elle doit être irréprochable. L'intérêt politique de l'opération « Sacre à Reims » en dépend.

⁂

Avant même d'avoir touché une lance, elle est confinée au prétoire. Les relations de ces interrogatoires donnent à penser que les questions ne cherchaient nullement à confondre Jeanne, mais à donner à son action une sorte de blanc-seing officiel des clercs de haut rang.

Elle a déjà gagné la partie quand elle se permet d'engager un dialogue avec l'archevêque de Reims et maître Jean Lombard, de l'université de Paris. Elle répond au frère Seguin qui lui demande benoîtement en quel langage parlaient les voix : « Meilleur que le vôtre. » À Aymeri, qui conteste l'utilité de livrer bataille, puisque, par un miracle, Dieu a décidé de délivrer Orléans, Jeanne répond qu'il faut batailler et que Dieu donnera la victoire. Par quel signe ? interroge frère Seguin, qui se souvient de Constantin et de Clovis.

« Point de signe », dit prestement la Pucelle. Qu'on la suive à la bataille, et l'on verra où est la grâce de Dieu. Elle parle en guerrier, et ne vaticine pas. Elle s'indigne qu'on perde du temps. Dieu a dit de marcher.

Le conseil tribunal décide « que le roi pouvait s'aider d'elle » et l'envoyer à Orléans. Elle a répondu « de grande façon, » certifie maître Lombard. Ses paroles sont d'une bonne catholique, certifient ceux du haut clergé. Le roi tient en main tous ses certificats. Il peut désormais se servir de Jeanne d'Arc. Il lui manque tout de même une preuve matérielle.

La décision — ignoble — est prise de faire vérifier son pucelage par les dames de la Cour, Jeanne de Preuilly et Jeanne de Mortemer, toutes les deux de la suite de Yolande d'Aragon, la belle-mère du dauphin. Résultat positif : Jeanne a son pucelage, elle n'est pas une sorcière, n'a pas été possédée par le diable. Dieu merci, elle a dit vrai sur le seul point qui puisse être l'objet d'une vérification concrète. Gloire à Dieu qui a dépêché la Pucelle aux Français. Il en a du mérite. N'est-il pas aussi le Dieu des Anglais ?

Jeanne, par trois fois, écrit à ces derniers des lettres pour les sommer de se rendre, non pas à celle qu'ils appellent la vachère ou la putain des Armagnacs, mais à l'armée choisie par le Seigneur pour libérer la France injustement meurtrie. S'ils n'obéissent pas, ils seront inévitablement vaincus puisqu'ils auront combattu le roi du Ciel.

Quant aux Français, ils suivent son blanc pennon — une petite flamme portant un signe héraldique —, sur lequel le Christ tient une fleur de lis, avec vénération, avec l'inscription « Jesus Maria ». On a retrouvé sous l'autel de l'église de Sainte-Catherine-de-Fierbois, sur les indications données à la suite d'un songe de Jeanne, une épée rouillée, devenue étincelante. Elle brandit son étendard, car elle ne veut pas avoir à tuer. Elle n'est à la tête de l'armée du dauphin que pour ranimer les courages et obtenir la victoire. Elle pressent qu'elle sera blessée par flèche pendant l'assaut. Elle en est avertie : son propre sang rougira l'armure, mais elle ne rendra pas les coups.

Elle mène une guerre sacrée, sanctifiée. Dans le doute, elle s'agenouille pour prier, implorer le Seigneur qui lui suggère la décision. Elle se prend de bec avec Dunois, le Bâtard d'Orléans, qui ne veut pas attaquer la bastide Saint-Loup, sise à deux kilomètres environ des remparts de la ville. Elle n'accepte pas les ordres des chefs de l'armée. C'est elle qui exige les décisions, au nom du Ciel. La seule stratégie est de courir sus à l'ennemi, le plus tôt possible, avec l'énergie surnaturelle inspirée par Dieu. On verra si l'adversaire pourra résister. Il ne s'oppose pas, les bastides sont prises, la Loire devient rouge du sang ennemi, Orléans est libérée le 29 avril.

Les bourgeois de la ville fêtent et encensent les soldats. C'est une première. Ils avaient l'habitude de se garder de la soldatesque, de la mépriser, qu'elle fût française ou ennemie. Ils la blâmaient tous pour sa violence incontrôlée. Voilà qu'on accueille en sauveurs des chefs de bande comme le routier gascon La Hire. Ce ne sont plus les mêmes hommes, Jeanne les a changés. Elle a fait proscrire le sac et le viol et agenouiller les rudes chevaliers devant l'étendard du Christ. Ils se confessent, communient et assistent aux processions.

Du moins les chroniqueurs zélés l'assurent-ils, ces propagandistes du clergé qui veulent faire apparaître l'armée de Jeanne comme celle du Seigneur. Le professionnalisme terne du dauphin Charles ne résiste pas à l'expérience d'Orléans. On prend les bastides, non par stratégie, mais par la foi. On gagne la guerre non pour faire conquête ou reprendre les fiefs, mais pour réparer par les armes le tort fait au droit. Les Anglais ne sont pas seulement des ennemis mais des impies, sourds à la parole de Dieu. Jeanne ne s'oppose nullement à ce qu'on les tue jusqu'au dernier, comme les infidèles à la croisade. N'ont-ils pas douté des voix du Ciel ?

Le *Journal du Siège,* rédigé par les clercs, l'affirme avec emphase : « Rentrèrent en grande joie dans Orléans la Pucelle et les autres Seigneurs et gens d'armes en la très grande exultation de tout le clergé et peuple, qui tous ensemble rendirent humble grâce à Notre Seigneur. » Une immense procession est alors ordonnée des « gens d'Église, seigneurs, capitaines, gens d'armes et bourgeois étant ou demeurant dans Orléans ». Toutes les églises de la ville sont visitées par le peuple et les gens d'armes fraternellement unis, « en grande dévotion ».

Le dauphin-roi fait écrire à toutes ses bonnes villes pour leur annoncer son triomphe. Il les exhorte « à honorer les vertueux faits et choses merveilleuses et aussi la Pucelle qui a toujours été en personne à l'exécution de toutes ces choses ». Désormais le personnage est utilisé politiquement. Il n'est plus besoin de rappeler qu'elle entend des voix. Il suffit de citer ses « merveilleuses » victoires, dues à l'intervention divine. Le Ciel est avec le roi de Bourges. Qu'on le sache ! Qu'on le dise !

⁂

Une légende protège Jeanne. Tous ceux qui blasphèment meurent de mort soudaine et violente, comme victimes d'un châtiment immédiat du Ciel. Un soldat, qui se flatte de la dépuceler, se retrouve noyé. William Glasdale, le capitaine anglais qui l'a insultée a trépassé dans la Loire. On assure qu'elle vole au-dessus des fortifications. Qu'elle poursuive l'assaut, frappée d'un carreau d'arbalète, tient du prodige. Les chroniques soulignent que jamais elle n'a inspiré aux soldats la moindre tentation, même à son écuyer Jean d'Aulon qui lui avait « vu les tétins » et les jambes nues, après sa blessure. La réputation de Jeanne est d'une vierge en prière, même dans le désordre des camps.

Mensonge, dit Bedford, le régent d'Angleterre, cette fille n'est pas une sainte, mais une sorcière !

Elle trouble le soldat, le menace du Ciel. Il est commode pour lui d'expliquer le recul d'une armée anglaise devant une femme en assurant que la cause de la défaite, ce sont « les idées folles et la peur déraisonnable inspirées par un disciple et séide du diable appelé la Pucelle ». Les Français mentent en la vénérant comme une envoyée de Dieu. Propagande ! Mystification ! Il est temps de dénoncer l'impudente, dont s'est servi le faible dauphin. Il y a danger car les Bourguignons contaminés par la légende risquent de trahir la cause anglaise et de dénoncer l'alliance. Ils l'ont déjà fait, en ne contrariant nullement la marche des armées royales, à travers le territoire qu'ils contrôlent (29 juin-16 juillet), vers la cathédrale de Reims où Jeanne figure aux côtés de Charles VII pendant le sacre.

Il n'a pas été facile de lancer l'armée royale dans cette opération. Aucun des capitaines du dauphin ne voulait la risquer. Dunois seul, le bâtard d'Orléans, avait soutenu Jeanne et remis l'armée en marche. C'était là le vrai miracle de l'intervention de la jeune Lorraine : elle avait contraint les chefs à sortir de leur immobilisme. Parlant au nom de Dieu, elle les poussait à ouvrir le heaume de leur armure de professionnels des guerres, prudents, matois, cupides, pour les lancer dans une entreprise désintéressée, qui interdisait tout pillage et ne promettait pas de grasses soldes : conduire le dauphin à Reims pour en faire un roi.

Jusqu'alors, elle avait suivi son programme et obéi strictement aux voix. Nul ne peut passer outre ses impulsions divines. La victoire d'Orléans (les Anglais ont levé le siège le 8 mai) a justifié son aura surnaturelle. Aussi assiste-t-elle désormais aux conseils du dauphin, pour y donner son avis, en raison de son extraordinaire prestige. N'est-elle pas en relation constante avec Dieu par la prière ? Cette réputation incommode les grands seigneurs qui ont tous, après la victoire, des ambitions à satisfaire. Un d'Harcourt, un d'Alençon aspirent sans doute à reprendre la Normandie et jugent inutile l'équipée de Reims. En dépit de leur foi affichée, aucun des grands feudataires ne résiste à l'ambition. La Pucelle est projetée sans le savoir dans les querelles féodales. Mais le roi, dont les origines ont été contestées, dépossédé par le Lancastre de la succession de France, tient à la confirmation de Reims, soutenu par Dunois, le bâtard d'Orléans.

Jeanne prend la route pour le sacre, tout de blanc vêtue sur un cheval noir trop fougueux, qui se calme miraculeusement quand on le dirige vers la croix d'une église. La légende miraculeuse se poursuit, entretenue par les chroniqueurs religieux. Ils tressent à Jeanne une couronne de signes divins qu'elle porte gaillardement. Ils ne manquent jamais de rappeler que si une décision tarde, elle se retire pour invoquer Dieu et revient, aussitôt, confortée, rassérénée, pour entraîner à sa suite les hésitants. On ne manque aucune occasion de rappeler que Dieu l'inspire, qu'il est à ses côtés.

Avant de marcher résolument sur Reims, le roi a tout de même décidé de nettoyer les pays de Loire, pour assurer ses arrières. La stratégie ne perd pas ses droits dans la guerre sainte, mais les sièges de villes sont présentés comme autant de victoires miraculeuses. Tout plie devant l'étendard blanc de la Pucelle. Au siège de Jargeau, où l'ennemi fait mine de résister, Jeanne affirme avec force : « Si elle n'était sûre que Dieu conduisait cette affaire, elle préférerait garder les brebis plutôt que de s'exposer à de tels périls. » Et Jargeau est enlevée. Quand surgit une armée de secours anglaise, les chefs les plus renommés prennent la fuite ou sont faits prisonniers, comme le comte de Suffolk ou John Talbot. Seul échappe à grand-peine le capitaine John Falstolf. L'irrésistible armée anglaise est mise en déroute par la charge de Patay (18 juin). Qui douterait que le Dieu de Jeanne n'obtînt la victoire ? N'a-t-il pas envoyé un cerf miraculeux qui a informé les Français, par son escapade vers Patay, des positions de l'armée anglaise cachée dans les bois ?

À chaque étape, la légende s'enrichit, pieusement rapportée par les clercs de service, ces correspondants de guerre de l'archevêché de Sens ou de l'université de Poitiers. Le sacre devait marquer une sorte d'apothéose dans le légendaire. Mais avant Reims, il y a Troyes.

Troyes, aux mains des Bourguignons, peut refuser le passage à Charles et à Jeanne quand ils arrivent sous les remparts de la cité le 5 juillet. Ville symbolique : ici fut signée neuf ans plus tôt, à la suite de la négociation menée par l'évêque Pierre Cauchon, l'ancien recteur de l'université de Paris, une entente successorale franco-anglaise qui faisait de Henri V le roi de France de par son mariage avec Catherine, la fille du roi fou Charles VI et d'Isabeau de Bavière. Il était important que les Troyens se rendissent d'eux-mêmes, abolissant ainsi le souvenir du péché. Ils le firent, après quatre jours de discussions, sur l'injonction de Jeanne qui leur avait écrit : « Loyaux Français, venez au-devant du roi Charles ! » Mais surtout parce qu'elle avait fait préparer des fascines et disposé des bombardes autour des remparts.

Elle avait dû là encore en cette occasion, ranimer les courages au conseil royal, où l'on hésitait à donner l'assaut. Après Troyes, ni Châlons (le 14 juillet) ni Reims (le 16 juillet) n'avaient de raisons de résister. Les évêques, jusque-là soumis aux Bourguignons, remettaient au dauphin les clés de leur ville, contre promesse d'« abolition » (de pardon). Déjà, nouvel élément de la légende, le petit peuple se mettait en route de toute la Lorraine et la Champagne, comme au temps de la croisade. À Châlons, derrière le petit groupe des paysans de Domrémy, ils voulaient tous approcher Jeanne, toucher son cheval, attirer son regard. Ils étaient émus par ce que l'on appelle en langage digne du Vatican, quand il s'agit de béatifier un saint, « l'héroïcité de ses vertus ». Ils l'approchaient déjà comme une sainte alors que le père cordelier Richard, rencontré à Troyes et partisan frénétique des Anglo-Bourguignons, l'avait aspergée d'eau bénite, comme pour l'exorciser.

Sa présence au sacre ajoutait le mystère à la tradition symbolique. Les quatre cavaliers étaient entrés à cheval dans la cathédrale, selon l'usage, pour déposer la Sainte Ampoule, le précieux flacon d'huile conservé dans l'abbaye Saint-Rémi. La procession du clergé réconcilié était impressionnante, la prosternation du roi devant Dieu exemplaire. Les douze pairs de France, dont moitié d'ecclésiastiques, avaient tenu la couronne au-dessus de sa tête. Ce cérémonial identique à celui du couronnement de Saint Louis rétablissait Dieu dans son trône de France. Il désignait celui qui devait régner ici en son nom et faisait rougir de honte ceux qui avaient servi les usurpateurs. « Gentil roi, déclara en pleurant Jeanne à Charles, après la cérémonie, ores est exécuté le plaisir de Dieu. » Sa mission était terminée. Elle pouvait retourner d'un cœur léger avec ses frères et ses parents à Domrémy, et retrouver ses troupeaux.

⁂

Si Jeanne veut échapper à son terrible destin, il est temps pour elle de rompre avec la légende. Les heures sombres approchent : arrivent les premières attaques des clercs qui dénoncent la mystification, auxquels l'ancien chancelier de l'université Gerson croit bon de répondre par écrit. Mensonge que les voix divines, utilisation politique du mystère, propagande frauduleuse auprès du peuple : les voix universitaires ne manquent pas pour attaquer l'opération Jeanne d'Arc dont le dauphin Charles, si dissolu, l'amant de la très dispendieuse Agnès Sorel, le roi indolent de Bourges, est l'indigne bénéficiaire. Il est temps de dire et d'écrire, pensent les théologiens du camp anglais et bourguignon, que l'aventure de Jeanne la Pucelle est une machination.

L'or anglais paiera la propagande, ainsi que les bourgeois des villes occupées, furieusement hostiles, comme les Parisiens, au parti des Armagnacs qui soutient Jeanne. Elle entre ainsi, malgré elle, dans les intrigues sanglantes de la guerre civile entre Armagnacs et Bourguignons. Elle a fait sacrer un roi sans pouvoir et, par cet acte symbolique, a restauré l'unité du royaume. Intégrée au système politique du petit roi de Bourges, elle ne peut prétendre rassembler autour d'elle et de ses voix divines la totalité des Français. Elle n'est que l'inspiratrice d'un camp.

La guerre continue, malgré les revers anglais. Bedford envoie des renforts à Paris, où il rencontre le duc de Bourgogne. Celui-ci reçoit une lettre de Jeanne l'adjurant, au nom du roi du Ciel, de faire la paix avec le roi Charles. « S'il vous plaît à guerroyer, lui écrit-elle, allez sur les Sarrasins. » Mais le duc de Bourgogne Philippe a marié sa sœur Anne à Bedford, dont il attend de grands bienfaits et de gras subsides. Pendant que Jeanne songe à reprendre l'offensive en attaquant Paris, le roi lui ment et négocie avec Bourgogne sans rien lui dire. Il considère qu'elle a rempli son office, et que le conseil royal n'a plus que faire de ses illuminations. Il ne peut espérer rentrer dans son ancien royaume, celui de ses ancêtres, qu'en faisant la paix avec Bourgogne.

Il sait que Bedford remonte la Seine jusqu'à Montereau avec une puissante armée détournée de la croisade contre les hussites de Bohême, et qu'il encourage désormais la propagande contre la Pucelle. « Vous qui faites séduire et abuser le peuple ignorant, écrit-il à Charles, qui vous aidez de gens superstitieux et réprouvés, comme d'une femme désordonnée et diffamée, étant en habit d'homme et de conduite dissolue. » Les pièces du procès anglais se mettent en place. Peut-être le régent Bedford y songe-t-il déjà.

Quand Jeanne d'Arc presse le roi de marcher sur Paris, elle ignore qu'il a déjà renoncé au siège, pour traiter avec Bourgogne. Elle ne peut rien répondre aux bourgeois de Reims qui, isolés en pays bourguignon, implorent son aide. Elle sent la « trahison », mais en ignore les causes. On lui a menti sans profit : le roi n'obtient du duc de Bourgogne qu'une trêve de quatre mois, en lui livrant toutes les villes acquises sur la rive droite de la Seine. Ses ennemis ont tout le temps de préparer de concert leur nouvelle offensive. Le bénéfice de la victoire d'Orléans et du sacre de Reims est déjà perdu. Bedford et le duc de Bourgogne se partagent déjà les fiefs. Dans toute la France occupée, le clergé se gausse des mensonges de la Pucelle.

Jeanne était alors devenue, comme l'écrit Jean Favier, « le porte-étendard du parti des Armagnacs ». Elle ne pouvait prétendre au rassemblement du royaume devant le roi du Ciel. Persister dans sa mission était une erreur. Son destin était d'être le témoin angoissé, et bientôt la victime, de la reprise de la guerre civile. Qui songeait à l'avertir ? On lui mentait au conseil, et dans l'armée. Avait-on jamais songé, dans le cercle dirigeant, à autre chose qu'à utiliser son pouvoir spirituel pour relancer la guerre et gagner les faveurs du peuple ? Pour le roi incapable d'affronter les armées du régent Bedford, sincèrement désireux de négocier avec Bourgogne, elle était devenue un obstacle.

Elle ne serait bientôt plus qu'un chef de bande. Si la politique de conciliation du roi, soutenue par La Trémoille, qui recherche l'amitié de Bourgogne, apparaît vite comme un échec, la reprise de la guerre souhaitée par le duc d'Alençon et le clan des Armagnacs n'est pas plus encourageante. Plusieurs engagements armés malheureux font apparaître Jeanne comme un capitaine semblable aux autres.

Le 8 septembre, elle attaque Paris, partant de Saint-Denis, avec le duc d'Alençon, mais se heurte à la résistance du rude routier Jean de Villiers, seigneur de l'Isle-Adam, payé par le duc de Bedford. La porte Saint-Honoré reste obstinément close, malgré les assauts, et Jeanne est blessée à la cuisse. Les boulets de pierre des bombardes et des couleuvrines suffisent à disperser les soldats de la Pucelle.

Son prestige est atteint. L'arbalétrier qui l'a touchée l'a également insultée. C'était un Parisien hostile aux Armagnacs, non un Anglais. L'oriflamme de Jeanne la Lorraine ne garantit plus la victoire. Paris n'est pas Orléans. La Pucelle, blessée, perdant son sang, ne peut plus remonter sur son cheval. Ne serait-elle plus inspirée par Dieu ? Le 10 septembre, le roi décide de la retraite, n'attendant plus de miracle. Il n'est plus question des voix qui ordonnaient de poursuivre le combat. Jeanne est devenue sourde. Dieu ne parle plus.

⁂

Aux mains des Anglo-Bourguignons, Paris pavoise. Dieu a permis qu'ils l'emportent et le duc de Bedford le remercie en grande pompe, en se rendant à Notre-Dame. Il faut montrer au peuple parisien de quel côté Dieu est dans la bataille. Philippe de Bourgogne s'y rend aussi, dans sa gloire. Il est nommé lieutenant du petit roi d'Angleterre Henri VI que l'on songe à faire aussi couronner, à Reims ou ailleurs, pour annuler les effets fâcheux du sacre de Charles VII.

Et Jeanne ? Elle reste sans rien faire à la tête d'une armée qui ne veut pas se battre. Elle ne peut plus offrir la bataille au nom de Dieu. En novembre, on la prie de reprendre à un routier le pont stratégique de La Charité-sur-Loire. On respire à la cour, où le parti de la négociation n'a pas désarmé. Qu'elle parte avec ses gens d'armes affronter le routier Perrinet Gressart, homme de sac et de corde. Qui croit encore qu'elle soit inspirée par le Ciel ? Dieu a-t-il jamais demandé que l'on pende un écorcheur, un détrousseur de bourgeois ?

Il lui est impossible de reprendre La Charité. Gressart est un capitaine sérieux, qui a pris de bonnes dispositions. L'armée royale y perd jusqu'à son artillerie. La défaite est naturellement imputée à Jeanne. Les autres chefs, Boussac et d'Albret commencent à trouver insupportable que le roi confie à une femme la responsabilité d'une armée. Nul ne contestait ses visions, tant qu'elle avait la victoire. Voilà que la défaite remet tout en question. Il est clair que la communication avec le Ciel est brouillée. Il reste au roi à congédier Jeanne, comme un bon serviteur de la couronne. Il n'est pas question de contester ses succès, ni la part de Dieu dans le triomphe de Reims. Mais ce serait mentir que d'attribuer à vie un pouvoir miraculeux à la Pucelle. Sans avoir rien demandé, elle est anoblie, avec toute sa famille, remerciée en quelque sorte.

À la cour, on veut l'oublier. Catherine de La Rochelle, une autre visionnaire, vient faire des prédictions, elle annonce, pour la plus grande joie de Yolande d'Aragon et du clan des pacifistes, que Dieu veut que le roi de France se réconcilie avec le duc de Bourgogne. Jeanne rencontre Catherine, se met en prière à ses côtés. La « dame blanche » n'apparaît pas, ne parle pas. Jeanne conseille à la Rochelaise « de retourner à son mari faire son ménage et nourrir ses enfants ». Elle écrit au roi que c'est « folie et néant que le fait de cette Catherine ».

Il reste que La Trémoille et ses amis n'ont qu'un espoir : que le roi oublie la visionnaire lorraine, désormais malheureuse à la guerre. On lui interdit de partir en campagne aux côtés du duc d'Alençon en

Normandie. On lui retire ses pages et ses hérauts. Elle n'est plus qu'un chef de bande occupé à des opérations de peu d'envergure. La légende survit, mais dans le peuple. À Lagny, elle sauve un nouveau-né. Dans la traversée des villages, on veut toucher son chapelet, obtenir ses prières. À la cour, on lui bat froid et, dans l'armée, les soldats ont de nouveau perdu la foi. Est-ce la fin de la légende ?

Un sursaut à Compiègne, en mai 1430 : la ville, par accord négocié de trêve, a été reconnue du ressort de Bourgogne. Les habitants se rebellent, ils ne veulent pas être bourguignons. Le roi va-t-il les soutenir ? Jeanne ne commande plus qu'à la compagnie du routier Baretta, qui dispose de deux cents mercenaires piémontais. Jeanne entre dans la ville de nuit, par la porte de Pierrefonds. Elle veut surprendre un poste avancé de Bourgogne, à Margny, au nord de Compiègne. Elle s'avance en tête, montée sur un cheval, vêtue d'une huque de drap d'or, son étendard au poing.

Mais Jean de Luxembourg, un des chefs bourguignons, veille. Alerté, il envoie aussitôt des renforts. L'alerte est donnée dans toutes les villes aux mains de l'ennemi. Les mercenaires bourguignons affluent. On redoute encore, de ce côté-là, les effets surnaturels de l'engagement de la Pucelle. Après plusieurs assauts, la compagnie de Jeanne doit se replier. Pas d'effet du Ciel, point de miracle. On combat à mains nues, au fer de lance et à l'épée. Jeanne doit se borner, en bon capitaine, à protéger la retraite de ses Piémontais. Elle est devenue femme de guerre, preste dans la décision, économe du sang de ses hommes. Elle reste à l'arrière-garde, faisant flèche de tout bois.

« Rendez-vous à moi et baillez la foi », dit un archer picard qui a réussi à la désarçonner, en tirant sur sa huque. Il lui demande sa promesse (la foi) de se rendre à sa merci, contre la vie sauve.

« J'ai juré, répond Jeanne, et baillé ma foi à autre que vous et je lui tiendrai mon serment. »

Elle reste fidèle à ses voix, même si elles sont devenues muettes. Le bâtard de Wambonne se présente : pas question de laisser entre les mains d'un rustre une prise aussi alléchante. Il reçoit sa « foi » et la conduit à son maître, Jean de Luxembourg. Ce seigneur sans fortune doit céder sa prisonnière à l'envoyé du régent Bedford, l'évêque Pierre Cauchon, qui lui offre dix mille livres tournois. Luxembourg accepte. Le duc de Bourgogne se garde de s'y opposer. Que ferait-il de la Lorraine ? Elle a tenté de s'évader, elle peut susciter dans les villes des sympathies gênantes. On croit encore, dans le peuple, que Dieu est avec elle. Que Bedford s'en charge. Il suffit au duc Philippe de faire savoir à toutes les places de son ressort qu'elles n'ont plus à craindre un siège de la Pucelle. Elle est sous bonne garde, et son étoile s'est éteinte.

⁂

Pour qu'elle s'obscurcisse définitivement, il faut mettre en train la machine du mensonge. Les plus hautes autorités de l'Église doivent prouver que Dieu n'était pas avec les Français, que Jeanne était une sorcière manipulée par la cour de Bourges. Il est essentiel d'enlever au peuple le souvenir de son intercession. Les clercs de la Sorbonne doivent établir que le Ciel n'a jamais cessé d'être anglais.

De nouveau la religion est invoquée au secours du pouvoir politique, pour déployer un arsenal d'arguments propres à convaincre la foule que la Lorraine est coupable d'hérésie. Loin de sauver la France, elle est capable d'attirer sur le royaume la colère de Dieu. Elle entretient une guerre inutile, d'avance perdue, celle du clan assassin des Armagnacs. Il ne suffit pas de se débarrasser de Jeanne, il faut la discréditer, lui extirper ses charmes, obtenir ses aveux, l'envoyer publiquement en enfer. Ainsi les Anglais seront-ils quittes.

Qui la défendra ? L'archevêque de Reims, Regnault de Chartres, sentant le vent tourner, explique à son diocèse que Jeanne « ne voulait croire conseil, mais faisait tout à son plaisir ». Plus question d'inspiration divine, elle n'est qu'une jeune écervelée, utilisée par le dauphin quand tout semblait perdu.

Puis on exhibe un jeune berger, entendant lui aussi des voix, qui se retrouve à la tête de partisans faisant la guerre aux Anglais. Ainsi Jeanne n'est pas un cas isolé. Ce Guillaume, venu du Gévaudan, est pris et noyé dans la Seine. Commentaire de l'archevêque [1] : « Il disait ni plus ni moins ce qu'avait fait Jeanne la Pucelle. » Banalisons l'héroïne de la délivrance d'Orléans. Elle n'est plus d'aucun secours. C'est une voyante parmi d'autres, qui est arrivée au bon moment. L'orchestration de sa mission divine était purement de propagande. C'est l'avis de l'archevêque.

Charles VII n'intervient en rien pour sauver la Pucelle. Elle gêne le parti de la paix, et il n'a pas les moyens de faire la guerre. Y serait-il contraint, que Jeanne n'est plus un recours. Elle a perdu son prestige et n'entraîne plus les soldats à la victoire. Il ne comprend pas qu'en soustrayant Jeanne à Bedford il priverait l'Anglais d'une arme morale considérable.

---

1. Cité par Favier, *op. cit.*, p. 510.

Il veut retomber dans ses calculs de souverain, dans le compte des compagnies réglées, des villes fortifiées, des vassaux à gagner. La guerre des partisans soulevés en Normandie, en Champagne, dans le Maine, est pour l'heure plus prometteuse et moins coûteuse qu'une expédition militaire. Point n'est besoin d'en appeler à Dieu pour chasser l'occupant détesté. Le peuple s'en prend spontanément aux routiers voleurs de poules et aux percepteurs d'impôts. Le roi n'a qu'à laisser se développer ce mouvement spontané de résistance. Il n'a que faire du surnaturel.

Bedford a les mains libres : tous lui ont abandonné la Pucelle. Charles ne la défend pas, Bourgogne n'en a pas d'usage autre que la rançon. Ont-ils jamais cru qu'elle était inspirée par Dieu ? La victoire seule la rendait crédible. Elle a disparu d'un battement de ses ailes dorées. Reste sur le terrain une jeune fille désarmée, meurtrie. Elle n'a de valeur qu'aux yeux de ceux qui, par le mensonge, veulent faire de sa sorcellerie une nouvelle arme de guerre.

Encore doit-elle être solennellement condamnée par les plus hautes autorités du royaume, et dans des formes irréprochables. La hiérarchie religieuse de la France occupée doit donner la preuve de son dévouement au roi d'Angleterre et à sa double couronne en s'engageant en rangs serrés, comme à la procession, dans la condamnation formelle, indiscutable, de l'intolérable Pucelle.

Il se trouve dans le royaume un ecclésiastique tout désigné pour juger Jeanne. Sa fidélité politique n'est pas douteuse : sa haine des Armagnacs est proverbiale. Dans la grande querelle de l'Église de France pour délimiter les pouvoirs du pape, il est pour Bourgogne, contre Orléans. Sa vie témoigne de son combat. En 1409, il est entré au conseil du duc de Bourgogne, quatre ans plus tard il est au conseil royal de Bedford.

L'assassinat du jeune duc de Bourgogne, Jean sans Peur, par les Armagnacs en 1419 a rendu ce parti plus haineux encore, décidé à la vengeance du sang contre les Orléans-Armagnac qui entourent et soutiennent Charles VII. Jeanne d'Arc, par son aura surnaturelle, a servi ces gens-là. Elle est du parti de la reine Yolande, d'Alençon et de La Trémoille. Elle est toute dévouée à leur cause. Elle doit mourir.

Pas de pitié à son égard : comment pourrait-elle être inspirée par Dieu au service des Armagnacs, qui sont des assassins ? Jeanne est l'émanation du diable, sinon Cauchon doit aller en enfer.

Comment les évêques à la solde du dauphin ont-ils toléré qu'une paysanne illuminée prétende établir un rapport direct avec Dieu sans l'intermédiaire des gens d'Église, qu'elle dicte au roi sa conduite en entendant des voix, des ordres du Ciel ? Affirmer que le Christ soutient le camp des assassins est blasphématoire. Et si le comte de Warwick se charge de surveiller la sorcière dans sa prison, au lieu de la déférer aux geôles ecclésiastiques, il fait bien.

L'archevêque de Rouen ayant tendance à retarder le procès, Cauchon a obtenu que Jeanne fût livrée aux Anglais. Il a servi d'intermédiaire dans la transaction. Il est prêt désormais à accumuler les mensonges pour obtenir sa condamnation. Elle doit être brûlée et ses cendres dispersées dans la Seine. Ainsi le souhaite ardemment l'évêque de Beauvais.

⁂

Pierre Cauchon possède tous les titres pour obtenir la présidence du tribunal. Licencié en droit canonique, il est docteur en théologie. S'il ne peut juger à Beauvais, qui est au roi de France, il siégera à Rouen, par autorisation spéciale. Les Anglais, heureux que le procès soit mené par l'Église de France, ne lui ménageront pas leur appui. Les maîtres de l'université de Paris ont écrit à Bedford, trois jours après la capture de Jeanne, pour demander qu'elle soit transférée devant un tribunal de l'Inquisition. Elle est en effet, écrivent-ils, « soupçonnée véhémentement de plusieurs crimes sentant l'hérésie ».

Foin de l'Inquisition et de ses lenteurs. Il est imprudent de juger Jeanne à Paris, où certains universitaires peuvent se montrer indépendants du pouvoir d'occupation. Rouen est choisie, comme plus sûre, et Cauchon officiera. Ainsi en a décidé le régent Bedford.

Mieux vaut juger vite, sans attendre la justice du pape et de son inquisiteur. Un procès politique doit éviter les émotions populaires toujours possibles. Le tribunal est constitué, avec l'évêque de Beauvais et ses assesseurs, des chanoines anglais, mais aussi des Normands, des avocats de l'évêque et de son officialité, des moines mineurs, carmes, dominicains, bénédictins. Que tous les ordres soient représentés, compromis et associés au crime. Le recteur Thomas de Courcelles est mandé de Paris avec plusieurs maîtres, ainsi que l'évêque de Lisieux, le Milanais Zanon de Castiglione.

Comme au procès d'Abélard, il n'est pas question que figurent dans la liste du tribunal des défenseurs ou sympathisants de Jeanne. Il s'agit de condamner, non de rendre la justice. Pas d'opposants politiques parmi les élus. Cauchon a judicieusement choisi ses hommes. Quand l'inquisiteur de l'évêché de Rouen, Jean Le Maître, refuse sa participation parce que le tribunal siège dans un « territoire emprunté », on sollicite l'inquisiteur de France, Jean Graverent, son supérieur. Celui-ci lui ordonne de siéger. Un des assesseurs, Nicolas de Houppeville, devait déclarer plus tard : « l'évêque n'a pas engagé le procès en matière de foi pour le bien de la foi ou par zèle pour la justice, afin d'y ramener Jeanne ».

D'entrée de jeu, Pierre Cauchon utilise la religion pour une besogne politique, pour servir son camp en la débarrassant de son adversaire. Il a bien engagé le procès de Jeanne « par haine à son égard, parce qu'elle soutenait le parti du roi de France. Il n'a pas agi par crainte ou par l'effet d'une contrainte, mais volontairement ». Pour tous les Bourguignons du tribunal, l'affaire est parfaitement claire : Jeanne n'est pas une prisonnière ordinaire, mais un détenu politique dont il faut détruire l'influence par un procès pour hérésie. D'où la présence obligée, imposée, d'un inquisiteur de la Foi.

Pourtant, on ne ménage rien pour lui retirer tout moyen de défense : on expédie même de nouveau des enquêteurs à Domrémy et Vaucouleurs. Ils reviennent les bras chargés de fleurs : les Lorrains ont encensé la petite Jeanne. Nulle ne fut jamais plus pieuse que cette enfant. Puisque l'enquête est à ce point favorable, autant la supprimer, brûler les rapports, mentir par omission. L'évêque Cauchon s'en charge. Il prend ainsi la responsabilité d'engager le procès en hérésie sans enquête préalable.

Jeanne a porté des vêtements d'homme, c'est un fait établi. C'est le grief le plus sérieux. On affecte d'y voir la main du diable, ce qui n'est pas négligeable en procès d'hérésie ou de sorcellerie. L'habit du guerrier ne convient pas à une femme honnête, il la déclasse, lui fait perdre son sexe, l'expose aux pires griefs.

Mais Jeanne refuse de s'en séparer : c'est le signe, assure Cauchon, qu'elle est dissolue, qu'elle a commerce avec le diable. On a refusé de lui donner la communion en chausses, qu'elle mette une robe ! Mortifiée d'être écartée de la sainte hostie, elle accepte de changer de vêtements, le temps d'une messe, à condition de reprendre ses chausses à la sortie de la chapelle. Elle ne veut pas quitter ses habits de guerre liés à sa mission. Dieu l'a voulue ainsi vêtue. Est-ce sa faute si les femmes ne portent pas la lance ?

À vivre parmi les soudards, elle a sans doute perdu sa virginité, et Dieu ne peut parler à une ribaude suggère encore l'accusation. Nouvelle épreuve imposée, abominable, le contrôle sexuel. La matrone est formelle : Jeanne est restée vierge. L'« identité sainte » de Jeanne réside dans son pucelage. Il atteste qu'elle est l'épouse du Christ, comme diront plus tard les mystiques. Dans la rude vie des camps, dans la vie dissolue de la cour où la fornication est admise, presque sous toutes ses formes, même pour les membres du clergé, la jeune fille est restée pure et dure comme une perle rare. Passons, dit Cauchon, sur ces détails anatomiques. On n'en parlera plus. Quelle différence pour le bourreau que Jeanne soit vierge ou non ?

On ne la torture pas. Elle a pris le soin d'avertir les questionneurs que ses aveux seront nuls, s'ils sont extorqués par la force. À quoi bon la souffrance imposée, puisqu'on n'a pas besoin de ses aveux pour la condamner ? Elle doit mourir pour une seule raison : elle *est* Jeanne la Pucelle. Elle a menti en se disant inspirée par Dieu. Comment dirait-elle vrai, alors que Dieu est exclusivement anglo-bourguignon ? Le procès est résolument politique.

⁂

Ce procès est un monument d'iniquité et de mensonge, au regard de la vierge robuste et sensée, dont les réponses sont rondes, franches et sortent de sa bouche comme des balles de couleuvrine.

Pour monseigneur Cauchon, il est pieux de mentir, afin d'obtenir une condamnation religieuse, la seule qui puisse conduire Jeanne au bûcher et la réduire en cendres. Il n'est pas d'usage à la guerre de brûler les ennemis vaincus. On en tire rançon. Ils font partie du butin. Mais Jeanne est un butin empoisonné, non négociable, en raison des vertus qu'on lui prête. N'a-t-elle pas défait une armée anglaise, ridiculisé ses plus valeureux chefs ?

Les Français, autour de Charles VII, l'ont oublié. Ce n'est pas le cas des Anglais. Bedford a prévenu que si Jeanne n'était pas condamnée, elle devait être rendue à l'autorité militaire, pour être brûlée sans autre forme de procès. « Je sais bien, disait-elle, que ces Anglais me feront mourir. » Pouvait-on laisser vivre une combattante plusieurs fois victorieuse, qui se disait, et qu'on croyait, inspirée par Dieu ?

Qu'elle parle vrai est intolérable. Mais comment peut-on vouloir qu'elle se taise, puisqu'on l'interroge ? On guette ses paroles, elles sont le seul chef d'une accusation possible. On les pèse à l'aune du mensonge. On suppute les moyens de les retourner contre elle, de l'en étouffer. Le procès politique est inexorable, car il ne laisse pas une chance à l'accusée, quand il se double d'un attirail d'idéologie religieuse. Jeanne ment, dit-on. Elle doit mentir pour être condamnable, mieux, confondue d'être une menteuse. On est donc obligé de l'entendre, puisqu'on attend que sortent de sa bouche les mots qui la tueront plus sûrement que des carreaux d'arbalète.

Les questionneurs sont déçus : Jeanne tient le langage de la vérité et n'en démord pas. Ses voix lui tiennent lieu de viatique : « J'ai plus grande crainte, dit-elle, de leur manquer... que je n'en ai de vous répondre. » Elle ose défier ses juges, s'en moquer ouvertement. Quand on lui demande si les voix lui annoncent son évasion : « Ai-je à vous le dire ? » répond-elle. Comme on veut confondre son orgueil en lui faisant affirmer qu'elle est dans la grâce de Dieu : « Si je n'y suis, dit-elle simplement, Dieu m'y mette, et si j'y suis, Dieu m'y garde, car je serais la plus dolente (malheureuse) du monde si je savais n'être pas en la grâce de Dieu. » Parole de foi sublime, qui laisse les interlocuteurs « stupéfaits ».

On cherche alors à la faire passer pour sorcière. N'a-t-elle pas vaticiné, à Domrémy, sous « l'arbre des fées » qui passait pour guérir les malades ? « J'y ai plus chanté que dansé », répond-elle. S'est-elle rendue au Bois Chesnu pour y recueillir les prophéties des feuilles des chênes ? « Je n'y ai point ajouté foi. » A-t-elle jamais porté sur elle une mandragore, talisman qui garantit la fortune ? « Je n'ai pas de mandragore et n'en eus jamais. »

Qu'elle nomme donc les saintes qui lui sont apparues ! Elle l'a fait cent fois : Catherine, la protectrice des pucelles, patronne d'une église proche de Domrémy, et Marguerite, la sainte de son village, révérée par les femmes en couches. Des saintes de proximité, les siennes. Parlaient-elles anglais ? Comment l'auraient-elles fait « puisqu'elles n'étaient pas du parti des Anglais ». Saint Michel ? Elle l'a vu « de ses yeux corporels ». Était-il nu ? La question est perfide. La Pucelle aurait-elle eu des visions blâmables ? « Pensez-vous que Dieu, sourit-elle, n'ait pas de quoi le vêtir ? » Avait-il les cheveux longs ou courts ? « Pourquoi les lui aurait-on coupés ? » Et elle ajoute : « Croyez-moi si vous voulez. » Qui peut affirmer, en ce siècle de piété, que Jeanne a menti ?

Suivent les questions politiques, insidieuses. Comment une bonne chrétienne pourrait-elle tuer ? Que préfère-t-elle, de l'épée ou de l'étendard ? L'étendard, bien sûr. Elle le portait à la bataille « pour éviter de tuer personne ; je n'ai jamais tué personne ». Quel est le véritable pape ? Les universitaires ont toujours soutenu celui d'Avignon. « Je crois au Seigneur pape qui est à Rome », répond-elle. Martin V est en effet revenu dans l'*Urbs*. Qui pourrait le maudire ? Le roi Charles ? Il porte la couronne de gloire, un ange lui a donné « le signe », il est l'élu de Dieu. Il tient sa couronne de Dieu. Quel orgueil ! Elle prétend avoir sauvé le roi, une simple paysanne ! Pourquoi vous, plutôt qu'une autre ? lui dit-on. « Il plut à Dieu ainsi faire pour une simple pucelle, pour rebouter les ennemis du roi. »

Pourquoi désobéit-elle à la sainte Église, quand elle lui ordonne de porter des habits de femme ? « Se soumettre à Dieu, est-ce braver l'Église ? » et de préciser : « M'est avis que c'est tout un, de Dieu et de l'Église, et qu'on ne doit pas faire de difficulté. Pourquoi faites-vous difficulté que ce soit tout un ? » Qu'on écarte « cet évêque qui se dit son juge », qu'on la conduise au seigneur pape : « Je lui répondrai sur tout ce que je devrai répondre. » L'appel au pape ? Le procès serait dans l'eau. Il habite trop loin, lui répond-on.

On l'excommunie, en accumulant les mensonges dans un libelle de soixante-dix articles : elle a porté une mandragore dans son sein, un talisman diabolique, elle a porté l'habit d'homme « court, réduit et dissolu ». Elle est capable de sortir de prison avec l'aide du diable, elle a pratiqué des divinations en faisant couler de la cire fondue sur la tête des petits enfants.

Est-elle prête à suivre les gens d'Église dans la condamnation des diableries et de l'illusion de ses « révélations » ? « Je m'en rapporterai toujours à Dieu dont j'ai toujours fait le commandement. » Même si elle doit subir les injures des Anglais qui la soignent dans sa cellule, parce qu'ils redoutent un empoisonnement qui les priverait du spectacle du bûcher, auquel ils tiennent par-dessus tout.

***

En dépit de quelques voix discordantes, et de l'affliction de certains religieux, Jeanne est condamnée frauduleusement comme relaps. Personne ne vient s'opposer, ni le pape et ses légats, ni les hauts dignitaires français de l'Église de la zone occupée. L'évêque Cauchon s'est arrangé pour traduire Jeanne devant tous les puissants du royaume et leurs protecteurs anglais, au cimetière de l'abbaye de Saint-Ouen où des tribunes ont été dressées. Un prédicateur flétrit la « magicienne, hérétique, superstitieuse ». Elle en appelle au pape, on la fait taire. On lui tend une cédule, une lettre d'abjuration incompréhensible, qu'on lui demande de signer. Elle y trace un rond, puis une croix, en riant, comme si ce geste n'avait aucune valeur. Il était noté qu'elle s'engageait à ne plus porter d'habits d'hommes. Cauchon le roué avait imaginé de piéger Jeanne de cette façon. Le changement d'habits qu'on lui imposait était devenu, dûment consigné par écrit, le signe de sa soumission à l'Église. On raconte qu'aussitôt revenue dans sa prison, elle échappa de peu à l'agression sexuelle d'un noble anglais et décida de se rhabiller en homme. Les gardiens, dans un sac tout prêt, lui avaient gardé ses chausses, sa tunique et même son chaperon.

C'était trahison, devait-elle déclarer, que d'abjurer pour sauver sa vie. Heureuse de changer de vêtements, elle savait qu'elle s'exposait aux reproches de l'évêque. Mais il n'avait pas tenu ses promesses. Elle n'avait pu ni communier ni entendre la messe. Il était « licite et convenable » de reprendre l'habit d'homme, puisqu'on l'enfermait avec des hommes.

« *Fare well*, dit Cauchon aux Anglais impatients, faites bonne chère, c'est fait ! »

Jeanne est aussitôt livrée au bras séculier comme relaps. On lui annonce que son corps sera « consumé et rendu en cendres ».

« Évêque, je meurs par vous », lance-t-elle à Cauchon. On tolère qu'un dominicain donne la communion à une excommuniée. C'est la seule grâce qu'on lui consente. Elle en dit long sur la sincérité du jury et de l'évêque, pour qui les griefs religieux n'étaient qu'un prétexte.

Mais Cauchon se croyait irréprochable. Il n'était pas le seul à affirmer la culpabilité de Jeanne. Les maîtres théologiens de l'université de Paris, après délibération, avaient confirmé les charges pesant sur Jeanne : elle était « menteuse, devineresse et très véhémentement suspecte d'hérésie ». L'institution avait rempli son office : au service de la politique anglaise, elle avait condamné la Pucelle.

L'exécution eut lieu sur la place du marché à Rouen, le 30 mai 1431. Jeanne avait refusé de se rétracter. Elle avait peur de la mort, mais plus encore de la damnation. Elle restait fidèle à ses voix.

« Nous avons brûlé une sainte », dit un témoin anglais.

De son côté, le régent Bedford avertissait ses différents correspondants dans les cours européennes, dans les villes françaises et à l'université de Paris que Jeanne avait avoué, avant de monter sur le bûcher, que ses voix l'avaient « moquée et déçue ». Les docteurs de Paris avaient fait la même relation au pape à Rome.

Cauchon avait mérité son salaire : Jeanne avait expié. À force de braver le roi d'Angleterre, le régent, l'Église officielle, le duc de Bourgogne et ses féaux, elle avait disparu de l'univers visible et ses cendres étaient jetées dans la Seine. Le procès le plus menteur de l'histoire avait eu raison de sa bonne foi, mais non de sa foi. Pour tous les partisans du royaume, pour ceux qui refusaient l'occupation anglaise et celle de Bourgogne, pour les Lorrains hors du royaume comme pour les sujets de Charles, pour les Normands révoltés et les Manceaux sous les armes, elle était au Paradis.

***

L'Inquisition avait fait son œuvre, en soutenant l'évêque Cauchon. Non pas celle du pape, mais celle du diocèse, plus malléable. Cauchon l'avait instrumentalisée pour la faire participer au procès politique, qui se servait des peines de la religion (le bûcher sanctionne l'hérésie) pour parvenir à ses fins, et retirer au roi de Bourges le bénéfice d'une intervention divine en sa faveur.

Pas de protestations, pas de manifestations du bon peuple de Rouen sur la place du Marché, lors du supplice de Jeanne. La double monarchie avait pris ses précautions et réuni une masse imposante d'hommes d'armes. Au reste, qui pouvait s'insurger devant un jury composé d'évêques connus et respectés, de docteurs de la foi savants et redoutables, capables de dépêcher en enfer tout suspect d'hérésie ou de mauvaises mœurs ?

En dépit de l'abaissement de la papauté, l'Inquisition restait un pouvoir, au sein des pouvoirs, brandissant les armes d'un tribunal religieux au service de causes civiles. Les royaumes, en se renforçant, avaient fait disparaître le rêve de saint Bernard d'une Europe unie, soumise aux sages décisions du pape. Le combat de Philippe le Bel contre Rome avait permis de mesurer encore plus la force des États, désormais soucieux de se servir à leur gré de leur Église sans interférence pontificale.

Il se trouve que l'Inquisition est une institution papale, compétente dans toute l'Europe pour les questions de foi. Il est impossible de s'en passer si l'on veut utiliser la condamnation de l'hérésie à des fins politiques. Il faut donc faire pression sur les inquisiteurs pour obtenir d'eux des interventions conformes aux intérêts des États. Le procès de

Jeanne d'Arc a ouvert une brèche : l'Inquisition a accepté, même discrètement, de participer et de cautionner le procès tenu par l'évêque.

Installée tardivement, à partir de 1480, en Espagne, une nouvelle Inquisition est destinée, après la reconquête de la péninsule, à aider l'évangélisation ou la conversion des musulmans. Le pape ne peut que l'encourager : la reconquête n'est-elle pas le résultat d'une croisade ininterrompue où tous les chevaliers d'Europe sont venus combattre ?

Après la prise de Grenade en 1492, les rois catholiques s'imposent une politique de tolérance, pour ne pas priver le pays de la main-d'œuvre musulmane. Toutefois, le souci de centralisation politique des provinces et d'unification des croyances sous la tutelle de l'Église impose rapidement une politique de persécution des minorités religieuses avec l'expulsion des juifs. L'Inquisition, au service de l'État, va s'en charger.

De nouveau s'ouvre une vaste carrière au mensonge : on poursuit de griefs religieux des gens que l'on considère comme des opposants politiques. On utilise la foi à des fins de domination. L'Inquisition devient en Espagne, selon Bartolomé Bennassar [1], « un agent de centralisation politique et de contrôle social », un des services permanents de la monarchie. L'historien Richard Kagan établit que le roi d'Espagne Philippe II, au temps du siècle d'or espagnol, se sert de l'Inquisition pour faire arrêter et juger une femme « dont les rêves nourrissaient l'opposition au gouvernement ». Étonnant pouvoir d'une

1. Bartolomé Bennassar, *l'Inquisition espagnole*, Hachette littératures, 1979, p. 6.

institution qui prétend régenter même les rêves des sujets du roi.

Jeanne d'Arc avait des espions dans sa cellule. Des corridors aménagés permettaient de surprendre la moindre de ses paroles et de les rapporter aux juges. L'Espagnole de Kagan ne peut rêver sans que des religieux à son chevet notent les paroles qui sortent de ses lèvres, pour en faire un récit onirique à charge. Ainsi, par le biais de la religion, les rois prétendent dominer les consciences, et jusqu'à l'inconscient.

Les poursuites du tribunal sacré concernent tous les non-chrétiens ou ceux qui, convertis, sont soupçonnés de ne pas l'être vraiment. Ainsi seront successivement persécutés ou tenus sous haute surveillance les judaïsants, les arabes convertis ou morisques, plus tard les protestants. Le royaume d'Espagne doit rester vierge de toute contamination religieuse. Le roi très chrétien ne tolère pas d'autre foi. Il ouvre la voie à Louis XIV, qui chassera les protestants de son royaume. Il s'agit d'imposer aux chrétiens espagnols non seulement la même foi officiellement reconnue, mais les mêmes croyances et les mêmes comportements.

L'Inquisition avait le terrifiant pouvoir d'enquêter « contre toute personne, quelle qu'elle soit, homme comme femme, vivante ou défunte, absente ou présente, de quelque état, condition, prérogative et dignité que ce soit ». Elle était juridiquement toute-puissante. Son rôle était de lutter « contre la dépravation hérétique et l'apostasie ».

Les juifs en étaient les premières victimes, d'abord ceux qui avaient fait briller les sciences et les arts dans les États musulmans, puis les réfugiés du Portugal, banquiers, armateurs et gens d'entreprises. Et la foule des artisans de toute spécialité. Non seulement on dépeuplait les Castilles, l'Andalousie, la Catalogne et l'ancien royaume maure de Valence mais on privait l'Espagne d'une élite de la culture, du talent, de la médecine, de la finance. Ainsi Louis XIV, en expulsant les huguenots français après la révocation de l'édit de Nantes (1685) enrichit la Prusse ou la Hollande du talent et du courage de réfugiés involontaires.

⁂

La soif d'appropriation immédiate des biens des victimes de l'État expliquait pour beaucoup cette politique d'intransigeance. Il en était ainsi des princes protestants d'Allemagne, quand ils avaient embrassé la religion réformée, contraignant d'un coup tous leurs sujets à les suivre sans protester. Certes ils s'étaient engagés par conviction religieuse, mais aussi pour faire main basse sur les biens du clergé.

Le mensonge était de prétendre agir au nom du Christ et pour la plus grande gloire de la religion, alors que l'État royal, toujours aux abois, n'était soucieux que de son propre intérêt. Quand un juif d'Espagne se convertissait, il devenait, lui et ses biens, inviolable devant la loi. S'il pouvait être avancé et démontré qu'il pratiquait clandestinement son ancienne religion, il devenait vulnérable et fragile, à la merci des dénonciations.

L'Inquisition se chargeait alors de le confondre et l'État de l'exproprier. Le cycle de la violence devait sans cesse être réamorcé par l'Inquisition, pour que le roi y trouve en permanence son compte : aux périodes d'entente et de rémission, par exemple avec les riches banquiers venus du Portugal, succéda un nouveau cycle de persécutions, destiné à confisquer les fortunes.

L'aveu extorqué de gré ou de force, la repentance publique, la soumission théâtralisée, tel est le schéma de l'Inquisition, qui assigne à chacun un rôle, une place, une fonction dans la société. Il est interdit de déroger, de prier dans une autre langue, de penser autrement et même de rêver. Le conditionnement chrétien ne laisse aucune faille, pas la moindre fissure dans la geôle. Il implique la surveillance continue des âmes et des corps, et la punition à la moindre défaillance.

Instrument du règne de Dieu sur terre, mais aussi du roi d'Espagne sur ses sujets alignés au cordeau, l'Inquisition fait peur. Rien n'est pire que de tomber entre ses mains, car elle est universelle, son ressort n'a pas de limites, et surtout inexorable : elle impose la même observance de la loi universelle dans toutes les provinces d'Espagne, sans souci des *fueros,* ces privilèges régionaux auxquels tiennent tant Catalans, Andalous, Aragonais ou Basques.

L'Inquisition n'oublie personne, ni les *pertinax*, ceux qui restent inébranlables dans leurs erreurs, ni les *relaps,* qui trahissent la conversion jurée, ni même les hommes en fuite ou les morts, brûlés en effigie après condamnation. Il faut éviter de faire reposer en terre chrétienne les corps de ceux qui ont trahi la religion du Christ. Qu'on les exhume, qu'on les brûle, pour disperser leurs cendres au vent. Le cimetière chrétien, comme on peut le voir aujourd'hui dans les *enclos* de Bretagne, est une enceinte réservée à ceux qui sont morts dans la religion, même s'ils ne doivent pas tous gagner le Paradis.

Il s'agit de multiplier les signes matériels insoupçonnables de l'appartenance à la religion. Celui qui travaille doit suivre les processions de sa profession, et s'y tenir à sa place. La femme qui enfante doit pouvoir donner le nom et la religion du père. L'écolier doit justifier de son baptême : l'encadrement est sans faille. Pour tous ceux qui échappent, les foudres de la sanction sont, dit-on, divines et inspirées par Dieu. En fait par l'institution chrétienne qui se réclame du Ciel. Le roi n'est qu'un intermédiaire, il n'offre que son bras séculier. En théorie, l'Inquisition domine, elle est le tribunal du pape, donc du Ciel.

Les inquisiteurs dominicains, à l'instar de Tomas de Torquemada, allument des bûchers appelés *auto da fe* (actes de foi) dans toute l'Espagne à partir de Cordoue, Ciudad Real et Jaén. À l'aube du XVIe siècle, les rois catholiques doivent intégrer les juifs et les musulmans des provinces reconquises, les fondre en un seul peuple, soumis aux mêmes lois. Ils créent, à côté des autres conseils royaux, un Conseil de l'Inquisition, instrument de centralisation monarchique par la violence et la répression. Il est désormais intégré à l'administration royale, comme si l'Inquisition n'était plus au pape, mais au roi [1].

En Aragon, le roi Ferdinand nomme lui-même les inquisiteurs. Il oblige le pape à désigner Torquemada comme inquisiteur général d'Aragon, de Valence et de Catalogne. Et de multiplier dans Valence les rafles de *conversos*, ces juifs devenus chrétiens, mais accusés de n'avoir pas renoncé à la pratique de leur reli-

1. Bennassar, *op. cit.*, p. 44.

gion d'origine. À Saragosse comme à Valence les juifs sont menacés du bûcher s'ils ne se hâtent de partir en abandonnant leurs biens.

Les inquisiteurs visitent les moindres villages, deux par deux, pour recevoir les dénonciations contre « les judaïsants et les sectateurs de Mahomet ». Un « état de grâce » proclamé suscite les conversions. L'usage des processions permet de vérifier le ralliement des minoritaires à la religion d'État. Ainsi s'établit un « réseau d'agents locaux » chargé de la surveillance systématique de la population.

Le roi dispose, au nom de la foi, du plus bel instrument de centralisation et de contrainte. Les rebelles sont dénoncés, puis interrogés et enfin punis. Ils doivent porter un signe de pénitence, le *sanbenito*, la tunique d'infamie qu'ils déposent, la peine une fois subie, dans la chapelle de leur résidence. Il est interdit de la voler ou de la détruire. Les *sanbenitos* doivent être toujours bien visibles, portant de manière lisible les noms brodés des condamnés. On prend soin de les éclairer en permanence par des cierges.

Tout est dosé, calculé. La torture est surveillée, contrôlée, pour éviter les abus et les critiques. Ses formes sont dûment énumérées : par l'eau, les cordes, le garrot. Interdit d'innover, la pratique doit rester la même pour tous. Les peines sont assorties aux fautes, dans un code précis. La règle absolue du silence dans l'internement est une torture morale que doit subir le condamné. Il ne sait pas pourquoi il est arrêté et ne sort de sa solitude que pour répondre à des questions précises, sans qu'il puisse appeler un défenseur.

L'arme de l'Inquisition est la terreur, par l'exemplarité de la sanction. Il arrive par exemple que l'on fouette en secret des condamnés pour des péchés sexuels. Mais le plus souvent les châtiments sont publics, la marche au bûcher précédée par une procession expiatoire. Les condamnés doivent apprendre à tous les peuples d'Espagne qu'il n'existe en ce pays d'autre justice que celle du Dieu des chrétiens.

⁂

Ainsi sont mises sous surveillance, avant de devenir objets de répression, les minorités religieuses qui gênent la conception monolithique du pouvoir. Les juifs et les musulmans font les frais de cette politique d'intolérance, poursuivie, assure-t-on, pour la gloire de Dieu.

Depuis le XIVe siècle, les juifs servent de boucs émissaires aux pestes et aux famines. Un pogrom à Séville en 1381 [1] se solde par la mort de quatre mille personnes. Les juifs ne voient pas d'autre solution pour rester en vie qu'accepter le baptême. Il leur est alors permis de suivre la carrière que leur ouvrent leur fortune et leur talent, d'épouser les filles nobles, de devenir même ecclésiastiques, de s'intégrer à la haute société espagnole, quand ils en ont la possibilité.

Les grands d'Espagne en conçoivent de la jalousie et de la méfiance. Ils considèrent que tous les hauts postes de l'État leur sont réservés de plein droit. À partir de 1479, on accuse les *conversos* de cultes interdits. Dans les années 1480, des communautés entières de juifs espagnols sont bannies, même le

---

1. *Ibid.*, p. 140.

banquier Abrababel qui avait financé la reconquête du dernier royaume maure, celui de Grenade.

La persécution se poursuit au XVIe siècle, touchant même des familles proches du trône, qui ont rendu des services éminents. L'historien Bartolomé Bennassar cite ainsi la famille de Luis Vivès : riche et considérée dans Valence, elle est libre de célébrer son culte pendant toute la domination musulmane. Neuf des parents de Vivès meurent sur le bûcher. Le médecin Alcanyc, maître de chirurgie, est arrêté et brûlé avec tous les siens, comme Jaume Torrès.

La science médicale est décapitée, l'université durement frappée. La discrimination raciale existe déjà [1]. Même converti, le juif est écarté des universités de Salamanque, Séville, Tolède ou Valladolid, des fonctions militaires ou religieuses, des offices d'État et des métiers libéraux. Selon les instructions de Torquemada publiées à Séville en 1484, les israélites ne peuvent être avocats, avoués, greffiers, maires ou notaires.

Si la persécution s'affaiblit sous Charles Quint (1516-1556), elle reprend vigueur au temps de Philippe II (1556-1581), le roi vainqueur des Turcs à Lépante (1571) qui se considère comme *milites Christi* et bras séculier du pape. Les juifs d'Espagne, quand ils en ont les moyens, fuient au Portugal. Mais, en 1547, Rome étend à ce pays le tribunal du Saint Office. Les *marranes* (ainsi appelle-t-on cette population) reviennent en Espagne au début du XVIIe siècle, en payant un très lourd tribut.

Les juifs n'en sont pas moins de nouveau persécutés sous le règne de Philippe III (1598-1621). Sous

1. On l'appelle en Espagne *limpieza de sangre,* pureté du sang.

Philippe IV (1621-1665), l'État fait banqueroute en 1626. La couronne sollicite alors des banquiers portugais protégés par le Premier ministre Olivares (1621-1643). Un retour de bâton provoque la remise en activité de l'Inquisition qui condamne le très riche financier Pinto, accusé de judaïsme, à 300 000 ducats d'amende, alors qu'il a prêté 100 000 ducats au roi. Il est très clair que la politique religieuse à l'égard des juifs, qui touche aussi de nombreuses familles sans fortune, est un moyen pour le trône de se procurer des subsides, sous le honteux prétexte — un mensonge — de la défense de la foi.

La politique de spoliation des *morisques,* ces musulmans d'Espagne convertis de force, n'est pas moins active. Au temps de la Reconquête (jusqu'en 1492), une tolérance officielle leur avait permis de conserver leur foi et coutumes. On avait besoin de main-d'œuvre pour remettre en état plantations et cultures. On admettait la prière, les ablutions, le ramadan, les danses et les chants, les costumes, la célébration des cinq fêtes annuelles.

Mais les rois catholiques ne tolèrent pas longtemps que des Espagnols, leurs sujets, refusent la communion, la confession et ne considèrent le Christ que comme l'un des prophètes. Laborieux et prolifiques, les morisques se moquaient ouvertement des cérémonies chrétiennes auxquelles ils étaient conviés. On redoutait qu'ils ne soient en relation avec les corsaires turcs d'Afrique du Nord. Nombre d'entre eux avaient franchi la mer pour émigrer. Projetaient-ils à leur tour la reconquête ?

Les inquisiteurs prenaient la tête de la répression, pour des raisons religieuses et parce que le pape avait pour principal adversaire le Turc. Les grands seigneurs espagnols, utilisant la main-d'œuvre quasiment servile des musulmans dans les plantations, freinaient le zèle de Charles Quint et protégeaient paradoxalement les *morisques* pour des raisons économiques. Ils expliquaient que l'on devait les assimiler par des missions religieuses et leur inculquer le catholicisme à l'école. Mais en même temps on interdisait aux familles la lecture des livres arabes, c'est-à-dire du Coran. Le port des vêtements musulmans et naturellement les fêtes et coutumes religieuses étaient prohibés.

La persécution de morisques, au XVIe siècle à Grenade, s'accompagnait de spoliations. Les biens des plus riches étaient confisqués, les morisques étaient condamnés au bûcher pour avoir pratiqué leur culte désormais interdit et réprimé aussi sévèrement que celui des juifs. Les révoltes de morisques furent châtiées dans le sang. En 1502, le cardinal Ximenes de Cisneros en leur imposant la conversion forcée provoqua la révolte d'Alpuxarras et l'expulsion de tous les Maures de Castille et du Léon.

Charles Quint ne leur avait donné le choix qu'entre la conversion et l'expulsion. Mais pouvait-il leur offrir, contre l'avis des grands d'Espagne, le statut d'hommes libres ? Sous Philippe II, l'archiduc Juan d'Autriche réprima férocement un soulèvement à Grenade et Philippe III ordonna l'expulsion générale des morisques d'Espagne. Plus de 300 000 personnes gagnèrent ainsi le Maroc dans des conditions dramatiques, leurs enfants de moins de quatre ans étant retenus de force pour être élevés en chrétiens. Ils étaient arrachés à leurs familles. Ceux qui disposaient de biens immobiliers furent dépossédés. Le pillage était la règle, au nom du Ciel.

L'Inquisition, tribunal de la foi, par un mensonge dont cette époque était coutumière, avait mis sa puissance universelle entre les mains de la Couronne et de ses intérêts matériels. Elle avait utilisé le feu du Ciel au bénéfice du pouvoir politique.

Torquemada, avec d'autres armes et un autre prestige, menait le même combat que l'évêque Cauchon. Il assurait la puissance de la monarchie espagnole comme l'évêque de Beauvais avait voulu asseoir, par un procès en hérésie, la dynastie anglaise en France.

La construction des grands États faisait apparaître avec évidence l'imposture de la politique d'unification religieuse en Europe, d'abord conçue, au temps de saint Bernard, comme le rêve d'un royaume céleste, mais très vite abandonnée aux rivalités politiques des États. Le recours aux procès de foi devenait ainsi le plus courant, le plus incontournable des mensonges. L'expérience du roi d'Espagne montrait qu'il entendait accaparer la puissance religieuse de son Église à son seul profit, et sans référence à Rome, devenu le siège d'un prince de l'Église sans prestige et sans moyens. Le mensonge religieux resterait la règle des pouvoirs pendant les guerres de religion, guerres de princes et de rois, mais le céderait bientôt à une nouvelle forme de mensonge, la raison d'État.

Chapitre 5

La raison d'État

Cette raison d'État, « qui n'a pas besoin de raison pour raisonner », disait Péguy au temps de l'affaire Dreyfus, n'affiche pas le mensonge, comme aux temps héroïques des guerres de religion, mais dissimule la vérité. Les responsables de la conduite des affaires publiques considèrent, pour des raisons multiples, qu'ils doivent la cacher au public.

La raison d'État ouvre une large carrière aux mensonges par omission de l'Histoire, qui sont révélés au cours des siècles par des hasards heureux, des témoignages inattendus ou des recherches parallèles entreprises par les historiens.

La raison d'État suppose l'affirmation forte de l'État, devenu beaucoup plus tard l'État-nation. Une organisation institutionnelle assurant le gouvernement des hommes habitant un espace déterminé, marqué de frontières bien définies, pourvu des attributs de la souveraineté, finances, diplomatie, armée. On appelle communément « hommes d'État » ceux que l'on juge capables et dignes de diriger ce genre d'organisation politique, mise en place dans l'Europe de la période moderne, de la faire fonctionner au mieux des intérêts collectifs, qui ne sont pas forcément ceux des individus, et encore moins des minorités.

L'affirmation de la « raison d'État » suppose une définition du pouvoir très définie et efficace, centralisée, concentrée, et une absence de contrôle sur les décisions prises dans le secret. Cette dernière notion est essentielle : elle suppose que l'on considère sereinement, que l'on accepte l'idée qu'il n'est pas possible de gouverner au grand jour, sous peine d'être condamné à l'impuissance.

Mais le secret demande des moyens précis de travestissement ou d'occultation de la réalité : par exemple, les délibérations des conseils de gouvernement doivent être tenues *secrètes,* sans procès-verbal pour éviter les indiscrétions. Pour plus d'efficacité, on réunira des « conseils restreints », ou pas de conseils du tout. Le souverain décide alors seul, avec la complicité d'un seul exécutant. Il arrive dans l'Histoire que cet agent unique du pouvoir, ce confident, cet affidé, soit éliminé physiquement pour écarter toute trace de son action.

La politique de la raison d'État demande des moyens financiers spéciaux, qui n'apparaissent pas sur les lignes du budget royal, sinon de façon dissimulée et mensongère. Les « fonds *secrets* », à disposition du souverain, ne sont pas des listes civiles destinées à son entretien mais des réserves en numéraire permettant aux agents *secrets* d'intervenir à la demande et de rétribuer leurs services.

Il devient ainsi inévitable de faire appel à des polices *secrètes*, des cabinets *noirs* agissant dans l'ombre, en dehors des institutions officielles. Depuis le XVIIe siècle, il n'existe pas d'État ni de régime qui ne se soit doté de ce type d'institutions et de moyens d'action, fût-il démocratique et fier d'afficher ses principes de contrôle populaire et de transparence. Il est admis en toute légalité que l'action de l'État peut en partie se manifester en dehors de la légalité, pour ce bien commun souterrain, inavouable, appelé raison d'État. Ainsi, le mensonge pénètre institutions et constitutions, par obligation de réserve, de silence ou d'omission.

Le *secret* est difficile à percer parce que toutes les précautions sont prises pour que les décisions et les actions des responsables ne laissent aucune trace, comme si les gouvernants devenaient soudain des conspirateurs. Ils se donnent toutes les excuses, qui sont souvent valables : les négociations diplomatiques doivent être tenues dans le secret, sous peine d'échouer. On conclut même des traités *secrets*, enfermés dans les coffres des souverains, pour que rien n'en transpire. Nul ne sait en 1914 ce que contient au juste le traité de l'alliance russe conclue en 1892, en dehors du président de la République et des membres du gouvernement ou de l'armée qui ont négocié l'accord. La raison d'État s'oppose à toute divulgation. Il y va de la sécurité de la France. L'ennemi ne doit rien savoir des clauses militaires.

Les excuses du même genre sont encore avancées en temps de guerre : il est clair que du *secret* dépend le succès des armes. Nul ne doit savoir où les alliés ont décidé de débarquer en juin 1944. Ce secret militaire est aussi un secret d'État. On ment seulement pour tromper l'ennemi, dans le jeu de l'espionnage et du contre-espionnage. La règle est de mentir par omission. La surprise étant la condition du succès des opérations militaires, la raison d'État impose le silence à tous les responsables et entretient le mensonge par calcul, pour abuser l'adversaire au prix de multiples contorsions politiques et diplomatiques.

Il est clair cependant que, le plus souvent, la raison d'État sert à dissimuler des opérations ou des décisions qui soulèveraient la réprobation du public si elles étaient connues. Il ne s'agit alors, pour les hommes en place, que de garder le pouvoir à tout prix, même au prix d'actes inavouables. Le but est toujours présenté comme louable : c'est dans l'intérêt public que le secret a été gardé, pour éviter les troubles, la contestation, la révolte, l'indignation politiquement manipulée. Alors la révélation des secrets d'État, quand elle se manifeste, devient vite explosive, parce qu'elle dénonce un homme, une politique, une oppression, ou tout simplement une erreur criminelle.

⁂

Par exemple, la condamnation de Ravaillac au supplice de la roue, comme coupable *unique* de l'assassinat d'Henri IV. La raison d'État, cultivant le mensonge, ouvre grande la porte de l'histoire des non-dits, celle qui s'interroge sur l'authenticité des faits et cherche éternellement des preuves. Puisque la raison d'État les a fait disparaître, un grand nombre d'historiens s'efforcent, en étudiant les circonstances les plus troublées de l'histoire, de les rétablir. Un Michelet a cru à la complicité de la reine Marie de Médicis dans l'assassinat du roi. Le dernier biographe d'Henri IV, le maître archiviste Jean-Pierre Babelon, admet que des hypothèses sont possibles, mais non prouvées [1].

On a tu le complot organisé autour de Ravaillac, un illuminé ultracatholique venu d'Angoulême et protégé par le duc également ultra d'Épernon, colo-

1. Jean-Pierre Babelon, *Henri IV*, Fayard, 1982, voir chapitre XI.

nel-général de l'infanterie royale et tenu par le roi à l'écart des affaires, en raison de ses opinions dangereuses pour la paix publique. Les juges n'ont pas voulu s'acharner à montrer le rôle des jésuites dans l'attentat, alors qu'ils étaient constamment soutenus dans leur politique de soutien au Saint-Siège par le bras séculier des princes révoltés contre un roi huguenot mal repenti, faisant régner en France un climat de tolérance pour ses coreligionnaires, grâce à l'application de l'édit de Nantes.

L'élimination du roi, qui s'apprêtait à repartir en guerre contre les puissances catholiques, aurait donné le moyen aux chefs de la Contre-Réforme vaticane de rétablir partout, et d'abord en France, la domination de la sainte Église. Le roi miraculé de la Saint-Barthélemy[1] aurait été exécuté juste avant le départ de la grande offensive engagée en Europe contre les protestants et coordonnée par le pape. Son assassinat aurait été, pour la Contre-Réforme en Europe, un signal.

Si la raison d'État a ses secrets, les historiens ont le champ libre pour tenter de les lever. Elle encourage les énigmes et les hypothèses, les suggestions sans preuves et les insinuations qui entourent la personne des souverains. La reine Marie de Médicis était dans la main de Rome. Elle haïssait la politique étrangère de son royal époux. Le duc d'Épernon avait toutes raisons de comploter contre le roi. Une maîtresse royale, la d'Entragues, avait eu un enfant d'Henri, appelé le petit Henri, qu'elle voulait faire légitimer et

1. Il aurait dû être massacré par les ultracatholiques au palais du Louvre, avec les princes protestants, le jour de la Saint-Barthélemy en août 1572.

voir monter sur le trône, tenant le fils de Marie de Médicis, le dauphin de France, pour bâtard et illégitime.

Il est de fait que le roi est tombé dans une intrigue conduite par la famille de l'aventurière. Pour prix de sa virginité, la tribu des d'Entragues s'est fait verser une forte somme, attribuer à la fille séduite un titre et une terre, et même une promesse de mariage, pour le cas où Henriette-Catherine deviendrait grosse et accoucherait d'un fils. La d'Entragues et son clan tiennent donc le mariage du roi et de la Médicis pour illégitime et le dauphin pour un bâtard. Ces comploteurs comptent imposer leur candidat au trône, lors du décès du roi. Une première promesse signée de la main d'Henri IV avait été déchirée par Sully. Une deuxième, recueillie par le père d'Henriette-Catherine, aurait été scellée dans un flacon et murée dans son château. Le dossier se nourrit, les pistes s'entrecroisent. Étaient-ils donc si nombreux à vouloir tuer le bon roi Henri ?

Aucun doute sur la personne du dauphin, le futur Louis XIII. Il est à coup sûr un enfant royal, les princes du sang ont assisté à sa naissance, ils ont vu la sage-femme couper le cordon, « l'enfant tenant à l'arrière-faix ». Mais la d'Entragues a réussi à s'implanter au palais, après l'arrivée de la Florentine à qui le roi a présenté officiellement sa maîtresse.

Henriette-Catherine d'Entragues vit au Louvre, dans une chambre mitoyenne de celle de la reine. Elle a accouché d'un fils peu de temps après la souveraine. Henri IV avait-il le droit, étant engagé ailleurs, d'épouser la « banquière » ? Pour se libérer, il avait exercé une contrainte directe sur la tribu, une sorte d'ultimatum : la promesse de mariage, signée le

1er octobre 1599 au château de Malesherbes, avait dû être rendue au roi, remise au chancelier de France par le père, avec pour témoin deux princes du sang, un procureur général et un conseiller d'État, le 2 juillet 1604. La d'Entragues déboutée avait intrigué contre Henri IV, bien qu'il eût légitimé le petit Gaston Henri avant de le nommer évêque de Metz à l'âge de sept ans. Elle avait été condamnée à la prison, puis pardonnée : elle devait mourir vingt ans après Henri IV.

Les d'Entragues étaient-ils mêlés à l'affaire Ravaillac ? Ils trempaient dans les complots, fort nombreux. Selon Babelon, la participation de la bouillante Henriette-Catherine aux complots contre la vie du roi « n'est pas un mystère ». Elle n'était pas la seule à pouvoir se flatter d'avoir donné un enfant au roi [1], mais elle avait pu, quand elle était sa maîtresse, exhiber une promesse de mariage faite sous serment et parfaitement authentique.

La volte-face d'Henri IV qu'elle considérait comme une trahison justifiait à ses yeux son engagement dans les complots, aux côtés de son demi-frère, le comte d'Auvergne, fils bâtard de Charles IX qui traitait avec les Espagnols, mais aussi sa solidarité active avec l'escadron félon des Bouillon, d'Épernon et La Trémoille. Leur but était de se débarrasser du roi pour faciliter les entreprises des grandes puissances catholiques d'Europe : l'Allemagne du Sud et l'Autriche, l'Italie et l'Espagne. Les complots qui se succédaient, toujours découverts et châtiés par le roi, étaient donc une réalité politique. Mais, en 1606, la résistance des

1. Outre cinq enfants légitimes, Henri IV en comptait cinq illégitimes, trois Vendôme et deux Verneuil.

grands seigneurs avait faibli. Le dernier attentat contre le roi, au Pont-Neuf, était l'acte d'un fou. Bouillon était maté, Auvergne en prison et les d'Entragues tranquilles.

En mars 1609, une querelle à propos de la succession de l'électeur de Clèves mettait pourtant le royaume au bord de la guerre contre l'Autriche, l'Empire et l'Espagne. En France, les ultras accusaient le roi de favoriser ses amis protestants d'outre-Rhin, d'aider les morisques révoltés d'Espagne d'entrer en relations avec le Grand Turc. Le bruit de la mort du roi courait périodiquement dans les capitales européennes. Est-ce assez pour faire de son assassinat le résultat d'un complot ?

⁂

En mai 1610, on fêtait à Paris le sacre de la reine, ce qui provoquait dans les rues un inhabituel charroi de carrosses, d'équipages et de voitures de livraison. Les places étaient combles, la foule nombreuse devant le Louvre. Le vendredi 14 mai 1610, Ravaillac avait frappé seul, profitant des embarras de la petite rue sinueuse de la Ferronnerie, très proche du palais royal. Il avait tué le roi d'un coup de couteau, dans son carrosse.

L'enquête devait établir, Dieu merci, que cet illuminé avait été jadis repoussé par les Jésuites, peu soucieux de le recevoir en noviciat. Il était le dix-septième à avoir tenté de, et cette fois réussi à tuer le roi. Chassé de l'ordre religieux des Feuillants, il avait des visions la nuit et ne cessait de répéter que le roi se refusait à convertir les huguenots et qu'il voulait faire la guerre au pape. Pour ces raisons, il le maudissait.

Il avait volé un couteau pour frapper et, sous les tortures, il avait déclaré qu'il avait agi seul, sans aucun complice. Il l'avait répété avant son supplice, le 27 mai 1610.

Pourtant des bruits couraient dans Paris, mettant en doute les aveux de Ravaillac. Ce faible d'esprit croyait, disait-on, avoir agi seul, mais il était manipulé, quelqu'un avait armé son bras, l'avait posté au bon moment à l'endroit favorable au crime. Le 19 juin 1610, peu après l'attentat, un prévôt en poste à Pluviers (Pithiviers) dont deux des enfants étaient élèves de la compagnie de Jésus avait annoncé à ses camarades au cours d'une partie de boules : « Le roi est mort » au moment même où, loin de Pithiviers, Ravaillac frappait le souverain. « Et n'en doutez pas ! » avait ajouté le prévôt, en homme informé.

Il fut arrêté et interné à la Conciergerie. On le trouva étranglé par les cordons de son caleçon, dans sa prison. Une mort étrange, dans un lieu sinistre où avait séjourné Ravaillac avant son jugement.

Une deuxième affaire, quelques mois plus tard, était commentée à la cour : une demoiselle de compagnie, d'Escoman, avait réussi à approcher la vieille reine Margot, Marguerite de Bourgogne, épouse répudiée d'Henri IV. Elle l'avait assurée que d'Épernon et la marquise de Verneuil (la d'Entragues) avaient inspiré Ravaillac et armé son bras.

Un procès s'ouvrit. La d'Escoman, imprudente et intrigante, fut condamnée comme calomniatrice, mais ses accusations avaient été suffisamment gênantes pour contraindre le duc d'Épernon et la régente Marie de Médicis à tenter d'arrêter le cours de la justice.

Nouveau témoignage, d'un soldat en retraite, le capitaine de la Garde. Il assure qu'à Naples où il avait trouvé refuge pour cause de complot parmi les émigrés ultracatholiques fuyant la justice du roi il avait de ses yeux vu Ravaillac se présenter : on cherchait, disait-il, « un tueur pour l'envoyer à Paris ». Il était là, bon candidat, porteur d'une lettre de recommandation du duc d'Épernon. Un jésuite espagnol, pour faire bonne mesure, était aussi du complot, affirmait le capitaine.

Sur ces bribes de témoignage invérifiables, mais susceptibles de mettre en question la raison d'État, certains historiens ont échafaudé des hypothèses, partant du fait qu'en 1616 le jeune Louis XIII, intrigué par une série de révélations, avait promis de « faire de nouvelles recherches sur la mort du roi son père ». L'histoire a-t-elle menti ? La mort d'Henri IV était-elle le résultat d'un complot ?

Les assassins de princes sont alors nombreux en Europe. On les traite tous globalement de déséquilibrés. Est-il fou, ce Servais Oudot, un Franc-Comtois arrêté à Bruxelles pour avoir voulu porter le fer sur l'archiduc d'Autriche ? Ce voyageur a-t-il obtenu son rachat de la justice espagnole en acceptant d'aller tuer Henri IV à Paris ? Pour ce complot, il aurait travaillé en participation avec un certain Jean Joffroy, qui ne serait autre que Ravaillard ou Ravaillac. Ce dernier aurait alors agi seul, mais il avait été préparé au crime par un agent espagnol. Oudot, avant le meurtre du roi, avait justement séjourné à Pithiviers. Il aurait informé le prévôt d'un assassinat auquel il aurait dû lui-même participer.

Pas un mot d'Épernon dans la déposition du Franc-Comtois, mais on sait que le duc était présent dans la voiture royale à l'heure de l'attentat. Il était intervenu en personne pour empêcher la foule de massacrer Ravaillac. Il l'avait d'abord fait conduire sous bonne escorte à l'hôtel de Retz, où il était en sûreté. Mais comme l'assassin était en contact avec le personnel et les visiteurs de l'hôtel, il pouvait parler. Mieux valait l'isoler. Le duc l'avait d'abord fait enfermer chez lui, avant de le livrer à la justice, qui l'avait interné à la Conciergerie, prison d'État. Épernon en personne a donc été mêlé aux premières heures de l'arrestation et sa conduite était douteuse.

La reine Marie de Médicis est-elle à l'abri de tout soupçon ? A-t-elle eu des liens avec les émigrés français, des opposants à la politique d'Henri IV rassemblés en petits groupes à Naples, Milan et Bruxelles, qui n'attendaient que la mort du roi pour entrer en action, reprendre le pouvoir et aligner la France sur les puissances très catholiques ?

Jean Babelon objecte que les descriptions de Ravaillac données par le capitaine de la Garde et la d'Escoman ne correspondent pas au personnage. C'est plutôt la marquise de Verneuil qui, en 1608, regarde vers l'Espagne. Repoussée par le roi, elle fait signer à un duc de Guise une promesse de mariage. Elle pousse toujours la candidature de son fils au trône de France. Elle pense que le roi de Madrid pourrait l'imposer.

Elle aurait alors fait alliance avec d'Épernon, qui connaissait Ravaillac et utilisait jadis ses services, étant gouverneur d'Angoulême. Les d'Entragues auraient aussi entretenu ce jeune fou par charité, et non sans arrière-pensées. Babelon a retrouvé une dépêche de l'ambassadeur de Venise affirmant que Ravaillac était reçu chez la du Tillet, maîtresse en titre du duc d'Épernon. Ce puissant seigneur mariera d'ailleurs son fils en 1622 à Gabrielle-Angélique, fille de la d'Entragues et du roi. Alliance secrète ? Il est certain que le couple infernal a des relations avec les agents espagnols riches en *maravédis* et qu'il est capable d'acheter tous les comploteurs d'Europe pour la plus grande gloire du roi catholique. Les Concini, familiers de la reine Marie, regardent également vers Madrid.

La reine vient de se faire sacrer, ce qui écarte la candidature au trône du fils de la d'Entragues. Même si elle n'est pour rien dans le complot, c'est à l'instigation des Concini, ses familiers, venus avec elle de Florence, qu'elle a obtenu cette cérémonie du sacre, qui la place à la première place de la succession, sans contestation possible. Elle peut imposer comme ministre un ami des Espagnols.

Dans la configuration de ce pouvoir monarchique, dont le secret est le principe absolu, tout est possible au nom de la raison d'État. Le choix de la journée du vendredi 14, avant la cérémonie de l'entrée de la reine dans Paris, n'est pas le résultat du hasard. Les assassins ne pouvaient agir que ce jour-là, quand la surveillance autour du roi était relâchée. Si plusieurs personnes étaient du complot, sans que Ravaillac le sût, cela explique les indiscrétions fort répandues en France et à l'étranger sur la date de la mort du roi. Il est dès lors de l'intérêt d'Épernon de garder Ravaillac en vie, jusqu'à son procès. Le régicide croit avoir agi seul. Il est important qu'il le dise et persiste à le dire sous la torture.

Les ducs de Guise et d'Épernon sont les maîtres de la scène politique après la mort d'Henri IV. D'Épernon se précipite au Parlement et bouscule les magistrats pour qu'ils octroient la régence à Marie de Médicis, à l'exclusion des princes du sang écartés. D'Épernon, l'ancien mignon d'Henri III, est l'arbitre du pouvoir. On voit à qui le crime profite. La raison d'État a fort bien pu garder secrète cette phase cruciale et dramatique de la transmission du pouvoir en France. Mais rien ne démontre la réalité de ce complot. On n'en retrouvera jamais la preuve absolue. Si l'Histoire a menti, rien ne peut plus l'obliger à dire la vérité. Les témoins sont morts sans laisser de traces.

*
**

Il est de la nature du pouvoir royal, à son origine, d'être protégé par la raison d'État. Aussi chaque succession de roi est-elle l'occasion d'une contestation, surtout si le prince est faible et peu porté au beau sexe, comme ce fut le cas de Louis XIII. Il est alors indispensable, pour rendre la personne du roi indiscutable, d'établir une chronologie précise des copulations royales. Pour la naissance elle-même, elle est authentifiée par son caractère public : la reine doit accoucher, selon l'antique usage, devant une liste de témoins de haut rang savamment établie.

Anne d'Autriche passait pour frivole. Son intrigue avec Buckingham était très connue du public. Elle avait rencontré le séduisant ministre anglais dans un jardin d'Amiens lors d'une entrevue secrète, ménagée par le personnel complice de sa maison. La jeune reine avait poussé un appel au secours, repoussant les assauts de l'audacieux *in extremis*. L'intervention de ses gens lui avait évité, disait-on au cardinal de Richelieu, le déshonneur. Buckingham, fort épris d'elle, devait mourir avec son portrait sur le cœur, en

1628, soit dix ans avant la naissance du futur Louis XIV. Il était donc grotesque de lui en attribuer la paternité.

On la prêta, sans plus de vraisemblance, à d'autres personnages. À Richelieu, mais celui-ci était l'ennemi constant de la reine. Alors pourquoi aurait-elle reçu ses hommages ? Au comte de Moret, pour qui la reine aurait eu de l'inclination, mais cela n'est pas plus vraisemblable ; il mourra en 1632 à la bataille de Castelnaudary. Quant au comte de Rochefort, Anne ne pouvait le supporter, tant il était considéré comme un suppôt du cardinal. Plus tard, au temps où la reine était régente et conseillée par un autre cardinal, on prétendit que Mazarin aurait pu être le père de Louis XIV. Hypothèse calomnieuse : le jeune homme, en 1636, était vice-légat pontifical et résidait à Avignon. Rappelé par le pape Urbain VIII, il devait habiter Rome de 1636 à 1640 sans jamais se rendre à Paris. Point n'est besoin de la raison d'État pour disculper sur ce point la reine. Aucun rapport amoureux n'était envisageable avec un inconnu appartenant au pape et maintenu par ses fonctions loin de la capitale.

Anne était surveillée constamment par les agents du cardinal qui épiaient ses moindres faits et gestes et interceptaient la correspondance codée qu'elle entretenait avec ses parents habsbourgeois. Il lui était fort difficile d'engager des intrigues amoureuses, en dépit de la bonne volonté de ses proches, comme cette duchesse de Chevreuse, épouse de Luynes, favori écarté par Louis XIII, elle-même étant exilée de la cour.

Ce qui rendit l'opinion perplexe, et renouvela les intrigues, était la longue suite de fausses couches éprouvées par la reine. En 1626, en 1628 et de nouveau en 1630, elle n'avait pas réussi à garder un enfant. En 1631, nouvelle alerte. Bouvard, le médecin du roi, annonçait la grossesse. Peu de temps après, il fallait dresser médicalement le constat d'un nouvel échec.

Les règles de la reine devenaient la préoccupation de la cour. Sa prétendue stérilité (elle était d'une robuste santé) la rendait vulnérable. On osait parler dans *la Gazette*, le journal officiel de Richelieu, de l'arrestation d'un agent impérial, Juan de Médicis, sur lequel on avait trouvé des lettres diffamatoires, disait-on, envoyées par le roi à Rome pour répudier la reine et déclarer que le duc Gaston d'Orléans, son frère, était incapable de régner. Si l'on avait pris la peine de démentir, c'est que des bruits couraient dans la ville, avec insistance et vraisemblance.

Répudier la reine ? La raison d'État pouvait y contraindre le roi s'il n'avait pas d'héritier mâle. Il n'était pas question d'afficher cette hypothèse, et de braver inutilement la puissance européenne qu'était l'Empire, protecteur d'Anne d'Autriche, dont le mariage avec le roi avait été arrangé afin de garantir la paix avec l'Espagne.

La politique de Richelieu, qui osait soutenir contre les Habsbourg catholiques et favorables au pape les princes protestants allemands, plaçait la reine en porte à faux. Comment renier sa famille, à qui le cardinal taillait chaque jour des croupières ? L'espionnage dont elle était victime nuit et jour tendait à la contraindre à rester dans le camp de sa nouvelle patrie et à ne pas chercher à en contrarier moindrement, même par imprudence, la ligne politique. Elle deviendrait importune et odieuse, si elle ne parvenait pas à donner un héritier à la couronne de France. Sa « stérilité » encourageait toutes les intrigues et peut-être les complots.

Aussi l'annonce de chaque nouvelle grossesse qui avait toute chance de parvenir à son terme était un événement. Il ne suffisait pas de proclamer le miracle et de consacrer, comme le fit Louis XIII, la France à la Vierge (1638). La raison d'État devait justifier avec exactitude, au besoin par un mensonge appuyé, non vérifiable, de l'authenticité d'un rapport sexuel, et si possible le dater, pour couper court à toute contestation.

Il ne suffisait plus de convier les princes du sang à l'accouchement de la reine, on invitait l'opinion à assister à la royale copulation, par un récit détaillé, circonstancié. Il était essentiel de crédibiliser une version des faits, même si elle était approximative et largement hypothétique, pour couper court aux mensonges calomniateurs, de ceux qui auraient contesté la paternité de Louis XIII. Ainsi prit corps l'anecdote, officiellement publiée dans *la Gazette*, de la nuit d'orage du Louvre.

⁂

Quand la grossesse de la reine est annoncée, elle vient de subir une humiliation retentissante à la suite d'une injonction du cardinal de Richelieu. Le 17 août 1637, elle a dû confesser oralement et par écrit qu'elle s'était rendue coupable d'intelligence avec sa famille ennemie de la France, en correspondant secrètement avec elle. On imagine déjà la rupture du couple : comment le roi, depuis tant d'années impuissant à obtenir un héritier, se rapprocherait-il de la reine après cet éclat ?

Trois mois plus tard, les relations conjugales ont repris. En janvier, un enfant est annoncé. « C'est un tour de lit qui étonnera beaucoup de monde », dit un impertinent. Très vite, des pamphlets sortent sous le manteau : le roi n'est pas le père. La reine, une fois de plus, a fait une incartade. Ou quelque amant s'est dévoué dans l'intérêt du royaume.

La Gazette, journal du pouvoir, créée par Théophraste Renaudot et dotée du quasi-monopole de publication[1], est sollicitée d'apporter des précisions sur l'emploi du temps de leurs majestés, pour couper court aux contestations et dissiper les calomnies. Elle établit que le roi et la reine ont séjourné à Saint-Germain du 9 novembre au 1er décembre, avant de regagner le Louvre. Les médecins s'arrangent pour établir les dates de début de grossesse de la reine à la dernière semaine de novembre. Le roi et la reine couchaient alors ensemble. La coïncidence est donc parfaite. Quand, le 2 décembre, le roi s'est rendu à Crosne, l'affaire était faite. Le 5, il était à Versailles, la reine restant à Paris. Tout était en ordre.

Mais il existe une version officieuse de l'événement, colportée dans Paris et que la cour prit pour argent comptant. Les auteurs de ces rumeurs cherchaient à expliquer le miracle de la rencontre du roi et de la reine, pour une fois couronnée de succès. Ils

1. Le médecin et journaliste Théophraste Renaudot, originaire de Loudun, s'est installé à Paris à la demande du cardinal de Richelieu. Il a créé en 1631 *la Gazette*, premier journal français. Les autres feuilles, créées par autorisation royale, doivent verser à *la Gazette* une redevance. Richelieu se sert du journal pour influer sur l'opinion.

n'avaient pas l'intention de nuire. Comment l'auraient-ils osé, alors que les ennemis de Richelieu et du roi, Monsieur, la reine mère, César de Vendôme, le comte de Soissons et la duchesse de Chevreuse restaient obstinément silencieux, comme s'ils acceptaient l'inévitable ? Pour tous, le Très Chrétien était bien le père de Louis Dieudonné puis de son frère Philippe d'Anjou, né en 1640.

On raconta que Louis XIII, platoniquement épris de la jeune Louise-Angélique de La Fayette, l'avait visitée dans sa retraite au couvent, le 5 décembre 1637. Auparavant, il avait abandonné la reine au Louvre pour aller chasser dans les bois de Versailles. Puis il avait quitté son rendez-vous de chasse pour se rendre à Saint-Maur. Enfin, de passage à Paris, il n'avait pas résisté au plaisir de demander à voir sa chère Louise-Angélique à la grille du couvent de la rue Saint-Antoine.

Une forte averse l'avait alors contraint de prendre un parti : soit se rendre à Saint-Maur, où était son mobilier, soit rejoindre la reine dans son appartement du Louvre. Un capitaine des gardes, Louis Guitaut, insista pour galoper jusqu'au palais afin de prévenir la reine. Le roi finit par y consentir, de mauvaise grâce. La reine le fit souper et ils passèrent la nuit ensemble, cette rencontre imprévue devant donner lieu à la conception du futur Louis XIV.

L'accouchement devait se dérouler exactement neuf mois plus tard, le 5 septembre 1637. La coïncidence était trop parfaite pour ne pas susciter des interrogations. Les médecins avaient annoncé l'accouchement pour le 28 ou le 29 août. Ils s'étaient trompés ou bien avaient menti.

Bouvard, le premier médecin du roi, calculait la date de la délivrance du 23 au 28 novembre, pendant le séjour des époux royaux au château de Saint-Germain. Mais, le 2 septembre, alors que l'heureux événement avait du retard, Louis XIII prévenait par lettre Richelieu : la reine n'accoucherait pas « de quatre jours ». Il estimait qu'elle était enceinte depuis le 30 novembre, et non le 5 décembre. Pourquoi cette précision cadrant mal avec la date de l'accouchement ? Parce que le 1er décembre, les époux royaux avaient quitté Saint-Germain, des bruits pouvaient courir. Le Saint-Sacrement était exposé dans les églises depuis le 28 août. Les prières publiques avaient commencé.

La naissance de l'enfant du miracle, dans la nuit du 5 décembre, correspondait pourtant jour pour jour à la nuit du Louvre. Ce dimanche, la reine, âgée de trente-huit ans, avait ressenti les premières douleurs à onze heures pour être délivrée dans la chambre du roi au château de Saint-Germain, quelque temps plus tard. Le roi était présent avec son frère, Gaston d'Orléans, les princes du sang et quelques officiers de la couronne, suivant l'usage.

Cette version n'était pas exacte pour les prévisions officielles, qui s'étaient trompées dans leurs calculs. Selon *la Gazette*, le roi, le 5 décembre, était dans son pavillon de chasse de Versailles et la reine à Paris. Même s'il a fait le détour par la capitale pour y rencontrer la reine, le début de la grossesse se situerait avant son départ.

Venant du journal de Renaudot, la précision ne pouvait pas être soupçonnée de vouloir jeter le trouble. Le récit de la nuit du Louvre, probablement romanesque (il en existe au moins un autre qui évoque l'intervention d'une autre amie de cœur du roi, Marie de Hautefort), n'était destiné qu'à accréditer la thèse du miracle, puisque neuf mois plus tard, au jour près, les vœux de la divine Providence avaient été exaucés.

Peu importait le quiproquo, puisqu'il ne mettait pas en doute la paternité du roi, mais seulement, à quelques jours près, sa date. Il n'y avait pas eu substitution d'enfant à la naissance, la porte de la chambre ouverte à deux battants avait permis de le constater. La survivance de la dynastie des Bourbons était bien due à la volonté du Seigneur. Les pieux mensonges qui rusaient sur la date n'étaient destinés qu'à l'édification du peuple chrétien. Le petit Louis Dieudonné pouvait crier tranquille dans les bras d'une matrone (sage-femme) nommée Péronne : il était bien le fils du roi de France.

La Gazette saluait l'événement avec emphase : « ce que nous ne demandions plus que comme une grâce dont nous nous préjugions indignes vient de s'offrir à nous pour un gage assuré de la protection particulière du Ciel vers cette Couronne ». Les pieux mensonges pouvaient être bénis. Les calomniateurs étaient repoussés en enfer. Nul ne pouvait plus prétendre que le couple royal n'avait accouché d'un authentique héritier mâle. Il n'était point besoin de la raison d'État pour dissimuler les dessous d'un événement que l'on avait pu rendre limpide, en dépit de la surprise qu'il avait provoquée.

⁂

Le mariage secret de Mazarin et d'Anne d'Autriche était-il un secret d'État ? On l'a longtemps cru. Le cardinal aurait été enterré dans la pompe, sans que nul ne songe à évoquer ces noces clandestines, pourtant attestées par la très médisante princesse Palatine.

À ses yeux, elles ne faisaient pas le moindre doute : « La reine mère, veuve de Louis XIII, écrivait-elle, a fait encore bien pis que d'aimer le cardinal de Mazarin : elle l'a épousé... On en connaît maintenant toutes les circonstances. Le chemin secret qu'il prenait toutes les nuits pour aller la retrouver est encore au palais royal. »

Beaucoup ont fait remarquer que si Mazarin était cardinal, il n'était pas évêque, et n'avait pas été ordonné prêtre. Rien ne s'opposait donc à son mariage secret. Le maître tout-puissant de la politique française, le défenseur acharné de la famille royale contre les frondeurs aurait donc été l'époux de la reine.

À défaut du mari, l'amant. Les mazarinades, dans les termes les plus crus, évoquaient leurs amours. *La Custode de la Reyne*, pamphlet composé par Claude Morlot, ne mâchait pas ses mots : « Peuple, n'en doutez plus — Il est vrai qu'il la fout — Et que c'est par ce trou — Que Jules nous canarde. »

L'auteur devait comparaître en justice. Il fut condamné à la pendaison pour crime de lèse-majesté. La foule le libéra sur le chemin de l'échafaud, au jour de son exécution. Le Parlement de Paris n'avait rien fait pour le faire reprendre et le condamner de nouveau. Un autre auteur prétendait qu'un chanteur d'opéra italien à la solde du cardinal avait fait boire à la reine un philtre d'amour, ce qui expliquait sa soumission à la politique du Mazarin pourtant très hostile, à l'extérieur, aux impériaux parents de la reine.

Le bruit du mariage secret courait avec une telle force qu'on avait interrogé Vincent de Paul pour savoir s'il était vrai qu'il eût béni cette union. Le prêtre avait répondu que c'était absolument faux [1]. Il n'avait pas pour autant pris position sur le mariage lui-même, et les bruits continuaient de courir. Par raison d'État, la police vigilante de Mazarin aurait empêché de révéler le fait et poursuivi ceux qui osaient l'invoquer.

Ils ne disposaient bien sûr d'aucune preuve. Les relations intimes de la reine et du cardinal ne pouvaient être étalées dans le public, même s'il n'y avait entre eux aucun lien sexuel. La guerre civile de la Fronde se doublait d'une guerre étrangère. Le cardinal était vulnérable au point que Vincent de Paul lui-même avait demandé à son bienfaiteur de quitter le pouvoir pour rétablir la paix civile. Le petit peuple lui reprochait en premier grief d'avoir circonvenu la reine, de l'avoir pliée à ses volontés.

Anne d'Autriche soutenait ainsi la politique du cardinal de Mazarin (reprenant celle de son prédécesseur) de guerre à la maison d'Autriche. À la mort du cardinal de Richelieu (1642), le roi avait prévu de nommer Mazarin Premier ministre. Il figurait au conseil de régence, aux côtés de Gaston d'Orléans et

1. Vincent de Paul était le dernier à consulter pour avoir des lumières sur la vie du couple. Par la grâce de la reine, il avait été admis auprès du roi pour l'assister dans ses derniers moments. Le confesseur de la reine, l'évêque de Beauvais Augustin Potier, était son ami. Il siégeait comme une sorte de ministre du culte au conseil de conscience, de 1643 à 1653. Le cardinal de Mazarin et la reine lui avaient manifesté leur soutien, même s'il avait fini par être exclu du conseil de conscience, à cause de ses liens anciens avec la famille de Retz-Gondi. Voir P. Miquel, *Vincent de Paul*, Fayard, 1996, p. 21.

de Condé. La reine et les princes avaient fait casser le testament par le Parlement de Paris, pour écarter les serviteurs de Richelieu et de Mazarin, et pour, sans doute, faire la paix avec les Impériaux. Elle avait pourtant repris Mazarin, dont on ignorait encore les choix politiques, comme Premier ministre, sur la suggestion de Vincent de Paul dont elle prenait déjà conseil, « parce que cette petite cabale catholique (qui entourait Anne) estimait conforme aux intérêts de l'Église qu'un homme d'Église, et romain, gouvernât la France[1] ».

La « cabale des Importants » avait permis à Mazarin de rassurer la reine et de faire la preuve de son efficacité contre les grands. Le duc de Beaufort, gentilhomme avantageux qui se flattait de remplacer le *mazzarino* dans le lit de la reine, était à la Bastille, la duchesse de Chevreuse en exil, l'évêque Potier, le protecteur de Vincent de Paul, en semi-disgrâce. La reine avait besoin du cardinal pour lutter contre les grands.

En 1648, aux traités de Westphalie, la politique française avait été couronnée de succès, même si les Espagnols n'avaient pas désarmé, à la différence des Impériaux de Vienne. Les victoires de Condé et de Turenne avaient permis d'occuper les trois évêchés de Metz, Toul et Verdun, ainsi que de tenir la forteresse de Pignerol, dans le Piémont, la clé des Alpes.

À peine la paix conclue, à la satisfaction de la reine qui se réjouissait d'avoir suivi la politique des deux

1. Claude Dulong, *Anne d'Autriche*, Paris, Hachette, 1980, p. 215.

cardinaux, la guerre civile se déchaînait en France : protestant contre les impôts levés par Mazarin, les paysans et le petit peuple des villes se soulevaient. Les parlementaires les défendraient. Ils demandaient un régime à l'anglaise afin de contrôler le budget, ils *frondaient*.

En août 1648, Paris s'était couvert de barricades à la suite de l'arrestation du conseiller Broussel ordonnée par Mazarin. Il avait dû le libérer et consentir des promesses au Parlement pour que la reine et le petit roi pussent rentrer de Rueil où ils avaient trouvé refuge, et qu'ils ne sollicitassent pas l'aide dangereuse de Condé.

Quand le Parlement interdit toute levée d'impôts au moment où la reprise de la guerre avec l'Espagne menaçait, Mazarin n'avait plus le choix. Dans la nuit du 5 au 6 janvier 1649 qui devait marquer longtemps d'un sinistre souvenir la mémoire du jeune roi, la famille royale quittait de nouveau Paris avec le cardinal. Les grands seigneurs venaient prendre la tête de la révolte populaire et parlementaire, avec Gondi, futur cardinal de Retz, les ducs de Beaufort, Longueville et Bouillon. De son côté, Turenne promettait son soutien.

Les parlementaires avaient déclaré Mazarin hors la loi comme « perturbateur du repos public envers le roi et l'État ». Le Parlement réaffirmait sa fidélité au roi, mais voulait la tête du cardinal. Le peuple demandait la mort pour les profiteurs du fisc. Les privilégiés prenaient peur. La Fronde laissait les frontières ouvertes et les Espagnols ravageaient la Picardie. Le 11 mars 1650, le Parlement signait avec Mazarin la paix de Rueil. Paris se soumettait, les princes l'abandonnaient.

Mazarin faisait alors arrêter le prince de Condé avec la complicité de Gondi. Les amis du général soulevaient les provinces. Le cardinal devait guerroyer à la périphérie du royaume, négociant les redditions. Il l'emportait contre l'armée de Turenne et repoussait les Espagnols à Rethel. Mais à Paris, le coadjuteur Gondi le trahissait, renouait avec Condé et le duc Gaston d'Orléans, frère du roi. Le Parlement rendait un arrêt qui contraignait le cardinal à l'exil. La reine avait perdu son protecteur.

⁂

À cette époque se situe la correspondance secrète minutieusement étudiée par les historiens entre la reine et le cardinal. Si leur union était un secret d'État, les lettres codées devaient le prouver[1]. La position de Mazarin était trop désavantageuse pour que la moindre relation avec la reine ne leur fût imputée à crime. Ils avaient donc intérêt l'un comme l'autre à s'imposer la discrétion la plus absolue. Leurs adversaires auraient fait des gorges chaudes de leurs mots d'amour.

Onze lettres sont conservées aux archives[2]. Elles ne sont pas antérieures à 1653 et concernent donc la période de l'exil du cardinal. Scellées à la cire, égayées de rubans de soie rose, elles sont indiscutablement de la main de la reine. Aucun nom propre, aucune signature : les noms sont codés. Le roi est *le confident* ou *vingt et un*. Le cardinal, *seize*. Mazarin se désigne lui-même sous les noms de *Ciel, Mer* ou

---

1. La meilleure étude est, sur ce point, celle de Claude Dulong, *Anne d'Autriche*, Paris, Hachette, 1980.
2. BN. Fonds Clairembault, 1144, folios 88-101.

seize, ou *vingt-six*. La reine est *quinze, vingt-deux*, *Séraphin* ou *Zabaot*. À la place de signatures, Mazarin utilise les étoiles et Anne trois lignes hachurées. Les sentiments sont exprimés par des symboles graphiques.

« Je ne sais plus quand je dois attendre votre retour, écrit Anne en janvier 1653... Je m'ennuie fort et supporte ce retardement avec beaucoup d'impatience. Et si le *seize* savait tout ce que le *quinze* souffre, je suis assurée qu'il en serait touché. Je le suis si fort en ce moment que je n'ai pas la force d'écrire longtemps ni ne sais trop bien ce que je dis. J'ai reçu de vos lettres tous les jours presque, et sans cela je ne sais ce qui arriverait. Continuez à m'écrire aussi souvent, puisque vous me donnez du soulagement dans l'état où je suis... (ici le sigle indiquant le sentiment amoureux, trois lignes parallèles barrées, à côté d'une étoile)... Adieu, je n'en puis plus ! » (nouveau sigle, l'étoile de Mazarin). Lui sait bien de quoi.

Dans une autre lettre, on peut lire une sorte d'aveu : « Je m'ennuie si fort, écrit la reine, que cela dure que je voudrais fort vous entretenir autrement. Je ne dis rien là-dessus ; car j'aurais peur de parler pas trop raisonnablement sur ce sujet. » Litote, amour contenu. Elle précise un peu plus tard qu'elle souhaite « fort » le retour du cardinal « et je vous assure, lui dit-elle, que vous ne serez jamais de (signe de l'amour d'Anne) puisque c'est la même chose que (sigle de l'amour du cardinal) ».

Répond-il à ses vœux ? Pas de lettres en 1653, mais d'autres, de l'exil antérieur : « Vous n'auriez grand-peine à tomber d'accord que jamais il n'y a eu une amitié approchante à celle que j'ai pour vous. Je vous avoue que je ne me fusse pu imaginer qu'elle allât jusqu'à m'ôter toute sorte de contentement, lorsque j'emploie le temps à autre chose qu'à songer à vous. » Et ailleurs : « Je donnerais ma vie pour vous revoir et vous pouvoir dire des choses qui assurément n'ont jamais été imaginées. »

Voilà donc un épistolier qui se dit mort d'amour pour sa souveraine et qu'il veut lui envoyer son cœur. Exagération précieuse et emphatique dans le goût du temps ? Sentiment véritable ? Impossible de trancher. L'aveu de l'amitié amoureuse n'est pas une preuve, il est seulement surprenant que le cardinal en soit arrivé au point d'intimité de s'exprimer avec cette flamme, et que la souveraine de la France ne puisse se passer de lui dire que cet amour est partagé au point de ne pas souffrir l'absence. Le Romain sait à l'évidence manier le langage de la séduction sans qu'on puisse aujourd'hui trancher si le désir qu'il a de la revoir est plus fort que l'impatience de retrouver son pouvoir. Il est assurément dans les grâces de la souveraine, mais il n'est pas en poste. Pour un *mazzarino*, ces deux désirs vont manifestement de pair.

Il est clair que le secret le sert, car il lui permet de garder la reine à ses côtés, même en exil. Il faut que son sentiment soit fort pour qu'elle se repose sur lui en toute chose et qu'elle lui parle librement, en langage codé. Ces confidences supposent une confiance totale, celle des époux aimants ou des amants éperdus.

Ainsi ont pensé les historiens lisant ces lettres, préférant soutenir la thèse du mariage secret, plus convenable, à la liaison amoureuse. Comme s'ils n'avaient pu être amants dans le passé et rester liés par une tendre amitié, faite de mille complicités !

La reine, en 1653, n'est plus l'égérie de Buckingham. Empâtée, le visage trop enveloppé, le regard lourd, la démarche habsbourgeoise, elle a passé cinquante ans, ce qui est aussi le cas du cardinal : à cette époque, c'est le début de la vieillesse. Le désir amoureux ne peut jouer avec une impétueuse exigence chez des gens de cet âge. Il serait ridicule. Comme le croit la dernière biographe d'Anne, l'Américaine Ruth Kleinman[1], « elle possédait un tempérament plutôt placide ».

Le cardinal associe souvent *le Confident* à sa correspondance et souhaite recevoir des lettres de lui, comme si c'était la chose la plus naturelle du monde que le jeune roi de France écrivît à un ministre en exil. Il est clair que le roi est associé à la correspondance de sa mère. Peut-on imaginer qu'elle rende son fils complice d'amours coupables ?

Chrétienne militante, entichée d'œuvres sociales, admiratrice de Vincent de Paul, donnant elle-même l'exemple des dons pour les pauvres et des fondations d'hospices, elle est un modèle de chrétienne que le trouble amoureux remue et culpabilise. Elle ne peut en supporter longtemps les effets. Raison de plus pour adopter le mariage secret, prétendent certains. C'est bien la preuve qu'elle n'a plus à se sentir coupable.

⁂

Il se trouve que cette thèse est contredite sur un point assez fort : Mazarin, mal en cour à Rome pour avoir constamment soutenu la politique anti-espa-

1. Ruth Kleinman, *Anne d'Autriche*, Paris, Fayard, 1993, p. 411.

gnole de Richelieu, n'aurait pu obtenir la moindre indulgence. On lui aurait appliqué le régime ordinaire. Un cardinal qui voulait se marier devait renoncer à son chapeau, c'était la moindre des choses. Des études récentes [1] montrent que Mazarin, sur la fin de sa vie, voulait se faire ordonner prêtre, ce qui aurait été impossible s'il eût été marié, même secrètement.

Avait-il eu des relations sexuelles avec la reine ? Une lettre semble le suggérer. « Adieu, je n'en puis plus », écrivait Anne. Suivait le sigle de l'étoile, celui de Mazarin aimant. Puis ces mots : « Lui sait bien de quoi ! » Et le cardinal répond : « Tout périra ou je vous verrai dans quinze jours. En disant cela, je suis hors de moi. Songez, je vous prie, à ce qui arrivera quand *vingt-six* verra *vingt-deux.* »

Déclaration enflammée d'un amour impatient ? Il ajoute, hélas ! « je ne vous en dirai pas davantage, car vous savez le reste à cause de (suivent les deux sigles de leurs amours accolés)... qui sont en parfaite amitié ensemble, nonobstant tout ce qu'on a fait pour les brouiller ». Le tonnerre gronde un instant, mais aucun n'est foudroyé. Il reste, après l'orage, le parfum d'amours anciennes et la chaleur d'une amitié entretenue. N'est-ce pas rien ?

Rien de tout cela ne devait transparaître. On ne pouvait empêcher la cour de jaser, mais aucune preuve ne devait être produite. L'amour resterait caché, qu'il fût ou non charnel. Auguste Bailly, fort honnête biographe de Mazarin [2], rapporte, sans y

1. Voir *Études mazarines*, pp. 83-84, *in* article de Madeleine Laurain-Portemer, 128, 1970.
2. Auguste Bailly, *Mazarin*, Arthème Fayard, 1954.

croire, cette confidence de madame de Brienne, racontée par son fils. Comme la reine Anne évoquait devant elle, par amitié, les bruits de sa liaison avec le cardinal, « Sa Majesté rougit jusque dans le blanc des yeux » et répondit : « Je t'avoue que je l'aime, et je puis même dire tendrement. Mais l'affection que je lui porte ne va pas jusqu'à l'amour. » S'il est vrai que le cardinal parlait à la reine « d'autre chose que des affaires publiques », cet amour n'aurait pas été coupable, puisqu'elle l'inculquait à son fils et lui demandait de le partager. Il devait écrire plus tard : « Seule la fermeté avec laquelle ma mère a soutenu le cardinal de Mazarin a sauvé mon royaume. » Quel hommage plus éclatant ?

La joie qu'Anne avait eue à retrouver Mazarin après son exil avait fait dire au ministre Le Tellier, le père de Louvois, « ou elle est envoûtée par le cardinal, ou elle est mariée avec lui ». Impossible d'enlever le doute dans l'esprit des contemporains. Ils vivaient avec l'idée de la *possibilité* de cette union, sans en avoir jamais la certitude. Le soir des retrouvailles, la reine avait chassé toute la cour pour se retrouver *en famille* avec le revenant et ses deux enfants royaux. Ce touchant tableau en dit long sur la confiance que lui inspirait l'Italien. Des relations d'époux ?

L'histoire ne le dira jamais, mais pourquoi ne pas partager, dans l'incertitude, la conclusion de Ruth Kleinman ? Le roi avait choisi le cardinal pour parrain de son fils. Il lui avait fait promettre, avant de trépasser, qu'il jouerait auprès de lui le rôle du père. Il avait demandé la même promesse, à deux reprises, à la très pieuse épouse. Anne et le cardinal étaient liés par ce serment tenu devant le roi mourant. Ils étaient devenus ainsi des parents très proches, mais ne pouvaient, sans sacrilège, aller plus loin. Le lien spirituel entre le parrain, le filleul et les parents de l'enfant était très fort dans les anciennes familles chrétiennes. C'était « l'équivalent d'un lien de famille ». Il créait entre le parrain et la mère une complicité affective profonde, qui justifiait une confiance réciproque.

Il importe peu, au fond qu'ils aient transgressé la loi chrétienne, pris par l'impulsion d'un sentiment irrépressible. Peut-être ont-ils fauté, et réparé en restant spirituellement unis. Nul ne peut étaler les secrets bien gardés de l'alcôve. Les rapports d'Anne d'Autriche et de Mazarin n'en constituent pas moins un des mensonges par omission de l'Histoire : vrais ou faux, ces rapports devaient rester cachés par raison d'État. Pour cette raison seulement, ils n'ont pas cessé d'être évoqués.

*
**

Tout autre est la raison d'État qui a imposé le silence sur le financier Nicolas Fouquet, enfermé à vie dans la forteresse de Pignerol, et sur deux personnages également incarcérés dans la même place, son valet La Rivière et un inconnu nommé Dauger. Certains se risquent à écrire que ce Dauger ne serait autre que l'homme au masque de fer, mort prisonnier à la Bastille en 1703.

Nicolas Fouquet avait rendu les plus grands services à Mazarin en finançant ses guerres par des procédés contestables, des malversations au préjudice des finances royales. Ce riche armateur breton, devenu conseiller d'État et maître des requêtes, avait été nommé en 1648 par Mazarin surintendant général des Finances. Au lendemain de la Fronde, quand les finances du royaume étaient au plus bas et que les impôts ne rentraient plus, Fouquet avait réussi à inspirer confiance aux fermiers généraux qui avaient repris le système de la traite, avançant de l'argent au Trésor pour le récupérer ensuite sur les taillables.

Ce système était d'autant plus critiquable que les fermiers généraux n'avançaient pas leur propre argent mais constituaient des associations de capitaux empruntés à des détenteurs privés : une chaîne en cascade de profits détournait ainsi l'argent du roi, avec pour seule contrepartie l'obligation de lui livrer au jour fixé une avance exigée. Les « maltôtiers » constituaient ainsi des associations d'intérêts croisés qui les rendaient redoutables et invulnérables [1].

Nicolas Fouquet avait lui-même profité du système, réalisant une fortune rapide et spectaculaire. Il avait fait construire le château de Vaux où il avait commis l'erreur d'inviter le roi Louis XIV à une fête fastueuse, le 17 août 1661. Il avait placé les membres de sa famille ou de sa tribu aux postes clés de l'État et érigé à Belle-Île en Bretagne une forteresse où il pouvait trouver refuge en cas de disgrâce.

Mazarin s'était enrichi plus encore, et nul n'avait mis le nez dans ses comptes. Mais, depuis quelques mois, Colbert, gestionnaire des biens du cardinal et lui-même enrichi grâce au système de la maltôte, voulait la chute de Fouquet pour devenir le maître des finances royales. Il dressa patiemment le réquisi-

1. Voir Daniel Dessert, *Argent, pouvoir et société au grand siècle*, Fayard, 1984. Une analyse fondamentale, entièrement neuve, du système financier de la France moderne.

toire des malversations du surintendant pour en informer le roi, toujours à court d'argent. Louis XIV hésita longuement avant de se priver d'un fournisseur de capitaux aussi capable et zélé que Fouquet. Mais le luxe du maître de Vaux était à ses yeux une provocation, ses visées sur la jeune et séduisante La Vallière une insulte. Il chargea le capitaine de ses mousquetaires d'Artagnan d'arrêter Nicolas Fouquet dès le 5 septembre en déplacement à Nantes en 1661.

Colbert s'employa avec zèle à instruire le procès qui dura trois ans. Fouquet ne manquait pas de défenseurs et ses affaires étaient très embrouillées. Il était en outre impossible de modifier le système fiscal de fond en comble sous peine de rendre les rentrées d'impôts problématiques. Enfin Colbert, dans son souci d'assainissement, devait tenir compte des intérêts des financiers de sa partie. Trop d'intérêts croisés étaient solidaires pour qu'en tranchant brutalement Colbert ne désespérât les détenteurs d'argent dont l'avenir du royaume dépendait plus que jamais.

Qui avait nommé Fouquet surintendant ? Mazarin. Qui l'avait soutenu et maintenu en place contre les intrigues de Colbert ? Le cardinal. Le procès se déroulait juste au moment où il était question de mettre à plat les comptes de succession du *mazzarino* où les plus grands noms de France, et ses propres héritiers, dont il avait fait de grands seigneurs, étaient concernés. Il n'était pas question de lier les finances de Fouquet à celles du cardinal. Le condamner prestement était le moyen d'éviter tout débordement. Le procès Fouquet devenait ainsi une affaire d'État.

Si Fouquet avait commis des malversations, le cardinal ne devait pas en être tenu pour le responsable, encore moins pour le bénéficiaire. Il fallait cacher au public que le cardinal, qui percevait à la fin de sa vie un revenu annuel de deux millions de livres, avait pu laisser un héritage évalué à trente-cinq millions [1]. On dresserait donc contre le surintendant un procès mensonger, irrégulier, partiel et partial.

Il ne serait pas en position de se défendre, on lui en enlèverait les moyens. On l'avait attiré à Nantes par calcul, pour qu'il fût arrêté en province, le temps de faire saisir tous ses dossiers. Il n'était pas question d'un débat public devant la justice, mais d'une exécution dont Colbert avait démontré la nécessité au roi, qui ignorait tout des finances publiques et privées.

⁂

Fouquet était un adversaire redoutable, le seul qui connût, avec Colbert, les secrets des affaires d'argent de l'État. Il n'était pas loisible au pouvoir royal de dénouer l'écheveau serré qui tenait entremêlées les affaires publiques et privées, les compromissions des puissants dont dépendaient les engagements financiers. L'accusateur Omer Talon, avocat général au parlement de Paris, devait veiller à ce que l'accusation se limitât exclusivement aux affaires du seul Fouquet. Le greffier de la Chambre de justice spéciale, Foucault, était un homme de Colbert.

On accusait essentiellement Fouquet de péculat et de lèse-majesté. Pour le dernier grief, il était censé avoir monté un plan d'insurrection des provinces à partir de Belle-Île, au cas où sa personne et ses biens

1. Voir Daniel Dessert, *Fouquet,* Fayard, 1987, p. 237 et annexes sur la fortune du cardinal.

seraient menacés. Pour le péculat, c'était « prêter les deniers du roi, les billonner, bailler à usure, mettre à marchandise, les appliquer à son profit particulier ».

On accusait en somme Fouquet de confondre sa bourse et celle du roi, et de lever en son nom des droits qu'il se mettait dans la poche. Le rapporteur du procès, Lefebvre d'Ormesson, voyait bien que les chefs d'accusation étaient entachés de fausseté, que les omissions étaient nombreuses et l'authenticité de pièces produites souvent douteuse. La fragilité du dossier apparaissait à l'évidence pour tout esprit impartial. On l'avait nourri de cent actes divers, pour charger l'accusé et pas toujours avec discernement, sans lui laisser la possibilité de protester et de vraiment se défendre. Fouquet comptait cependant dans le milieu dévot de Paris des amis qui se chargeraient de l'aider, pour contrer la manœuvre manifestement de mauvaise foi du clan Colbert.

Le procès est donc faussé parce qu'il dissimule, explique Dessert, « un autre procès qu'on ne peut entamer au grand jour parce qu'il met trop d'hommes intouchables en jeu et qu'il révèle trop de tares d'un système qui n'est pas défavorable pour tous[1] ». Le 9 décembre 1664, le rapporteur d'Ormesson présente enfin ses conclusions. Il invoque la légèreté des preuves, l'irrégularité des procédures, les lacunes de l'instruction, la falsification des pièces et les témoignages douteux. Il critique néanmoins vertement la gestion irrégulière de Fouquet et l'accuse « d'abus et de malversations ».

La sentence tombe. Par treize voix contre neuf, l'accusé échappe à la peine de mort. Il sera banni à

1. *Ibid.*, p. 253.

perpétuité du royaume et ses biens seront confisqués à hauteur de cent mille livres, dont la moitié iront au roi en réparation, et l'autre « en œuvres pies ».

Voilà qui ne fait pas l'affaire de Colbert, encore moins du roi. Il aurait voulu signer la condamnation à mort du prévenu. Il décide, contre tout usage, de commuer la peine. Il remplace le bannissement par la prison perpétuelle. Ainsi Nicolas Fouquet, à la suite d'un procès truqué qui est une affaire d'État se retrouve, porteur de ses lourds secrets, condamné au silence éternel dans la forteresse de Pignerol où le capitaine d'Artagnan le conduit en carrosse, escorté de cent mousquetaires.

Les ordres donnés au commandant du fort, le seigneur de Saint-Mars, sont des plus stricts : isolement complet. Le condamné ne doit recevoir personne, pas même sa famille. Il est tenu au secret le plus absolu dans le donjon de la forteresse. Aucun habitant de Pignerol n'a accès à la citadelle et aucune personne vivant ou travaillant dans la citadelle ne peut avoir accès au donjon.

Fouquet dispose d'une grande et d'une petite chambre, une trentaine de mètres carrés, et du service de deux valets. Interdit d'écrire, de se promener dans l'enceinte, de lire plus d'un livre à la fois, de choisir son médecin ou son confesseur. Une garde de quatre-vingts personnes se relaie autour de lui. Deux individus qui s'introduisent dans la place pour tenter d'approcher le prisonnier sont pris et pendus aussitôt. On supprime les fenêtres de la chambre du détenu en les obstruant par des jalousies, pour qu'il lui cache la vue du paysage. Fouquet doit finir sa vie dans le secret le plus noir. Tels sont les ordres du roi.

Le geôlier, Saint-Mars, est un mousquetaire reconverti de la compagnie d'Artagnan, assez médiocre aux armées, maréchal des logis après quatorze ans de présence, anobli et nommé sous-lieutenant en 1676 pour ses bons et loyaux services à la garde de Fouquet.

Il ne laisse rien au hasard, vérifie tout lui-même, découvre que le prévenu ose écrire avec des os de poulet et du vin mêlé de suie sur les rubans de son habit. Ponctuel, zélé, il suit les ordres à la lettre. De Versailles, on lui précise point par point, et par courrier, tout ce qu'il doit faire. La règle essentielle imposée à Saint-Mars est de tenir le condamné dans l'isolement le plus absolu et presque dans l'immobilité. Il ne peut sortir de sa chambre pour faire de l'exercice ni échanger la moindre parole avec les autres détenus.

Quant aux geôliers, il leur est interdit de parler. Les gratifications conséquentes qu'ils touchent achètent leur mutisme. Nul ne doit savoir que Fouquet est enfermé dans ce lieu jusqu'à sa mort. Ainsi le grand roi se venge-t-il d'un verdict de faiblesse qui a permis au surintendant d'échapper à la potence.

⁂

On parle encore de Fouquet à Paris, où il a beaucoup d'amis. Les poètes versifient, les épistolières écrivent, les salons restent pleins de sa mémoire. Mais le roi demeure inflexible. Fouquet doit être oublié, comme s'il n'avait jamais existé. Personne n'oserait prononcer son nom à la cour. L'internement du grand argentier ne doit susciter aucun commentaire, comme par raison d'État. N'avait-il pas eu l'audace de comploter contre le roi ?

Un crime que l'État ne pardonne pas, car il entend jouir d'une souveraineté intacte. Nul ne peut se retrancher sur ses terres pour échapper à la justice du roi, sauf à revenir aux temps de la Fronde, dont le jeune Louis XIV a gardé le souvenir d'une fripouillerie : chaque seigneur voulant mettre le royaume à l'encan, à son profit personnel.

Fouquet fut un profiteur de ces temps troubles. Qu'il repose dans le silence à Pignerol, puisqu'on a voulu qu'il survive. On le garde comme un chat sauvage, redevenu dangereux. Cet homme ne doit plus jamais ni parler, ni écrire. Il en sait trop. Il est au secret d'État au fin fond du royaume, dans une forteresse inaccessible, construite au sommet d'un rocher escarpé.

La monarchie absolue, dont le pouvoir est limité par certaines institutions jouissant de privilèges, les parlements, par exemple, a dû se barder d'instruments de surveillance et d'action, se doter de passe-droits comme de passe-partout, afin d'exercer vraiment son pouvoir.

En 1667 était créée la lieutenance de police de Paris confiée à Nicolas de La Reynie et supervisée par Colbert, mais dépendant en fait de la seule personne du roi. Plus tard, dans l'affaire des poisons, Louis XIV ordonna personnellement à La Reynie de lui livrer les fiches compromettantes pour la mère de ses enfants, madame de Montespan [1]. Il fit arrêter la procédure de la Chambre de l'Arsenal et emprisonner

1. Voir le chapitre « Amours, fantasmes et sortilèges » du *Louis XIV* de François Bluche, Fayard, 1986.

sans jugement, jusqu'à leur mort, les délateurs trop bien inspirés. Dans ces sinistres affaires d'empoisonnements, la gloire montante de Louvois tenta d'accabler les prévenus protégés par Colbert. Le secrétaire d'État à la Guerre se mêlait donc aussi d'affaires de police et de justice quand elles approchaient du pouvoir.

L'affaire Fouquet était, au premier chef, politique. Le roi avait jugé bon, et rien ne le lui interdisait, d'intervenir après un jugement d'une cour de justice pour transformer le verdict à sa convenance. Il avait lui-même réglé les conditions d'incarcération de Fouquet. Il avait précisé qu'on devait changer fréquemment le confesseur du prisonnier, pour éviter toute connivence. D'incroyables précautions étaient imposées au geôlier pour que Fouquet ne pût avoir aucun contact avec l'extérieur, pour l'empêcher de parler, comme s'il était détenteur de secrets qui devaient disparaître avec lui.

Le roi avait lui-même désigné le geôlier, qui, étant mousquetaire, dépendrait plus de Louvois que de Colbert. C'est à Louvois que Saint-Mars rendait compte du comportement de Fouquet. De lui, il avait reçu l'ordre d'empêcher à tout prix le détenu d'écrire et de resserrer autour de lui la surveillance.

La tentative d'évasion de 1669 avait été punie avec la dernière sévérité. Louvois tenait en main un gage précieux pour ses ambitions. Il n'entendait pas le laisser s'échapper. La rivalité des deux ministres pourrait donc se donner libre cours dans la gestion de cette affaire d'État. Pour gêner Colbert, Louvois serait tenté d'intervenir pour humaniser la détention de Fouquet. Il s'attirerait ainsi la bienveillance d'un clan ulcéré par le triomphe brutal de Colbert.

En 1674, le prisonnier est enfin autorisé à correspondre avec son épouse. Le roi consent à ce qu'ils échangent deux lettres par an, dûment lues au préalable par le geôlier. Mais on prend toutes les mesures possibles pour que le comte de Lauzun, capitaine des gardes du corps du roi et condamné à la même peine de détention, n'entre en contact avec lui. Il ne doit pas parler à cet ancien favori du roi tombé en disgrâce et mis au secret absolu par Louvois.

Mais François-Michel de Louvois, nommé ministre d'État et admis au Conseil en 1672, est de plus en plus puissant. En 1677, son père, Michel Le Tellier, est nommé chancelier. Louvois multiplie les marques de politesse envers Fouquet, jusqu'à lui demander de rédiger des mémoires sur les questions de finances. Il lui fait envoyer du thé pour qu'il se soigne, il l'autorise à faire des promenades et même à jouer avec les officiers de la forteresse. Tout en renforçant la surveillance, il humanise la détention. À partir de 1678, il autorise le prisonnier à lui envoyer des lettres et lui répond lui-même volontiers.

En attend-il des confidences, des révélations ? Fouquet reçoit la visite de son fils aîné, puis de sa mère et de toute sa famille. En 1680, on songe à un élargissement. Colbert n'a plus que trois ans à vivre. Les dépenses de la guerre ont eu raison de sa politique financière. Il n'a pas su éponger le déficit, qui va croissant, faute d'avoir réformé efficacement le système fiscal. Cet échec laisse Louvois d'autant plus libre dans ses manœuvres politiques.

Fouquet fait manifestement partie de son jeu. Veut-il le sortir du secret pour permettre une révision de son procès, accablante pour Colbert ? Il n'en a pas le temps, même s'il avait pu en avoir l'intention. On apprend à la fin de mars 1680 que Nicolas Fouquet vient de mourir. Au fort de Pignerol ? Nullement. Dans une auberge, dit-on, à Chalon-sur-Saône. Le bruit court avec insistance dans Paris qu'il a été libéré, puis empoisonné. On ne saura jamais la vérité. L'acte de décès n'a jamais été retrouvé. Secret d'État.

***

L'année 1679 est celle des poisons. Le 12 mars, la police vient d'arrêter Catherine Monvoisin, dite la Voisin, puis Adam Cocuret, alias Dubuisson, alias l'abbé Le Sage. Le 7 avril, le roi vient de créer, à l'instigation de La Reynie, le tribunal exceptionnel de l'Arsenal pour juger les crimes de sorcellerie et d'empoisonnement qui préoccupent l'opinion. Ces magistrats de haut rang imposent le secret des audiences. On redoute en effet que la révélation de ces affaires de magie noire et de poisons ne compromette des personnes de la cour et ne serve à nouer des intrigues politiques.

Louvois s'en sert effectivement, en accablant tout d'abord certaines personnalités dont le nom a été évoqué par les accusés, en particulier le maréchal de Luxembourg dont il ne supporte pas l'arrogance. Grand seigneur de la famille de Montmorency, homme de guerre respecté, le maréchal est embastillé par lettre de cachet, sans raison apparente. Il est assigné à résidence après quatorze mois de détention. Il apprend enfin qu'il est soupçonné d'avoir usé du poison sur un bourgeois et sa maîtresse.

En fait, sa gloire empêchait Louvois de dormir. Mais surtout le maréchal aurait projeté de marier son fils à la fille du ministre. Il aurait alors utilisé les « sortilèges ». Pour l'historien François Bluche, qui rapporte l'événement, les accusations de l'abbé Le Sage, à la source de la mise en accusation du maréchal, n'étaient que sottise et invraisemblance. À preuve ? L'intendant de Luxembourg fut convaincu de crime et condamné aux galères. Mais il est clair que Louvois, faisant flèche de tout bois, se servait des procès pour régler ses comptes personnels.

À l'instigation de Louvois, la marquise de Brinvilliers avait été arrêtée en 1676 aux Pays-Bas. Elle était soupçonnée d'avoir fait empoisonner en 1670 son père et son mari. Or l'instruction devait gravement incriminer un financier, Reich de Pennautier, receveur général du clergé et membre du clan Colbert. Accusé d'empoisonnement, il était relâché faute de preuve et sans doute à la suite d'interventions puissantes.

Une fois encore, les deux ministres se servaient des affaires judiciaires pour conforter leur situation politique. Louvois, « dont ce n'était pas le département [la justice] mettait son nez partout, visitant les prisonniers, faisant des rapports personnels au roi [1] ». Surtout si les gens du monde incriminés étaient les amis ou les protégés de Colbert. Quand la Montespan est sur la sellette (l'abbé Guibourg l'accuse d'avoir pratiqué les « messes sur le ventre » afin de renforcer l'amour du roi) et que le roi interdit d'utiliser des registres pour les interrogatoires, on constate que Louvois est allé rendre visite à l'abbé Le Sage dans sa prison de Vincennes. Il recueille manifestement tous

1. Bluche, *ibid.*, p. 405.

les témoignages susceptibles de charger son adversaire et de le discréditer aux yeux du roi.

Le 23 mars, il reçoit la lettre de Saint-Mars apprenant la mort de Fouquet. Il demande si les papiers du prisonnier ont été saisis. Le geôlier mousquetaire répond que le fils du défunt, le comte de Vaux, les a reçus de son père. Il restait dans ses habits quelques liasses, à expédier au ministre. Pourquoi cette inquiétude ? « Le pouvoir, commente Dessert[1], craindrait-il des révélations concernant les désordres financiers de la régence, des confidences sur Anne d'Autriche et Mazarin ? » Secret d'État.

Ni Fouquet, ni son voisin de cellule Lauzun, ni la famille n'ont parlé. Mutisme imposé ? On ne sait. Au sujet de l'enterrement du défunt, le pouvoir répond aux héritiers avec désinvolture. Qu'on emporte le corps et qu'on l'enterre où l'on voudra. L'important est qu'il soit mort sans parler. Selon *la Gazette,* journal officiel du régime, « on nous mande de Pignerol que Fouquet est mort d'apoplexie ». Le journal n'affirme pas qu'il est décédé dans la forteresse. Il n'ose aller jusque-là car il n'en sait rien. Le corps est bien déposé dans un caveau de l'église Sainte-Claire de Pignerol. La famille affirme que Fouquet est mort dans les bras de son fils. La dépouille est ensuite enfouie dans un caveau de la chapelle de famille, au couvent de la Visitation Sainte-Marie, rue Saint-Antoine.

« On ne sait pas, dit Voltaire, où est mort cet infortuné, dont les moindres actions avaient de l'éclat quand il était puissant. » Les derniers moments de Fouquet sont un secret d'État, seul nous est parvenu

1. Dessert, *ibid.*, p. 286.

le communiqué officieux de *la Gazette*. Nul n'a pris la peine de réfuter les obscurités, les contradictions entre les témoignages et les bruits qui couraient sur les circonstances du décès. Son ami Gourville, sa belle-sœur, la vicomtesse de Vaux, ont assuré que le prisonnier était libre à l'heure de sa mort. Il aurait quitté la forteresse de Pignerol. Un commis au ministère de la Marine cité par Daniel Dessert, Robert Challe, soutient dans ses mémoires que Fouquet obtint sa grâce à la suite d'une intervention de la dauphine.

Selon ce commis, Fouquet, libéré, aurait embarqué sur la Saône, où la navigation était alors très active. Il s'était arrêté à Chalon, où il avait soupé « d'une poitrine de veau en ragoût ». Il était mort dans la nuit, non pas d'apoplexie, mais d'indigestion. À deux heures du matin, ne pouvant trouver le sommeil, il avait appelé à l'aide. Il devait trouver la mort une heure après.

Aucune trace officielle du décès dans les archives. Il faut croire que, dans cette hypothèse, le corps a été ramené à la citadelle, puisque la famille a pu le voir. Aucune autopsie n'a été ordonnée, pour une mort que l'on s'accordait à trouver naturelle. Le commis de la marine ajoute : « On ignore encore s'il a été empoisonné. »

⁂

Robert Challe, employé de Colbert, ministre de la Marine, a-t-il colporté un ragot de nature à discréditer le financier mort d'un abus de ragoût ? Le ministre n'avait aucun intérêt, bien au contraire, à voir élargir son rival malheureux. Arrivé au terme de sa carrière, il pouvait craindre des révélations et la reprise des polémiques. Le martyre de Fouquet à Pignerol lui donnait le mauvais rôle. On parlait d'un élargissement prochain de la victime, par la clémence d'Auguste. Colbert apprit sans nul déplaisir ce décès inopiné.

Une mort aussi brutale peut entrer dans le cadre de la campagne furieuse, cette année-là, résultant de l'affaire des poisons. Puisqu'on empoisonne tout le monde, pourquoi pas Fouquet ? Tant de gens haut placés se trouvent compromis que les juges de l'Arsenal peuvent déboucher soudain sur un nouveau cas, on peut le craindre. Ce qui expliquerait l'absence d'autopsie du corps du surintendant. La Reynie a suffisamment de cas difficiles à traiter pour ne pas s'engager dans une affaire d'État qu'il convient de faire vite oublier.

Un autre pensionnaire est interné à Pignerol depuis juillet 1669. Un simple domestique, dit Eustache Auger, de son vrai nom Dauger. Son arrivée dans la forteresse est officiellement annoncée à Saint-Mars par le ministre Louvois. Un sergent-major de la citadelle de Dunkerque s'est chargé de son transport, resté secret.

Louvois explique que, sur ordre du roi, ce prisonnier doit être traité avec la plus grande rigueur. Il ne doit ni écrire à l'extérieur ni échanger la moindre parole avec les autres détenus. On doit préparer pour lui un cachot spécialement aménagé où personne ne pourra entrer. Un double jeu de portes l'empêchera de communiquer, par exemple avec les sentinelles.

« Il faudra, écrit Louvois [1] que vous portiez vous-même à ce misérable, une fois le jour, de quoi vivre

1. *Ibid.*, p. 292.

toute la journée, et que vous n'écoutiez jamais, sous quelque prétexte que ce puisse être, ce qu'il voudra vous dire, le menaçant toujours de le faire mourir s'il ouvre jamais la bouche pour vous parler d'autre chose que de ses nécessités. » On ne peut imaginer de secret plus absolu. Saint-Mars en répond devant le ministre sur sa tête. Rien ne doit filtrer.

Décidément Pignerol est la citadelle des secrets gigogne. Eustache Dauger est-il lié à Fouquet ? Pourquoi prendre un tel soin du silence d'un simple valet que l'on pourrait facilement faire disparaître, mais que l'on tient à conserver en vie jusqu'à sa mort, pour qu'il n'y ait aucune enquête de police sur sa disparition ? Pourquoi Louvois a-t-il commandé à Saint-Mars de placer Dauger comme domestique auprès de Fouquet à partir de 1675, mais de lui interdire tout contact avec Lauzun ? Aucune précaution n'est prise pour La Rivière, l'ancien valet du surintendant. Mais parce qu'il a servi avec Dauger, et parlé avec lui, il sera tenu toute sa vie au secret et mourra en prison longtemps après la mort de son maître.

L'intervention minutieuse, fréquente, d'un personnage aussi important que Louvois dans le détail de la garde des prisonniers de Pignerol marque toute l'importance que le roi attribuait à leur silence. En 1680, en pleine affaire des poisons, et après le décès de Fouquet, le roi décide d'affecter Saint-Mars à la garde d'une autre forteresse, celle d'Exiles. Qui gardera-t-il ? Les deux valets, Dauger et La Rivière. La consigne du secret est renforcée, ils ne doivent pas pouvoir parler.

Le ministre Louvois écrit de nouveau à Saint-Mars en 1680. Il est très étonné de ce qu'il apprend sur le valet Eustache. « Mandez-moi, dit-il, comment il est possible qu'il ait fait ce que vous m'avez envoyé, et où il a pris les drogues nécessaires pour le faire, ne pouvant croire que vous les lui avez fournies. » Dauger serait-il un de ces empoisonneurs dérobé au tribunal de l'Arsenal par le roi inquiet ? A-t-il confectionné la drogue qui mit fin à la vie du surintendant ?

Autant de mystères qui ne seront jamais élucidés. Si la mort de Fouquet avait été naturelle, si les deux valets n'avaient été les témoins ou les confidents d'actes qui devaient être cachés, pourquoi auraient-ils été, l'un comme l'autre, contraints à une surveillance rapprochée jusqu'à la fin de leur vie ?

Pourquoi les agents du roi auraient-ils facilité un attentat contre la personne du surintendant, alors qu'il devait être prochainement libéré ? Colbert seul avait intérêt à lui fermer la bouche pour toujours, mais il est exclu que le plus puissant des ministres se soit lui-même prêté à une tentative d'assassinat, sur son ennemi notoire.

L'hypothèse de l'empoisonnement de Fouquet manque de preuves. Elle ne peut être sérieusement retenue par l'Histoire. Mais les derniers moments de sa vie sont assez obscurs pour susciter des questions : pourquoi Saint-Mars a-t-il tant tardé à envoyer à Louvois les papiers trouvés dans les habits du surintendant ? Pourquoi tenait-il à ensevelir le corps avant d'informer son maître ? Associé personnellement jusqu'à la fin de sa vie à la garde des deux domestiques, Saint-Mars fut lui-même traité en mort vivant. Le secret d'État n'a pas de mémoire. Il doit être préservé pour l'éternité.

⁂

Les conditions de la détention des valets de Fouquet évoquent, au détail près, celle d'un personnage mystérieux appelé l'homme au masque de fer, dont Alexandre Dumas a fait la fortune posthume.

Mort à la Bastille le 19 novembre 1703, il avait été interné dès 1680, l'année de la mort de Fouquet, dans la forteresse de Pignerol, sous la garde vigilante de Saint-Mars. Il avait suivi son geôlier quand celui-ci avait été nommé dans une des îles de Lérins au large de Cannes, Sainte-Marguerite. Il était arrivé à la Bastille avec le même gardien en septembre 1698. Il n'avait jamais quitté Saint-Mars.

Les circonstances de sa mort étaient étranges. Il avait été enterré au cimetière Saint-Paul à Paris sous le nom italien de Marchiali. On avait brûlé tous ses objets personnels. Les murs de sa cellule avaient été grattés, plâtrés et blanchis à la chaux. On avait retiré les tomettes du sol, pour voir s'il n'y avait glissé quelque message. Par précaution, le gouverneur de la Bastille avait arraché les feuilles des registres concernant le prisonnier. Celui-ci ne devait laisser aucune trace.

Sa longue captivité anonyme avait suscité la curiosité des chercheurs dès le XVIIIe siècle. L'homme devait être dépositaire d'un secret d'État pour mériter un traitement aussi attentif. Il était impossible, comme le suggéraient quelques-uns, qu'il fût Fouquet. Le corps du surintendant, mort en 1680, avait été reconnu et enterré par les soins de la famille.

La rubrique galante prenait alors le relais : l'inconnu pouvait être, disait-on, Louis de Bourbon, comte de Vermandois, fils naturel de Louis XIV et de mademoiselle de La Vallière. Légitimé en 1669, le personnage était mort en 1683. Il ne pouvait donc être gardé à la Bastille jusqu'en 1703. Dumas, dans le *Vicomte de Bragelonne,* a imaginé que le masque de fer était un demi-frère du roi, né de l'union adultérine de la reine Anne d'Autriche avec un inconnu qui pourrait être, selon d'autres, le cardinal de Mazarin.

Une série de personnages a été imaginée par les curieux : le duc de Beaufort, qui se flattait d'être l'amant de la reine, mais il était mort au siège de Candie en 1669. Le duc de Monmouth, neveu de Jacques II d'Angleterre, révolté contre son roi, soustrait au supplice et enfermé à vie. Le révérend père Jacques de La Cloche, fils naturel du roi Charles II, témoin du traité secret conclu à Douvres entre son père et Louis XIV. On a même cité Molière, victime d'une vengeance du parti dévot après son *Tartuffe.* Le masque de fer était l'énigme à la mode. Chacun avançait une explication.

Aucune n'était plausible. La moins incroyable, plus récente, identifiait, sous le masque de l'inconnu, Marc de Jarrige de la Morelhie, gendre du médecin qui avait autopsié Louis XIII. Il se serait alors rendu compte que le roi était absolument incapable d'être père, ce qui jetait le trouble sur la naissance de Louis XIV. On ignore alors qui serait le vrai père du roi, si l'on admet que la chronologie de la carrière de Mazarin ne lui permet nullement d'être celui-là, comme on l'a vu plus haut.

Les historiens ont longtemps admis (il fallait bien rendre compte de la très réelle captivité du prisonnier masqué) qu'il pourrait s'agir d'une affaire d'agent secret. Un certain Arturo Mattioli, secrétaire du duc de Mantoue Charles-Ferdinand, aurait été chargé d'un traité secret entre son maître et le roi de France. Pour 100 000 écus, Louis XIV aurait acquis la forteresse de Casale Monferrato. Mais l'agent secret avait révélé à plusieurs cours européennes les clauses de l'accord, ce qui l'avait fait échouer. Catinat, sur ordre du roi, se serait alors saisi du traître et l'aurait fait interner à Pignerol, d'où il aurait suivi le geôlier Saint-Mars dans ses résidences ultérieures. Cette hypothèse pèche par les dates : Mattioli serait mort à Sainte-Marguerite en 1694, et non à la Bastille en 1703.

Reste la dernière hypothèse, qui ramène à l'affaire Fouquet. Le masque de fer serait en réalité le domestique du surintendant, Eustache Dauger, transféré à Pignerol[1]. On se perd en conjectures sur les raisons de son incarcération.

Était-il au courant d'un traité secret conclu à Douvres entre Louis XIV et Charles II ? Pourquoi dès lors l'avoir placé comme valet auprès de Fouquet ? Pourquoi le tenir au secret le plus absolu — c'est alors qu'il serait devenu le masque de fer — après la mort du surintendant en 1680 ? Dauger a-t-il été informé par Fouquet de secrets assez terribles pour compromettre l'entourage politique du roi ? Que savait-il de la naissance de Louis XIV ? Avait-il participé à l'empoisonnement du surintendant ? Comme l'autre domestique La Rivière, il devait mourir sans avoir pu parler. Toutefois, on ne peut en aucune manière préciser ce qu'il aurait eu à dire. L'Histoire ne l'avouera sans doute jamais.

La nature du pouvoir monarchique conduit au secret, à la vérité tronquée, déformée, enterrée. Le

1. Cette hypothèse est défendue, non sans vraisemblance, mais sans preuve, par deux historiens : M. Duvivier et G. Mongrédien, in *le Masque de fer*, Paris, 1952.

roi ne peut être absolu, dans une monarchie de droit, qu'en organisant en marge des institutions des méthodes de pouvoir personnel : police dévouée, justice « évoquée », agents de surveillance et d'intervention, relégation secrète des suspects dans l'anonymat le plus complet pour éviter le regard des contemporains, et par voie de conséquence celui de l'Histoire.

Elle ne ment pas par cynisme et provocation politique, mais par calcul et par omission. Il s'agit de dissimuler, par l'emploi d'agents secrets, les méthodes de négociations que l'on ne peut tenir au grand jour. Rien de répréhensible à ce niveau : tous les souverains d'Europe ont ces pratiques et utilisent parfois les mêmes agents. Mais les témoins de crimes ou de filiations honteuses, de dissimulations jugées utiles à l'État, de manipulations, doivent être contraints au secret, surtout s'ils ont été les témoins, les complices ou les acteurs d'assassinats.

L'État louis-quatorzien ne dispose nullement d'un ensemble cohérent d'arguments idéologiques pour justifier une politique répressive, en dehors de la religion qu'il invoque dans sa guerre contre les protestants. Quand il lutte pour imposer l'absolutisme royal, il ne peut le faire qu'en contournant les contre-pouvoirs des institutions privilégiées (les deux grands ordres, la noblesse et le clergé, ainsi que les parlements, garants des libertés provinciales), celles qui ont provoqué les troubles de la Fronde. Le souverain se sent parfaitement justifié dans sa pratique du secret.

L'Histoire n'en a sans doute retenu qu'une infime partie. Encore a-t-elle été contrainte par la destruction des preuves à n'en rien dire d'assuré, sanctionnant ainsi l'indiscrétion posthume qui n'est autre, en ce qui la concerne, que le devoir d'établir la vérité. Quelle autre raison y a-t-il de chercher à faire connaître les mensonges par omission que la raison d'État s'est acharnée, très souvent avec succès, à dissimuler ?

Chapitre 6

Les mensonges sous la Révolution et l'Empire

Sous la Révolution et l'Empire, le mensonge fut une denrée fort répandue. Aux mensonges désormais classiques s'ajoutèrent le mensonge par peur ou par illusion, une catégorie du mensonge pour raisons idéologiques, et le mensonge sur soi-même.

Lorsque la Révolution éclata en France, elle aboutit en juillet 1789 à la prise de pouvoir par les députés élus pour participer aux états généraux, soutenus et appuyés par la révolte populaire. Une situation inédite en Europe au cours de ce magnifique XVIIIe siècle, ce siècle des célèbres Lumières, à jamais associé à ces penseurs qui avaient consacré leurs jours et leurs nuits à saisir la vérité profonde du système social dans lequel ils vivaient. Ils en pressentaient l'inadaptation aux exigences d'un futur proche : la montée en puissance de la bourgeoisie urbaine que les privilèges dont bénéficiaient les élites — clergé et noblesses d'épée et de robe — ne pouvaient que brider, frustrer et donc pousser à l'opposition au régime royal, l'affranchissement progressif des hommes — pas encore des femmes — des contraintes sociales sur la base d'une volonté d'épanouissement des individus, exigences qui s'inscrivaient enfin dans une société productrice de nouveaux biens et déjà capable de libérer les forces incontrôlées et incontrôlables de l'énergie — la machine à vapeur —, de la production en série — le métier à tisser Jacquard — et de l'esprit scientifique — les travaux des chimistes Priestley et Lavoisier.

Mais en France, l'accouchement fut douloureux. Pour que cette rénovation de la société se produise, il fallait encore qu'elle se traduise politiquement, car aucune des forces sociales en œuvre dans la société française n'était capable de la mener véritablement. L'esprit de rénovation, l'esprit des Lumières appliqué à la société, se heurtait à de nombreux obstacles et handicaps. De nombreux historiens ont étudié ce phénomène de grande ampleur et de grande importance pour notre histoire et pour celle de l'Europe jusqu'à nos jours. Pour la chronologie des événements, on pourra se reporter à ma *Grande Révolution* écrite à l'occasion du bicentenaire de 1989. Grande Révolution mais aussi guerre civile. Phénomène qui n'était pas nouveau dans ce pays, puisque deux siècles plus tôt une autre guerre civile avait opposé catholiques et protestants, sans oublier, plus avant encore, la guerre de Cent Ans, cette autre guerre civile, sans oublier la Fronde un siècle plus tôt (XVIIe siècle). Mais ces guerres du passé ne remettaient en question que la personne du roi, pas la légitimité du pouvoir royal.

En 1789, il s'agissait de bien autre chose : la nature du régime politique fut mise en cause. De plus, elle le fut par des centaines, voire des milliers d'individus qui s'imposent comme des acteurs politiques. Beaucoup d'entre eux le devinrent par leur propre volonté. Ils ne sont ni les héritiers des grandes familles ni les membres reconnus des diverses institutions qui forment le tissu social des différents métiers et corporations du pays.

Ainsi la Révolution est marquée par une montée de sève extraordinaire à travers cette participation de milliers de nouveaux acteurs qui nourrissent le débat politique : élus, journalistes, membres des nouveaux cercles de pouvoir nés de l'insurrection comme les clubs, les comités ou les municipalités, etc. La période révolutionnaire est synonyme d'accès du peuple à l'âge de raison et les masses populaires entrent désormais de plain-pied dans la politique parisienne et nationale.

Dans l'enthousiasme général qui prévalait à l'Assemblée constituante, les députés de la noblesse acceptent la disparition des privilèges, durant la célèbre Nuit du 4 août. La société d'ordre, fondée sur les trois ordres, clergé et noblesse qui dominaient le tiers état, représentant de l'élite urbaine, s'effaçait au profit d'une société rassemblant des citoyens libres et égaux en droit, proclamée officiellement par la Déclaration des droits de l'homme et du citoyen (26 août 1789). La France mettait en quelques semaines l'ancienne société cul par-dessus tête. Et pas seulement en terme de hiérarchie sociale : pendant trois ans, de 1789 à la déchéance de la royauté le 10 août 1792, le pouvoir royal ne procédait plus de Dieu, mais du peuple. Ce renversement touchait également l'implication des hommes dans leur temps. Alors que le pouvoir royal procédait du passé (avec la légitimité, donc l'autorité, attribuée à la dynastie et à la naissance) et gérait le présent à partir de principes historiques (les célèbres lois fondamentales du royaume, qui, en fait, n'avaient jamais été véritablement écrites mais étaient simplement issues de la coutume), le pouvoir en période révolutionnaire s'inventait quotidiennement en voulant effacer les traces du passé afin d'imposer sa propre légitimité. Il avait également pour objectif d'ancrer dans la réalité politique et sociale, donc dans l'avenir proche, demain, des principes énoncés par les philosophes des Lumières : Voltaire, le chantre de l'anglomanie et de la royauté parlementaire, Montesquieu, qui voulait établir l'État sur la base de l'équilibre des trois pouvoirs, exécutif, législatif et judiciaire, ou Rousseau, qui en définissant le contrat social, voulait anticiper la société idéale.

Dès lors, le pouvoir devenait un enjeu quotidien et le débat politique un exercice nouveau, difficile et permanent. L'apprentissage de la démocratie s'avérait donc d'une grande difficulté. Car, à ce débat, personne n'était préparé. Il durera — après bien des péripéties — presque un siècle. Dans ce contexte original, le mensonge d'État — que les révolutionnaires avaient évidemment et immédiatement dénoncé — réapparut très rapidement. C'était l'arme du puissant, qui retentissait comme l'expression d'une faiblesse.

Comment ne pas mentir quand la société s'était enthousiasmée pour la réforme et commençait, par lassitude devant l'incertitude de l'avenir, à sombrer dans le désenchantement ou plongeait dans l'anarchie ? Et les occasions de mensonges étaient nombreuses. Imaginons cette société qui découvre la multiplicité des points de vue politiques, la multitude des regards portés sur les choses et non pas seulement concentrés sur un seul lieu de pouvoir : Versailles et sa cour. C'étaient des lieux de pouvoir multiples qui s'installaient : par exemple, à Paris, c'étaient des pouvoirs par dizaines, qui s'exprimaient simultanément sur les grands problèmes de l'heure

— des pouvoirs locaux aux pouvoirs les plus grands, les clubs, les sections, l'assemblée municipale, l'assemblée des représentants de la nation, le gouvernement.

Ces lieux de pouvoir multiples découvraient une nouvelle denrée, l'information politique. Cette information était soumise à de nombreuses déformations : déformations dues à ceux qui s'exprimaient, à ceux qui la propageaient, la colportaient. L'information, c'était, la plupart du temps, la rumeur. C'étaient des informations erronées, parfois volontairement mensongères, mais le plus souvent involontaires, fruits de l'espoir et de l'illusion auxquels répondaient les grandes journées révolutionnaires. Le mensonge était protéiforme. Le moindre événement était décrypté selon l'orientation de celui qui le captait, puis propagé dans une emphase extraordinaire. D'où l'étonnante exagération que l'on retrouve dans les récits écrits et publiés à chaud : il régnait à cette époque une ambiance de catastrophisme total, comme si chaque moment pouvait engendrer un événement unique par sa violence et sa portée. Un détachement de cavaliers d'un régiment appartenant à la maison royale s'approche de Paris et c'est, croit-on, l'armée qui va égorger tout le peuple de la capitale (à la veille de la prise de la Bastille) ; au cours d'un banquet, on annonce que, lors d'un toast porté à la gloire de la reine, un officier a, de rage et de mépris, piétiné la cocarde tricolore, et c'est tout le petit peuple de Paris qui se rend à Versailles chercher le boulanger, la boulangère et le petit mitron (journées d'octobre 1789) ; les exemples se multiplieront. Les faits bruts étaient englués dans une gangue de mensonges, qui faisait office de vérité aux yeux du plus grand nombre.

Le symbolique générait l'histoire et vice versa. La rumeur faisait son effet. Qu'est donc ce mensonge ? Certains y voyaient la manipulation des masses par des meneurs, d'autres — c'était un point de vue fort voisin — un aveuglement systématique de ces mêmes masses, d'autres encore trouvaient dans ces événements l'expression d'une immaturité congénitale des éléments populaires ou bien émettaient l'idée que l'action des forces antisociales aurait pu être matée si les fidèles du pouvoir royal avaient manifesté une ferme volonté politique. De l'autre côté, tous ces petits événements amplifiés jusqu'à l'extrême révélaient la vraie nature du régime et de tous ceux qui avaient intérêt à le défendre. Dès lors, de multiples rumeurs sur des faits secrets, des alliances contre nature trouvaient un terrain fertile pour se développer et devenir de véritables affaires. La dénonciation de l'adversaire prenait des dimensions tragiques lors de la Terreur. C'est dans ce registre qu'il faut classer des affaires comme la dénonciation par Hébert de relations incestueuses entre Marie-Antoinette et son fils lors du procès de la reine en 1793. Les accusations les plus absurdes étaient portées contre le personnel politique à partir de faits mineurs. Mensonges et affaires de police, faux complots et affabulations allaient bon train. Il n'est que de se souvenir des tentatives de déstabilisation de Maximilien de Robespierre organisées par ses rivaux dans le mois qui a précédé Thermidor (le complot de la Mère de Dieu).

La Révolution française, de bout en bout, fut une période propice au déferlement de mensonges relevant des différents types de mensonge déjà mis au jour. Pourtant, elle allait contribuer à faire naître une nouvelle dimension du mensonge idéologique, le mensonge sur soi-même, qu'on pourrait appeler le mentir-soi. Celui-ci se cristallise quand le discours qui fonde l'action révolutionnaire se trouve mis en cause par le comportement adopté. Il ne s'agit pas obligatoirement d'un mensonge volontaire, d'un mensonge stratégique destiné à couvrir une politique inavouable. Bien au contraire, ce mensonge apparaît quand l'acteur historique communique sur des valeurs acceptées comme universelles, mais qu'il n'est pas capable de mettre en pratique. Car qui affirmerait son désaccord sur les termes choisis par les révolutionnaires : la liberté, l'égalité, la fraternité qui apparaissent dans la devise française en même temps que la République pour remplacer le premier triptyque de la première phase de la Révolution (1789-1792) : la Nation, la Loi, le Roi.

Il est intéressant d'étudier de quelle manière ce mentir sur soi-même s'est imposé dans la réalité quotidienne de la politique révolutionnaire. On a pu le voir à l'œuvre lors de l'occupation des territoires limitrophes à la suite de la déclaration de guerre d'avril 1792 par le pouvoir girondin, soutenu dans cette décision par les partisans du roi. De l'été 1792, début des opérations, à mars 1793, la guerre était menée explicitement comme une campagne pour la libération des peuples. Les Belges, les Rhénans, les Suisses, les Savoyards et les Niçois étaient les premiers à en bénéficier. Il était alors question de ne faire que la « guerre aux châteaux et la paix aux chaumières ». Il n'était pas question d'imposer quoi que ce soit aux peuples libérés. Ceux-ci n'hésiteraient pas à reconnaître eux-mêmes et sans pression d'aucune sorte les bienfaits découlant nécessairement de leur délivrance de l'Ancien Régime. C'est ainsi qu'à la tribune de la Convention, à l'automne 1792, le ministre des Affaires étrangères de la République, Lebrun déclarait : « Nous ne voulons pas nous ingérer de donner à aucun peuple telle ou telle forme de gouvernement, les habitants de la Belgique choisiront celle qui leur conviendra le mieux. » Quelques mois plus tard, la Convention se faisait plus directive, car à l'angélisme premier avait succédé une autre stratégie : au débat sur la libération des peuples s'étaient surimposées les questions de la consolidation du territoire national et de la délimitation de nouvelles frontières nationales avec le ralliement des Savoyards et des Avignonnais ainsi que l'annexion des possessions des princes allemands en Alsace. Mers et océans, montagnes et fleuves étaient requis pour dessiner un hexagone parfait. Mais cela signifiait la fin des conquêtes occasionnelles et le début d'un véritable plan d'agrandissement territorial fondé sur un argument déjà défendu un siècle plus tôt par un certain Vauban. Toutefois, la morale révolutionnaire et libératrice se devait de garantir aux peuples qui habitaient ces contrées devenues stratégiques pour la jeune République un traitement différent de celui que l'on promettait traditionnellement aux peuples vaincus. Il fallait que cette agrégation à la République soit volontaire de leur part ou, si elle était effectuée sur l'insistance des Français, qu'elle fût matérialisée par une décision volontaire, un vote par exemple.

L'intervention française ne signifiait pas seulement la destruction d'un État, mais également celle d'une société d'ordre — qualifiée de féodale, pour simplifier : le poids de la défaite devait peser principalement sur la noblesse et le clergé locaux et non sur le peuple. D'où la publication de plusieurs décrets, en particulier ceux des 19 novembre et 15 décembre 1792 qui fixaient les conditions d'intervention des armées républicaines : « La Convention nationale déclare au nom de la nation française qu'elle accordera fraternité de secours à tous les peuples qui voudront recouvrer leur liberté et charge le pouvoir exécutif de donner aux généraux les ordres nécessaires pour porter secours à ces peuples et défendre les citoyens qui auraient été vexés et pourraient l'être pour la cause de la liberté. »

Lorsque cette politique avait été énoncée, elle ne se limitait pas à la juxtaposition de mots vides de sens. Elle impliquait une révolution dans la conception des opérations militaires ainsi que dans le traitement des populations civiles. Les lois de la guerre régnant jusque-là dans tous les conflits « autorisaient » une armée assiégeant une ville de déchaîner l'instinct de pillage et de meurtre contre toute cité qui avait refusé de se rendre à la moindre sommation. Contre cette tradition sanguinaire, déjà, en cette fin de XVIIIe siècle, des esprits clairvoyants et généreux avaient prévu que désormais d'autres lois de la guerre devaient être édictées. Ainsi fallait-il que les armées en campagne ne vivent plus aux dépens du territoire occupé, mais qu'elles se dotent d'une véritable logistique qui leur permette d'organiser l'approvisionnement des soldats à partir de leur propre territoire et pas seulement aux dépens des populations des pays ravagés par les combats. Les révolutionnaires adhéraient à cette conception originale et une nouvelle race de marchands apparaissait derrière les carrioles des armées en marche : les munitionnaires chargés d'organiser le ravitaillement des troupes à partir de la France, puis dans les pays occupés, sur la base d'un contrat passé avec le gouvernement français. C'est ainsi qu'ils s'engageaient à payer au prix du marché local ce qui était indispensable à l'alimentation des soldats ! Une guerre enfin propre, qui tranche complètement avec le passé, tel était le projet des hommes de 1792-1793. Une telle ambition frappa l'opinion européenne. Le grand Goethe n'écrivait-il pas : « La guerre commença, et les Français semblaient n'apporter que l'amitié... »

L'effet de surprise ne devait pas perdurer longtemps. Dès le début de l'année 1793, l'écho fraternel des discours initiaux s'affaiblissait. L'urgence et l'impréparation eurent rapidement raison des bonnes intentions. La logistique était absente et la France désorganisée. La Convention s'adressant à Dumouriez, le général en chef de l'armée du Nord, l'incitait à prendre les moyens les plus rigoureux aux dépens de tous les Belges, s'il ne réussissait pas à s'attaquer aux ordres privilégiés : « Nos besoins sont immenses, et vous êtes dans un pays dont les revenus sont grands. » Quant au représentant de la Convention en mission, le futur thermidorien Tallien, son objectif était clair derrière ces termes sans aménité pour les occupés : « La Belgique, comme toutes nos conquêtes, doit être traitée en pays conquis. Pourquoi chercher des alliés dans un pays où nous n'avons jamais trouvé un ami. » Cette déception avait été nourrie par les premiers actes de résistance des paysans belges aux réquisitions et exactions des soldats. Car aux réquisitions ordonnées par les officiers aux dépens des bourgeois des villes ou des seigneurs locaux dans les campagnes s'ajoutèrent les actions de pillage et de viol commis par les mauvais éléments présents dans certaines unités. Plus tard, sous le Directoire, l'une des missions les plus importantes dévolues aux généraux de la République sera de collecter tous les biens de valeur vers la France. Le général Bonaparte excellera dans cette tâche en Italie. Le pillage, ne nous le cachons pas, fut alors la troisième mamelle de la France !

⁂

Quand il prit le pouvoir lors du coup d'État de brumaire, Bonaparte frôla la catastrophe. D'ailleurs, il préféra que l'Histoire retienne la première des deux journées que dura l'entreprise — le 18 brumaire où tout se passa comme les comploteurs l'avaient prévu — plutôt que le lendemain, quand l'opposition de nombreux députés des Cinq-Cents contraint Bonaparte à donner la troupe et à chasser *manu militari* la représentation du château de Saint-Cloud où elle avait été rassemblée pour donner son aval au nouveau régime. Dans les jours qui suivirent, le désormais Premier consul sut retourner à son avantage le caractère désordonné de la journée du 19. L'opposition farouche des députés fut transformée en un complot des poignards, une relecture des événements qui contribua à renforcer sa légende. Ces arrangements avec la réalité, cette capacité à transformer toute situation désavantageuse à son profit sont le signe d'un grand talent, d'un maître de la communication, comme on dirait aujourd'hui. Ces nombreux petits arrangements avec la vérité des faits ont permis à Bonaparte, à côté d'un destin exceptionnel, d'élever à sa propre gloire une légende dorée.

Cette légende, la destinée de Napoléon Bonaparte, fut assez fascinante pour réunir les partisans et les adversaires de l'empereur dans un sentiment commun : il aurait agi pour le bien de la France pour les premiers ou pour le malheur de l'humanité — l'Europe s'entend — pour les seconds. Si les premiers lui pardonnent erreurs et petits mensonges, les seconds ne l'exonèrent d'aucune espèce de défaut. Grossièrement, on pourrait dire que ce dont il est responsable, c'est sans doute essentiellement de son ascension et de l'image qu'il a voulu donner de lui-même. Il a su transformer en avantage décisif tout ce qui pouvait freiner ou constituer un obstacle à sa progression. De plus, très tôt, dès son premier commandement, Bonaparte a senti l'importance de la parole et de l'image, au prix de petits mensonges pour affiner sa notoriété avant de recourir à la raison d'État pour couvrir des actions destinées à consolider son pouvoir. Des petits arrangements avec la vérité des faits jusqu'aux mensonges d'État. Deux affaires d'importance inégale peuvent illustrer ce cheminement : l'une tenant plutôt de l'anecdote — le pont d'Arcole —, la seconde de la grande histoire — l'exécution du duc d'Enghien : un point commun, dans chacune d'elles, Napoléon Bonaparte en est le principal acteur.

⁂

L'épisode du pont d'Arcole est connu mais symptomatique à cet égard. Il révèle l'extraordinaire faculté de Napoléon Bonaparte à reconstruire certains moments de son existence. Rappelons les faits. En novembre 1796, la campagne d'Italie en était à son huitième mois. Après avoir pris contact avec son armée au début de mars — l'encre utilisée pour la signature de son contrat de mariage avec la ci-devant Joséphine de Beauharnais ayant tout juste eu le temps de sécher —, le jeune général — il a vingt-six ans — s'était déjà débarrassé de l'armée piémontaise en cinq semaines en autant de combats que de victoires dans les Alpes ligures. Le 10 mai 1796, la bataille de Lodi lui ouvrait les portes de la Lombardie. Il avait rempli les promesses faites lors de sa première proclamation aux armées de la République : à ses soldats dépenaillés aux allures de gueux en armes, il offrait les riches étendues de la plaine du Pô. L'objectif était Milan. Le 15 mai, il était atteint, le commandement autrichien, surpris par la rapidité de déplacement de l'armée française et la faiblesse de son allié sarde, devait se rendre à l'évidence : le vieux général de Beaulieu donnait l'ordre à ses troupes de quitter provisoirement la province. Tout en établissant le pouvoir de la République sur la capitale lombarde, Bonaparte se projetait vers l'est avec pour objectif principal la citadelle de Mantoue tenue par les Autrichiens. Aux confins de l'ancien duché de Milan et des territoires occidentaux de la République de Venise, Mantoue commandait l'accès vers le sud et vers l'est. Sa possession était essentielle pour la domination de toute l'Italie du Nord. En pleines fêtes célébrées pour la naissance de la république sœur de Cispadanie, Bonaparte préparait sa cinquième campagne de l'année contre les troupes commandées par les généraux Alvinczy et Davidovitch. Dans son style inimitable, il proclamait le 11 novembre que lorsque « le tambour de combat aura battu, et qu'il faudra marcher droit à l'ennemi, la baïonnette en avant, et dans ce morne silence garant de la victoire, soldats ! Songez à être dignes de vous ! Je ne vous dis que deux mots, ils suffisent à des Français : l'Italie ! Mantoue ! Faisons encore une fois ce que nous avons fait si souvent, et l'empire [autrichien] ne nous contestera pas le titre de la plus brave et de la plus puissante nation du monde ! ».

Quatre jours plus tard, l'armée de Bonaparte rencontrait celle d'Alvinczy sur les rives marécageuses de l'Adige, cette rivière qui descend des Alpes depuis Bolzano et Trente pour se jeter dans le Pô. Non loin de là, Vérone et, surtout, le village d'Arcole avec ses maisons basses abandonnées par les paysans qui craignaient qu'un engagement ne ravage leurs champs situés le long de l'Alpone, le ruisseau qui arrose le village. Entre l'Adige et l'Alpone, des terres largement irriguées et des marais, sinon des marécages. Si les soldats ne voulaient pas plonger dans les nombreux canaux d'irrigation qui striaient la plaine, il fallait se maintenir coûte que coûte sur les digues et enlever les quelques ponts, points de passage obligés pour porter les attaques contre l'ennemi. Un endroit très difficile pour combattre et remporter la victoire. Bonaparte allait en faire la dure et humiliante expérience. Lors du premier jour des trois journées que dura la bataille, le second de Bonaparte, Augereau, menait ses troupes vers le pont d'Arcole dont la possession était indispensable pour prendre appui sur la rive gauche de l'Alpone et attaquer les unités autrichiennes qui occupaient le village. Voyant que ses soldats n'arrivaient pas à prendre pied assez solidement sur le pont, Bonaparte décida de prendre en main les opérations directement. Il s'empara de l'enseigne du premier bataillon des grenadiers de Paris et s'avança sur le tablier de bois du pont. Il y planta la hampe tout en s'écriant — tout du moins c'est la légende qui rapporta ces propos fiers et guerriers : « N'êtes-vous pas les soldats de Lodi ? » Mais à son grand désappointement, il ne pouvait que constater que ces soldats n'étaient pas ceux de Lodi. Il n'y avait personne derrière lui et le chef était bientôt la cible de tous les tirailleurs d'en face. Les balles fusaient. Napoléon Bonaparte devait battre en retraite précipitamment. Quelques hommes s'avançaient à sa rencontre. Quand il voulut accélérer l'allure, il trébucha et tomba à l'eau. Une position peu flatteuse pour le général en chef. L'œil noir et marqué par l'inquiétude, le chef s'extirpa des eaux boueuses et regagna la rive. Il s'empara d'un cheval et se replia vers Ronco, où l'attendait l'état-major. Deux jours plus tard, après de longs combats harassants dans le froid et l'humidité, la victoire des soldats de la République était enfin assurée. Entretemps, comme pour réaliser sa prédiction, les lauriers de l'histoire se portaient sur le front d'un jeune tambour révolutionnaire et provençal, un certain André Estienne, héros, lui, du 16 novembre. Armé de son seul tambour, bravant la mitraille qui sifflait autour de lui, il devançait son chef le sous-lieutenant Ramand de la 99e demi-brigade. Son apparition fut décisive. Les soldats autrichiens présents de l'autre côté du pont, surpris par tant d'inconscience et de courage, marquèrent un temps d'arrêt. Les Français en profitèrent pour soutenir leur petit tambour de dix-huit ans et repoussèrent les Autrichiens des abords du pont. Il faudra encore une journée de combats pour enlever la victoire. Ces deux épisodes du pont d'Arcole n'étaient pas perdus pour Napoléon. Il saura les magnifier à coups de petits mensonges. Les producteurs et les metteurs en scène reconnaîtront dans le futur empereur un des leurs. N'ayant pu devenir l'écrivain de son siècle qu'il avait aspiré d'être, Napoléon su se faire le romancier, l'enlumineur de sa propre aventure exceptionnelle. Afin de porter sur la toile — l'écran de notre époque — un exemple édifiant qui illustra sa gloire naissante, Bonaparte chargea le jeune peintre Antoine Gros de réaliser une grande œuvre. Pour un jeune général de vingt-six ans, seul un peintre aussi jeune que lui — Gros a vingt ans — pouvait rendre avec ses pinceaux ce que le général ressentait au cours de cette campagne. Il n'avait pas eu besoin d'aller chercher très loin son artiste. Gros lui avait été présenté récemment à Milan par Joséphine qui l'avait rencontré au cours de son voyage vers l'Italie. Bonaparte se prit de sympathie pour le jeune homme dont il avait admiré la facilité de travail. Comme à son habitude, Bonaparte avait lancé ses ordres à Gros, qui ne dut qu'à l'insistance de Joséphine d'obtenir quelques séances de pose pour représenter le plus fidèlement possible son modèle dans l'attitude la moins naturelle qui soit mais la plus symbolique et la plus convaincante possible. C'est ainsi que notre subconscient s'est nourri de cette image du héros en habit de général républicain, regard d'aigle tourné vers les hommes qui le suivent (mais qui sont absents de la composition), cheveux au vent et le corps ceint d'une magnifique ceinture de soie aux couleurs tricolores et aux éclats dorés brandissant un drapeau pris à l'ennemi afin d'ouvrir le chemin vers l'avenir. Le pont d'Arcole sera reproduit par d'autres grands peintres de l'époque. Ainsi Carle Vernet exécuta une *Bataille du pont d'Arcole* qui saura concilier les différentes versions : Bonaparte, drapeau tricolore criblé de trous et déchiré à la main, emmène ses troupes, accompagné d'un jeune tambour dont les baguettes roulent sur son instrument, invitant son chef au combat. Ces images seront reproduites à des dizaines d'exemplaires sur des gravures, des porcelaines, etc. Destin glorieux pour un épisode qui le fut moins. Mais la victoire transcende tout, surtout les mesquines vérités factuelles que l'on peut recouvrir des plis du mensonge.

La construction de la légende se fera au prix de ces approximations, de petits arrangements de cet ordre. Cette légende vivante perpétuellement mise en scène servait à transformer l'échec stratégique de la campagne d'Égypte en victoire de la culture et de l'ouverture à l'Orient (quel coup de génie que de réaliser la première campagne militaro-scientifique de l'histoire moderne !) et le coup d'État du 18 Brumaire (novembre 1799) en accomplissement ultime de la Révolution.

*
**

Désormais au pouvoir, le Premier consul Napoléon Bonaparte décidait de mettre en œuvre une politique de réconciliation nationale. Pour cela, il lui fallait se débarrasser des seuls obstacles à cette stratégie : les jacobins. Aussi n'hésitait-il pas à leur faire porter la responsabilité de l'attentat très meurtrier de la rue Saint-Nicaise (décembre 1800), perpétré par les royalistes. Afin de poursuivre sa politique de réconciliation nationale (signature du concordat, retour des élites émigrées), il acceptait de passer sous silence leur responsabilité afin de ne pas effaroucher les milieux royalistes. Aussi, dans l'émigration, on se plaît à penser que le général Bonaparte pourrait rétablir la royauté. Le sort réservé aux néo-jacobins est terrible, plusieurs sont envoyés en Guyane, condamnés à une mort lente sous les latitudes tropicales ou bien dans les geôles humides du fort de Rochefort, à savoir la mort pour un crime qu'ils n'ont pas commis.

Une fois les jacobins éliminés, Bonaparte s'inquiète enfin des intentions des royalistes soutenus par les Anglais. Les derniers feux de la paix d'Amiens semblaient se consumer. L'Angleterre n'appliquait pas les points du traité qu'elle avait signé. Les rumeurs de la guerre commençaient à se répandre. La paix n'avait pas réglé les raisons du conflit qui oppose les deux principales puissances européennes depuis plusieurs décennies. Le Premier consul, désormais consul à vie, renforce la présence de ses armées le long des côtes de la Manche. Le duel allait recommencer. Les royalistes de leur côté avaient perdu tout l'espoir qu'ils avaient mis en Bonaparte après Brumaire. Le coup d'État avait constitué pour eux la preuve que la Révolution était terminée et que la victoire était proche. Le prétendant, Louis XVIII, n'avait pas hésité à écrire à Bonaparte que celui-ci servirait aussi bien la France, en rétablissant le roi sur son trône, que la République, qui avait signifié son échec historique avec l'émergence du nouveau pouvoir. Mais Bonaparte avait sèchement rejeté cette invitation prétentieuse : « Il vous faudrait marcher sur 100 000 cadavres. Sacrifiez votre intérêt au repos et au bonheur de la France. »

La République était devenue le pouvoir d'un seul à travers le consulat à vie, la contre-révolution était à vrai dire convaincue que seul un coup de force réussirait à libérer le pays de celui que ses propagandistes nommaient « l'usurpateur ». Alors que dans le pays enfin la paix était revenue, elle nourrissait une politique tendant à assassiner celui qui incarnait le nouveau régime. À Londres et dans toutes les capitales de l'émigration, une lutte sourde opposait espions et agents de renseignements français et britanniques, les uns pour démasquer les comploteurs, les autres pour organiser des filières de débarquement et de camouflage d'apprentis assassins. Une lutte dont l'enjeu était la découverte du réseau Cadoudal, ce Georges qui avait juré d'éliminer l'usurpateur après avoir eu l'adoubement de Louis XVIII et du duc d'Artois et des chefs espions britanniques Drake et Spencer Smith. Alors que, en 1803, Cadoudal commençait à installer ses séides à Paris et à y préparer sa propre arrivée, Bonaparte et le chef de la police secrète Régnier étaient informés de la réalité de ses menaces par un agent double, le fameux Méhée de la Touche, qui tissait sa toile dans la capitale anglaise alimentant le Premier consul de rapports très précis sur les menées des espions anglais. De leur côté, en polissant leur réseau, Cadoudal et ses amis mentionnaient à l'occasion que leur action serait relayée par un prince français, mais sans jamais le nommer. Cette référence restée vague laissait entendre qu'il pouvait être présent lors de l'attentat ou que sitôt l'action réalisée il pourrait se présenter sur le territoire français pour rallier ses partisans et profiter du désarroi et du vide du pouvoir pour s'imposer. Informé de ces intentions, Bonaparte décida de profiter de l'occasion pour nettoyer toute opposition, qu'elle soit royaliste ou néo-jacobine — ou ce qui en restait — mais aussi simplement républicaine. Si Brumaire avait été le premier pas vers le pouvoir, le combat contre Cadoudal pouvait constituer la deuxième marche vers le pouvoir absolu. Parmi le personnel politico-militaire, Bonaparte savait que ses initiatives n'étaient pas appréciées par de nombreux officiers supérieurs, principalement ceux qui n'avaient pas combattu avec lui dans l'armée d'Italie, mais sur les frontières septentrionales et orientales : l'armée d'Allemagne avait pour héros le général Moreau. Républicain convaincu et observateur caustique de la politique de réconciliation nationale, Moreau jouissait d'une grande popularité pour sa victoire à Hohenlinden (1800), le pendant « allemand » de Marengo. De l'autre côté, du côté royaliste, on essayait également de réunir toutes les oppositions. C'est un ancien général de la République passé à l'ennemi en 1794, Pichegru, qui était chargé de contacter Moreau dans son domaine de Grosbois. Ce dernier ne fit qu'écouter le félon et ne donna pas suite à un rendez-vous proposé à Paris. Mais les allées et venues de Pichegru étaient suivies par les services de renseignement français. L'occasion était trop belle pour Bonaparte de placer dans le même sac Pichegru, Cadoudal et Moreau. Preuve à l'appui, Bonaparte décidait de faire arrêter Moreau et Pichegru. Murat, le gouverneur militaire de Paris, pouvait faire apposer sur les murs de la capitale une affiche sur laquelle étaient inscrits les mots suivants : « Cinquante brigands, restes impurs de la guerre civile que le gouvernement anglais tenait en réserve pendant la paix, parce qu'il méditait de nouveaux crimes qui avaient échoué le 3 nivôse, ont débarqué par petits pelotons et de nuit sur la falaise de Biville ; ils ont pénétré jusque dans la capitale. Georges et l'ex-général Pichegru étaient à leur tête. Leur arrivée avait été provoquée par un homme qui compte encore dans nos rangs, le général Moreau, qui fut remis hier aux mains de la justice nationale. Leur projet, après avoir assassiné le Premier consul, était de livrer la France aux horreurs de la guerre civile, aux terribles convulsions de la contre-Révolution. »

Après Moreau le 15, Pichegru tombait sur dénonciation dans la nuit du 27 au 28 février ; puis le 9 mars, c'était au tour de Georges Cadoudal, après une course-poursuite mouvementée et meurtrière en plein Paris, d'être arrêté après avoir été désarmé par des passants rue de Thionville. Durant son interrogatoire, Cadoudal avouait son projet qui était de « placer un Bourbon à la place du Premier consul ». Il signalait également le rôle qu'il devait tenir dans ce complot au sein duquel il était « établi qu'un des ci-devant princes français qui devait se trouver en France m'aurait désigné ».

Pour les policiers et Bonaparte, immédiatement informé par Régnier, l'identité de ce fameux prince français devenait essentielle. Le fait de signaler un prince présent en France semblait dédouaner les commanditaires les plus probables du complot, à savoir les frères de Louis XVI, le comte de Provence, qui depuis l'annonce officielle de la mort du Dauphin se faisait appeler Louis XVIII, et le comte d'Artois. Parmi les Bourbons, il n'y avait que les deux fils du comte d'Artois, le duc d'Angoulême et de Berry, respectivement âgés de vingt-neuf et de vingt-six ans. La deuxième grande famille, les Orléans, n'était pas comprise dans le lot pour la raison qu'elle avait pris position pour la Révolution. Il ne restait plus que la branche des Bourbon-Condé apparentée aux Orléans, qui comprenait le 8e comte de Condé, âgé de soixante-huit ans, son fils le duc de Bourbon, né en 1756 et un certain duc d'Enghien, trente-deux ans, qui présentait la particularité d'avoir combattu les armées de la République depuis une dizaine d'années, à la tête des troupes royalistes et ce plus particulièrement en Allemagne. Chef de guerre courageux et généreux, brillant en société, amateur du sexe dit faible, irrévocablement hostile au régime révolutionnaire, le duc d'Enghien était le prototype du noble guerrier que pouvait produire la société aristocratique. Il était animé d'une haine farouche et tenace envers celui qu'il appelait l'Usurpateur, tout en lui reconnaissant quelque talent militaire. Il n'était pas non plus sans quelque esprit politique : il avait prévenu ses pairs qu'il ne fallait pas qu'ils s'illusionnent : Bonaparte ne serait pas un nouveau Monk (le général anglais qui rétablit la royauté après la mort de Charles Ier), mais que le général français travaillerait essentiellement pour son propre compte. Pétri de qualités, le duc d'Enghien jouissait donc d'une grande popularité et était apprécié autant des Anglais que des Russes. Depuis la fin de la guerre, il bénéficiait d'une petite pension payée par Londres et s'était installé dans une maison à Ettenheim, un petit village situé à quelques kilomètres de la frontière française, non loin du Rhin. S'il partageait avec les contre-révolutionnaires les plus radicaux l'espoir d'une rapide délivrance de la France de l'aventurier corse, il n'avait pas manqué à plusieurs reprises de stigmatiser le type de guerre secrète que l'Angleterre avait engendrée : « C'était une guerre d'espions et d'agents doubles qui ne lui plaisait pas. Jusqu'à présent, il paraît que le gouvernement sortira vainqueur de cette crise si tant est que c'en soit une et que tout ceci ne soit pas supposé, chose que je ne sais ni ne veux savoir, car ces moyens ne sont pas de mon genre. » Mais ce propos n'avait jamais été tenu en public. Toutefois Bonaparte était informé par les nombreux espions français envoyés dans le Bade pour surveiller le duc qui pouvaient rapporter la place centrale qu'il occupait dans les esprits des émigrés. D'autant que malgré les objurgations de son père, il tenait à rester à Ettenheim non loin de sa maîtresse — ou de son épouse secrète depuis quelques mois — Charlotte de Rohan, une nièce du fameux cardinal, involontaire fossoyeur de la réputation de la reine Marie-Antoinette dans l'affaire des diamants.

Dès la fin du mois de février, Bonaparte décidait de diligenter une surveillance encore plus étroite du duc d'Enghien. Sitôt en possession du compte rendu de l'interrogatoire de Cadoudal, il établissait le lien direct entre le fameux prince français évoqué par le Breton et le duc d'Enghien. Le 9 mars, il ordonnait la chasse à l'homme après avoir entendu plusieurs autres rapports circonstanciés. Convaincu que le duc d'Enghien organise le complot sous son nez, à quelque distance de la frontière, Bonaparte s'exclame : « Suis-je donc un chien que l'on assomme dans la rue tandis que mes meurtriers seront des êtres sacrés ! On m'attaque au corps ! Je rendrai guerre pour guerre ! » Son parti était pris : « Je vais leur rendre la terreur qu'ils veulent m'inspirer. Si je pardonne à Moreau sa faiblesse et l'entraînement d'une sorte de jalousie, je ferai impitoyablement fusiller le premier de ces princes qui me tombera sous la main. Je leur apprendrai à quel homme ils ont affaire... » Sitôt dit, sitôt fait. Comme à l'accoutumée, Bonaparte, la décision prise, ne tergiversait pas. Expéditif, il n'attendra pas que le duc lui tombe sous la main. Il le ferait chercher. Il rejetait d'un revers de main les arguments que l'on pouvait lui opposer : le viol de la souveraineté d'un pays étranger. « L'électeur de Bade saura se montrer compréhensif, désirant faire connaître le droit de ses enfants de second lit, il a le plus grand intérêt à coopérer avec nous. » De plus, celui-ci ne s'était-il pas engagé à ce que les émigrés français présents sur son territoire ne se livrent à aucune menée antifrançaise ? Les préventions de Cambacérès, son principal conseiller, l'ex-deuxième consul, n'y faisaient rien. Pour Bonaparte, « la mort du duc d'Enghien ne sera aux yeux du monde qu'une juste représaille de ce qu'on tentait contre moi ». Il organisa donc lui-même l'opération et chargea personnellement Caulaincourt et Ordener de s'emparer du duc et de l'amener sous forte escorte, tout en restant le plus discret possible, à Strasbourg. En trois jours, l'affaire était pliée. Environ mille hommes avaient été mobilisés pour cette opération d'État : aux premières heures du 15 mars, le village d'Ettenheim était bouclé et occupé par la troupe en pleine nuit. Au petit matin, la maison était encerclée et malgré des velléités de résistance, le duc se rendait. En fin d'après-midi, il était incarcéré dans la citadelle de la capitale alsacienne. Presque au même moment, à Paris, Bonaparte était informé du succès de l'opération. Le lendemain, il décidait de réunir une commission militaire présidée par le général Hulin dont l'unique tâche sera d'entendre le duc d'Enghien puis de délibérer... pour lui communiquer la peine déjà fixée : la mort. Dans la nuit du 17 au 18 mars, le commandant de la place de Strasbourg se rendit auprès du prisonnier pour lui signifier son transfert immédiat vers Paris. Ses accompagnateurs étaient avertis qu'ils devaient effectuer les cinq cents kilomètres dans la plus grande discrétion. On s'arrêterait donc le moins possible. Le voyage se fit quasiment d'une traite, sans arrêt buffet. En moins de trois jours de trajet, après avoir atteint Paris, la voiture fut menée au château de Vincennes où le duc fut incarcéré le 20 mars en fin d'après-midi. Durant ces deux jours, Bonaparte avait eu le temps de dresser la liste des questions qu'il exigeait voir poser au futur condamné à mort. Il avait également dicté la procédure judiciaire que le président de la commission devait obligatoirement suivre : « Le gouvernement de la République arrête que le ci-devant duc d'Enghien, prévenu d'avoir porté les armes contre la République, d'avoir été et d'être encore à la solde de l'Angleterre, de faire partie des complots tramés par cette dernière puissance contre la sûreté intérieure et extérieure de la République, sera traduit à une commission militaire, composée de sept membres nommés par le général gouverneur de Paris, et qui se réunira à Vincennes. »

Les trois charges énoncées dans cet arrêté correspondaient aux questions — au nombre de dix — que Napoléon avait lui-même communiquées au président de la commission militaire. Le duc d'Enghien ne pouvait nier les deux premières charges : il avait combattu la République, il avait reçu — et recevait encore — subsides et pensions de l'ennemi.

En revanche, en ce qui concerne le troisième chef d'accusation, la participation du duc d'Enghien à un complot tramé par l'Angleterre, Bonaparte n'avait aucune preuve. Mais Napoléon avait franchi le Rubicon. Rien ne pouvait plus l'empêcher de faire un exemple. Adepte du mensonge/vérité, il procédait à la deuxième véritable mort symbolique depuis 1789. On peut en effet rapprocher cet exemple de celui de la condamnation à mort de Louis XVI. Onze ans après, on assista à un deuxième meurtre d'État dans le fossé de Vincennes. Si le premier avait donné lieu à un procès public opposant les représentants du peuple à l'ex-roi, le second se déroula à la lueur des torches. Il fut le théâtre d'un duel à l'aveugle auquel Bonaparte refusa de prendre part, repoussant une demande du duc d'Enghien de rencontre immédiate. Mais le duc ne fut pas sans défenseur. Car si certains des conseillers du Premier consul sauront lui signifier les désavantages politiques que ne manquerait pas de produire une telle mesure, peu auront le courage de Joséphine d'intercéder auprès de Napoléon la clémence d'Auguste. Mais Napoléon n'était pas encore empereur et il n'avait pas l'âge d'Auguste. L'intercession de l'épouse sera violemment repoussée par des propos sans aménité sur la débilité congénitale des femmes dans l'exercice de la politique.

Le 21 mars, à deux heures du matin, le corps du duc d'Enghien tombait criblé de balles au pied de la tour de la reine, dans les douves du château de Vincennes. Pourquoi se charger d'un véritable assassinat d'un prince certes pas innocent du sang de Français, puisqu'il avait porté les armes contre eux, mais qui n'était pas coupable des intentions criminelles que l'on lui prêtait. Instigateur de ce mensonge d'État,

Bonaparte aura à l'avenir plusieurs occasions d'assumer son rôle. Il ne se dérobera pas. Il ne transformera pas ce mensonge d'État en mensonge pour l'Histoire : « Si j'ai versé le sang, j'en répondrai encore mais sans colère et tout simplement parce que la saignée entre dans les combinaisons de la médecine politique. Je suis l'homme d'État. Je suis la Révolution française. Je le répète et je le soutiendrai. » Au seuil de la mort, il fit inscrire sur son testament la phrase suivante : « J'ai fait arrêter et juger le duc d'Enghien parce que cela était nécessaire à la sûreté, à l'intérêt et à l'honneur du peuple français, lorsque le comte d'Artois entretenait, de son aveu, soixante assassins à Paris. Dans une semblable circonstance, j'agirais de même. » La conclusion revient à Cambacérès : « La mort du duc d'Enghien frappa de terreur tous les esprits et affaiblit singulièrement la considération dont jouissait Bonaparte au-dehors ainsi que la confiance qu'il inspirait dans l'intérieur. Dans la suite, il a reconquis ces deux avantages, mais ce fut une grande erreur de sa part que de s'exposer à les perdre. » Ainsi le mensonge sur lequel se fondait l'élimination du duc d'Enghien — sa participation active aux tentatives d'assassinat du consul à vie — fut la vérité d'un pouvoir de plus en plus centralisé et personnalisé. Pour Bonaparte, incarnation unique de la Révolution française, l'Empire devenait la seule solution politique pour se placer, à l'intérieur, au-dessus des Français et, à l'extérieur, au-dessus des rois.

On pourrait trouver d'autres exemples de vérités contournées ou arrangées, de mensonges plus ou moins pieux et d'autres tout aussi tragiques. L'histoire de l'Empire en est pleine. Il y eut de nombreux mensonges d'État, dont nous venons de tracer l'un des plus célèbres, et des plus symptomatiques, qui constituèrent le deuxième étage de la prise du pouvoir par Napoléon Bonaparte. L'exercice du pouvoir l'amènera à en fourbir d'autres. Ils appartiennent à la petite et à la grande histoire.

Issu de la Révolution, sans laquelle il n'aurait jamais pu gravir les marches de la gloire, Napoléon sera aussi victime du mentir-vrai et du mensonge de soi. Il se mentira à lui-même lorsqu'il s'avancera seul au milieu de 600 000 soldats sur les chemins de Russie à la tête de la première armée européenne de l'histoire, au sein de laquelle il ne manquait que des Anglais et des Russes. Informé des résistances populaires — individuelles et collectives — qui se multipliaient dans les départements ou les pays alliés ou soumis, averti de la stratégie russe de fuite en arrière pour le faire s'enliser dans les étendues glacées du général Hiver, Napoléon s'était menti en surestimant les capacités de son armée, et plus grave encore l'ascendant psychologique qu'il pensait exercer sur le tsar Alexandre Ier. Il sera même la victime d'une autre mise en scène (novembre 1812), mensongère celle-là, du comte Rostopchine, gouverneur de Moscou, qui sacrifiera sa capitale en la faisant incendier pour en laisser la responsabilité historique aux troupes étrangères.

Mensonges validés par la conquête du pouvoir, mensonges justifiés par la raison d'État, mensonges sur soi-même, mensonges-illusions, la gamme des mensonges s'est largement étendue lors de cette période des plus troublées et des plus importantes de notre histoire. Ils feront école.

Chapitre 7

Les mensonges réalistes des nations

Depuis que la déclaration d'indépendance des États-Unis d'Amérique a été signée à Philadelphie le 4 juillet 1776, l'idée de nation s'est répandue dans le monde comme une traînée de poudre. Le principe de la souveraineté nationale a été affirmé en France pendant la révolution de 1789. On sait que le peuple souverain, pas plus aux États-Unis qu'en France, ne comprenait l'ensemble, hommes et femmes, de la population adulte, mais une partie seulement. Premier mensonge pour l'Histoire, seuls étaient libres et égaux en droits, seuls admis au vote, en France comme aux États-Unis, les propriétaires dotés de bons domaines.

Mais enfin les nations se constituaient sur le principe de démocraties limitées, élargies très progressivement à l'intégralité de la population adulte des deux sexes, posant en principe que toute souveraineté venait du peuple et que seuls ses élus pouvaient détenir l'autorité publique. Cela conduisait la France, suivie très lentement au cours du XIXe siècle par quelques autres États européens, à se constituer en république, et les Américains à réunir « la grande nation » qui se passait de toute épithète républicaine, pour ne pas aller trop vite et trop fort dans la voie de l'égalité, et pour sauvegarder l'autonomie des États regroupés dans l'Union.

Pour les idéologues des deux rives de l'Atlantique, faiseurs de constitutions et poseurs de principes, le contrôle de l'État par les citoyens était la règle, qui devait conduire au parlementarisme aux États-Unis et en France, assorti de la séparation des pouvoirs chez les premiers. On croyait en finir avec les régimes de l'arbitraire, royal et colonial, imposer des régimes promis à la transparence politique, où toute décision du pouvoir pourrait être remise en question.

Il n'y avait plus de place dans les calculs des législateurs pour la « raison d'État » détestée pour son machiavélisme suspect. Les Américains abhorraient les « traités secrets » et les Français les impôts non consentis par un vote du Parlement. La démocratie était un régime d'où le mensonge devait être radicalement banni. En France comme aux États-Unis, les partis *radicaux,* réputés plus exigeants, succéderaient aux *républicains,* marchant toujours vers plus de justice et d'égalité, plus de transparence dans le gouvernement des hommes.

Mais les groupements et les oppositions d'intérêts faisaient très vite dévier des principes, et la voie du mensonge fut bientôt grande ouverte. Aux États-Unis, on a beaucoup dit que la guerre civile de 1861, ou guerre de Sécession (1861-1865), était celle du Nord abolitionniste contre le Sud esclavagiste, alors que le conflit avait éclaté, non sur le principe de l'abolition de l'esclavage, mais sur une prise de position précise du président Lincoln : il ne prétendait pas empêcher les États du Sud d'utiliser leur main-d'œuvre servile dans les plantations de coton, mais seulement empêcher l'extension de l'esclavage aux nouveaux États qui venaient d'être constitués au sein de l'Union.

Tel était le véritable *casus belli*, même si par la

suite les *Yankees*, venus du Nord et grands massacreurs d'Indiens, devaient se présenter en champions innés de l'anti-esclavagisme. Ils ne l'étaient devenus que par la suite et non sans pharisaïsme : peu leur importait de posséder des esclaves dont leur économie industrielle n'avait que faire, mais ils trouvaient fort avantageux de racheter les domaines du Sud ruinés par l'abolition de l'esclavage.

Comme nous l'avons vu dans le chapitre précédent consacré à la Révolution, en 1794, la France révolutionnaire avait prétendu, après la victoire de Fleurus, libérer la Belgique et l'inciter à adopter les lois françaises. « Guerre aux châteaux, paix aux chaumières ! » disaient bientôt les libérateurs des pays frontaliers, « révolutionnant » les terres et prenant partout les biens des nobles et du clergé. Les jacobins ne libéraient que les jacobins, et le général Dumouriez, le premier, convoitait le pays qu'il venait d'occuper, la plantureuse Belgique.

Le quatuor de commissaires expédiés de Paris, dont Danton, expliquait aux Belges que la guerre de libération avait été coûteuse. Il était normal que les libérateurs se fissent payer, non sur l'habitant, mais sur les maîtres privilégiés. Le pays fut mis en coupe réglée, et l'on affirmait à Paris que Danton n'était pas le dernier à profiter de la curée.

Révolutionnée de force, la Belgique était livrée au « réalisme » national du libérateur qui bientôt parlait « d'empire français [1] » et le grand Carnot des « droits

1. La chanson « Veillons au salut de l'Empire ! » ne date pas de Napoléon, mais bien de la Révolution. Le terme était emprunté à l'Antiquité. Jefferson parlait lui de « l'Empire américain », la « grande nation » étendue aux limites du continent.

historiques de la France ». Prétendre que la Révolution n'entreprenait pas de guerre de conquête, quel mensonge ! Ce fut un jeu pour le clergé belge de mener la guerre de résistance contre les envahisseurs pillards français et de récupérer ainsi à la fois leurs ouailles et leurs biens.

Même mensonge pendant les guerres d'indépendance nationale en Europe. La maxime *Italia fara da se (L'Italie se fera par elle-même)* des révolutionnaires italiens de 1848 aboutit à l'absorption « réaliste », grâce à l'intervention militaire d'une puissance étrangère, la France — et à la suite d'accords secrets —, par la seule puissance industrielle de la péninsule, le Piémont, de l'idéologie romantique des partisans de Mazzini ou autres Garibaldi manipulés et débordés par le très réaliste Camillo Benso, comte de Cavour. L'homme d'État piémontais ment en parlant d'unité spontanée : l'Italie est en fait conquise, province après province, par les industriels de Turin, les armateurs de Gênes, les bourgeois de Milan. Le Sud devient la colonie du Nord, et Rome une enclave anachronique où le pape a son périmètre réservé.

Et de même l'idéalisme unitaire des nationalistes allemands est berné par ceux qui mentent en évoquant l'unité comme le rêve lyrique des gens parlant ensemble la langue de Goethe. Le réalisme froid de Bismarck, en trois guerres successives contre le Danemark (1864), l'Autriche (1866) et la France (1870-1871), constitue l'unité grâce à l'acier prussien de Krupp qui fabrique à la fois des rails et des canons. Les ventres creux du parlement de Francfort ont été dispersés à la baïonnette. L'unitarisme est une conquête, dissimulée par le sentiment romantique de la patrie. On a menti aux Allemands bernés par la

Prusse comme aux Toscans et aux Vénitiens livrés aux entreprises commerciales et industrielles des banques du Nord.

⁂

Bismarck est véritablement le symbole du réalisme politique utilisant le mensonge : il est à ses yeux licite d'abuser du droit et de faire triompher la force au prix des pires ruses et dissimulations, sans que l'on puisse s'y opposer. La politique est pour lui un domaine où la morale n'a rien à faire. Il a besoin d'une dernière guerre pour fonder l'unité allemande, ayant écrasé déjà le Danemark et l'Autriche. Il lui faut la France. Celle-ci doit lui déclarer la guerre la première pour que l'agresseur, qui prépare minutieusement sa campagne, ait l'air d'être agressé.

Le mensonge utilisé à cette fin par Bismarck prend le nom emblématique de la *dépêche d'Ems*. C'est le modèle d'une diplomatie *réaliste* tendant à engager une guerre en s'arrangeant, par le mensonge, pour ne pas faire figure d'agresseur.

Certains en France, comme l'essayiste Prévost-Paradol, ambitieux normalien fort imbu de ses idées politiques, envisageaient certes la guerre préventive, considérant l'Allemagne en voie de réunification comme une menace. Mais l'attaché militaire français à Berlin, le colonel Stoffel, multipliait à Paris les mises en garde. L'armée allemande, commandée par l'état-major prussien et armée de ses nouveaux canons, atteignait une sorte de perfection dans l'art de la guerre et Bismarck mobilisait déjà dans son dispositif militaire les États du Sud restés autonomes, Bade, Bavière et Wurtemberg. Une guerre les souderait inévitablement à la Prusse militaire et industrielle.

Un million de soldats bien armés et bien entraînés risquaient d'envahir la France. Le grand état-major s'y était parfaitement préparé. La menace était clairement annoncée par les soins de l'ambassadeur de France, le sagace Benedetti [1]. Paris ne pouvait l'ignorer. Toutefois les experts en cour au palais des Tuileries ou au château de Saint-Cloud, résidence d'été de l'empereur, disaient jusque dans les bureaux du ministère de la Guerre, rue Saint-Dominique : « Stoffel est un prussophile que M. de Bismarck a fasciné. »

Pourtant les voyages entrepris outre-Rhin par les généraux de l'état-major français leur avaient permis de constater que l'attaché militaire n'avait pas menti. L'Allemagne était devenue, dès 1868, un immense champ de manœuvre. Son réseau ferroviaire avait été réaménagé selon les besoins de la prochaine offensive. En France aussi, les préparatifs militaires étaient poussés, mais sans méthode comparable, avec un matériel d'artillerie très inférieur même si l'on comptait sur la nouvelle mitrailleuse, expérimentée à Meudon, pour rétablir l'équilibre.

Pour faire la guerre, la France ne pouvait compter ni sur la Grande-Bretagne indifférente ni sur la Russie traumatisée par l'insurrection de Varsovie (1862) et convaincue que la France accueillait et poussait au pire les indépendantistes polonais. Le Quai d'Orsay comptait sur l'Italie, sans se rendre compte que le gouvernement de Florence en voulait à

1. On peut suivre le détail de cette affaire dans le remarquable ouvrage de Pierre de la Gorce, *Histoire du Second Empire*, Plon, 1904, tome VI.

la France de protéger le pape toujours maître de Rome. Il espérait aussi l'aide de l'Autriche, dont l'armée venait d'être écrasée par celle de la Prusse à Sadowa, et qui n'avait aucun attrait pour un empire qui avait fait, contre elle et le pape, l'unité italienne. Seul un parti ultracatholique à la cour impériale poussait à l'alliance autrichienne. Il n'était pas, à Vienne, payé de retour.

« J'ai toujours considéré, écrirait Bismarck dans ses *Mémoires,* qu'une guerre avec la France suivrait fatalement une guerre avec l'Autriche. » Il s'y préparait donc avec méthode, joyeux de voir la diplomatie française tenue en échec dans ses tentatives d'alliance.

Il savait qu'il pouvait s'entendre avec la Russie sur le dos des Polonais et manœuvrait dans ce sens. Le tsar Alexandre II n'était-il pas le neveu du roi de Prusse Guillaume Ier ? Tous les deux étaient des militaristes impénitents, des maniaques de l'artillerie lourde. Ils ne comptaient que sur la force armée pour étayer leur politique en Europe. Le roi de Prusse se flattait de connaître personnellement tous les colonels de ses régiments. Le tsar soignait aussi la réputation de son immense armée, commandée par les grand-ducs, arborant des drapeaux à l'image de Dieu et de la Vierge. Ces rois parlaient un langage commun, celui de la conquête par la force. Dans une Europe restée monarchique, les liens dynastiques comptaient.

Précisément, en septembre 1868, une insurrection avait contraint la reine Isabelle d'Espagne à quitter son pays pour trouver refuge en France, sans grand espoir de retrouver son trône. Son fils, le prince des Asturies, n'était pas accepté par les Cortès, le Parlement espagnol. On cherchait donc à la lanterne un roi d'Espagne dans les sombres bureaux des chancelleries européennes. Il n'en manquait pas : la France, sinon l'empereur toujours hostile à la famille d'Orléans, songeait au duc de Montpensier, fils de Louis-Philippe devenu espagnol par son mariage avec une sœur de la reine. Ferdinand de Saxe-Cobourg, père du roi du Portugal, était sur les rangs. Mais on parlait aussi du prince Alfred d'Angleterre, du duc Amédée d'Aoste, de l'archiduc Charles d'Autriche. Ce concours ouvert à tout le Gotha ne préoccupait pas gravement les chancelleries. Les Espagnols avaient l'embarras du choix. Les réserves de princes dépourvus de trônes semblaient inépuisables.

C'est alors qu'un Hohenzollern se mit en piste. Léopold de Hohenzollern-Sigmaringen était un bel officier de l'armée prussienne de trente-cinq ans qui n'était lié à la famille impériale que par un lointain ancêtre du XIIe siècle. Il s'efforçait de « déprussianiser » sa candidature, mettant en avant sa femme, une Bragance appartenant à un rameau des Bourbons, soulignant, à destination de la cour de Paris, qu'il était apparenté aux Murat et qu'il était même le petit-fils de Stéphanie de Beauharnais. Un pedigree conciliant pour le neveu de Napoléon.

Mais, en mars 1869, Napoléon III faisait dire à Bismarck par son ambassadeur à Berlin, Benedetti, qu'il fallait prévenir toute candidature Hohenzollern. Elle ne serait pas tolérée en France. Du reste, les Espagnols ne la mettaient pas en avant. Le candidat, encore peu soucieux de se distinguer, partait pour la Roumanie où son frère Charles de Hohenzollern était roi.

Quant à Bismarck, il se gardait bien de dire à Benedetti que son roi soutenait son parent éloigné. Il voyait beaucoup d'inconvénients à lancer un officier allemand aussi inexpérimenté dans cette aventure espagnole. Mais il n'affirmait nullement que le roi de Prusse écartait d'entrée de jeu cette opération, considérée aux Tuileries comme dangereuse pour les rapports franco-allemands. Le prince de Bismarck venait-il de comprendre, en raccompagnant en douceur l'ambassadeur de France à la porte de son cabinet, qu'il tenait avec cette affaire de candidature, pour peu qu'il l'orientât opportunément, son *casus belli* ?

⁂

Les candidats se dérobaient, car la situation politique troublée de l'Espagne n'était guère encourageante et aucun grand pays ne manifestait l'intention de patronner un candidat de son choix. Les Espagnols ne disposaient plus que de ce Léopold de Hohenzollern qui avait rendu visite au roi de Prusse son parent, en février 1870, à Berlin.

Devant le risque de mécontenter la France, le roi se montre hésitant, mais Bismarck lui conseille alors d'accepter la candidature Hohenzollern. Il franchit le Rubicon et prend les risques d'une crise internationale qui peut aboutir à la guerre avec la France qu'il attend de tous ses vœux. Dans une Europe indifférente, seul le sentiment national français toujours facile à pousser à l'incandescence, peut en effet s'opposer à la venue d'un Prussien sur le trône d'Espagne.

Le 15 mars 1870, un conseil de gouvernement où figurent les princes de la famille royale prussienne se réunit pour présenter la candidature d'un prince allemand, selon les mots de Bismarck, « comme un devoir patriotique prussien ». Si le prince Léopold, affolé, décide de ne pas accepter, on lui substituera son frère Fritz, plus jeune et plus docile. C'est dire à quel point les Prussiens s'engagent dans la candidature Hohenzollern qu'ils rendent publique le lendemain. Quand ils s'aperçoivent que Léopold n'est toujours pas prêt, ils sont déçus. Fritz, lui, est en voyage, introuvable. Quand il est enfin mis au courant, il refuse !

Léopold décide alors de revenir au premier rang, pour ne pas décevoir les Espagnols, et surtout l'armée de ce pays, favorable, lui dit-on, à sa candidature. Bismarck lui-même écrivait au président espagnol, le maréchal Prim, pour lui dire qu'il fallait « reprendre le grand dessein ». Le 20 juin 1870, Léopold donnait son accord, sous réserve que le roi de Prusse lui accorderait au préalable son paternel assentiment. Le roi prenait alors les eaux à Ems. Il fit savoir à son parent que son engagement était son affaire, et qu'il « n'avait pas le droit de s'y opposer ». Tant de mensonges accumulés, tant de précautions oratoires, ne choquent nullement les milieux diplomatiques, habitués au langage de la dissimulation.

Au Quai d'Orsay venait d'être nommé le duc de Gramont, fougueux gentilhomme qui se nourrissait d'une double illusion, l'alliance autrichienne et la valeur de l'armée française. Quand il reçut de Madrid, le 3 juillet 1870, la dépêche de l'ambassadeur Mercier annonçant que Léopold avait accepté le trône d'Espagne, il fit aussitôt télégraphier à Berlin, pour faire savoir « que nous ne pouvons voir sans quelque surprise un prince prussien chercher à s'asseoir sur le trône d'Espagne ». Il feignait de croire que cet « incident regrettable » serait bientôt réglé, et que « le cabinet de Berlin était étranger à l'intrigue ». Attendait-il vraiment un démenti ? En ce cas, il était bien mal informé, ou peut-être poussait-il lui-même le parti de l'impératrice à la guerre.

Sa dépêche sentait la poudre. Elle tomba, en période de vacances, sur un fonctionnaire prussien irresponsable qui répondit de manière ambiguë. Oui, le roi savait. Non, cette candidature n'existait pas à ses yeux.

Bismarck, bien informé, se faisait tenir au courant de la surexcitation inespérée du duc de Gramont. Le ministre français aurait dit à l'ambassadeur d'Angleterre : « Nous ne pouvons tolérer une combinaison qui, en cas de guerre avec la Prusse, nous obligerait à immobiliser un corps d'armée sur la frontière d'Espagne. » Il évoquait déjà le conflit armé, il le tonitruait devant l'ambassadeur d'Autriche : « Cela ne se fera point, nous nous y opposerons par tous les moyens, dût la guerre avec la Prusse en résulter. »

Et il écrivait au gouvernement de Saint-Pétersbourg : « Si la Prusse insiste, c'est la guerre. » Il dit enfin à de Werther, l'ambassadeur de Prusse qui se rendait de Paris à Ems pour y rencontrer son souverain, que le gouvernement français « ne reculerait devant aucune extrémité ». L'ambassadeur, sur le quai de la gare du Nord, notait, autour des kiosques, l'empressement des Français à se disputer et à commenter bruyamment les nouvelles des journaux. La guerre s'annonçait-elle ?

Ainsi Bismarck avait bien monté son stratagème. Le ministre français marchait au tambour et affolait l'Europe. Tout le jeu du Prussien consistait à laisser à ce brave à quatre poils le soin de déclarer la guerre, pour que toute l'Europe le laisse seul, y compris l'Autriche.

Gramont poussa à son comble l'émotion en Europe par une « foudroyante déclaration » faite à la tribune du Palais-Bourbon au nom du gouvernement. « Si le Prussien ne retirait pas sa candidature », scandait-il, « nous saurions remplir notre devoir sans hésitation et sans faiblesse ». Les députés du centre étaient atterrés. « Mais c'est une folie ! » disait Thiers. Qui l'écoutait dans Paris enfiévré ? Les bellicistes manifestaient déjà dans les rues. Le palais des Tuileries était sans voix : Napoléon III se gardait de démentir Gramont, comme si l'affaire ne le concernait pas. Quant au chef de gouvernement, Émile Ollivier, il craignait, devant l'émotion de l'opinion, de paraître moins résolu que son ministre. Ainsi l'État était-il tout entier entraîné à la guerre.

Jetée en pâture au Parlement français, reprise avec émotion par la presse parisienne, la question ne pouvait trouver de solution diplomatique. On avait pour ainsi dire coupé les ponts d'avance. Les éventuels alliés autrichiens de Gramont lui faisaient observer que pour obtenir une attitude coordonnée des deux États contre la Prusse, il fallait d'abord se concerter et non jouer le fait accompli.

L'Angleterre estimait le ton de Gramont provocateur et souhaitait que l'Espagne renonçât d'elle-même à son prince de Hohenzollern. Quant à la Prusse, elle restait sur une prudente réserve, contrastant avec l'agitation des Français, et se préparait à proclamer que le roi de Prusse n'était certes pour rien dans cette affaire, mais qu'il trouverait mauvais qu'on interdît à un Hohenzollern de librement se présenter au trône d'Espagne, alors même que le roi ne le soutenait en aucune manière.

⁂

Le réalisme de Bismarck faisait merveille. Bon chasseur, il n'avait qu'à attendre, à l'affût, l'envol du gibier. Gramont poussait son ambassadeur, le placide et lucide Benedetti, à rencontrer le roi de Prusse à Ems pour lui signifier qu'il ne pouvait plus attendre. Il appartenait au roi de Prusse d'obliger (qu'il lui en « donne l'ordre », exigeait Gramont) son parent à retirer sa candidature. Attitude comminatoire, atténuée par Benedetti, mais qui n'avait pas fait sortir le roi de sa position. Comme souverain, l'affaire ne le concernait pas, répétait-il, elle était du ressort des Cortes d'Espagne qui décideraient. Comme chef de famille, il n'avait aucunement le droit de décourager le prince d'être candidat. Tout ce qu'il pouvait faire était de câbler à Sigmaringen, lieu de résidence de la famille, pour lui demander quelle serait son attitude.

Gramont ulcéré envoyait une dépêche à l'ambassadeur pour lui reprocher, comme s'il en était responsable, les atermoiements du roi de Prusse. Ceux-ci mettaient la France en retard pour sa mobilisation. L'ambassadeur devait au plus tôt clarifier la situation.

Il fut servi au-delà des espérances, mais aussi surpris. Les Espagnols avaient pris l'initiative de rendre visite à Léopold pour lui représenter l'émotion que sa candidature suscitait en Europe. Au matin du

12 juillet 1870, l'Europe apprenait avec soulagement que Léopold de Sigmaringen ne serait pas candidat au trône d'Espagne.

Le roi de Prusse ne perdait pas la face à la suite de cette renonciation. Tout risque de guerre semblait écarté. Bismarck semblait avoir abandonné la partie. Gramont devrait laisser retomber sa fièvre belliciste. Le parti de la paix triomphait.

En fait, l'agitation des esprits, les défilés de bandes excitées dans les rues, l'interpellation au Palais-Bourbon d'un député de la droite la plus aveuglément guerrière, Duvernois, poussaient à la *demande de garanties* adressée au roi de Prusse par le duc de Gramont sous la forme d'un télégramme dépêché à Ems le 12 juillet 1870, où résidait l'ambassadeur de France Benedetti.

Le communiqué du prince Antoine (le père de Léopold) de Sigmaringen paraissait insuffisant. La « dépêche du père Antoine », comme titraient avec insolence les journalistes parisiens, innocentait à trop peu de frais le roi de Prusse. Il fallait le démasquer en obtenant de lui la promesse que la candidature serait enterrée à jamais.

En vain Thiers montrait-il avec lucidité ce que cette démarche inutile avait d'insultant pour le sentiment patriotique allemand. On obligeait un souverain, fort susceptible sur la prérogative royale, à se rétracter, alors qu'il prétendait n'être jamais intervenu qu'en tant que chef de famille. La querelle, par les soins de Gramont, était repartie. Elle engageait l'avenir de deux peuples, et la paix de l'Europe.

Le 13 juillet 1870 au matin, l'ambassadeur Benedetti, sur la promenade de l'établissement thermal d'Ems, rencontra le roi de Prusse qui sortait des eaux. Surpris que les Français prétendissent lui dicter une lettre de désistement, il dit qu'il ne pouvait y consentir. Refusant toute nouvelle audience à l'ambassadeur éconduit, il ne resta pas sourd aux propos de ses conseillers secrets qui lui représentaient comme indigne d'un roi la réponse que Gramont avait suggérée sous forme de canevas à l'ambassadeur d'Allemagne.

Bismarck vit aussitôt le parti qu'il pourrait tirer de cette humiliation du souverain. La renonciation d'un prince allemand au trône d'Espagne, qui ne passionnait pas le public des journaux d'outre-Rhin, pouvait désormais servir valablement de munitions à une machine de guerre.

Encore devait-il mentir, remanier le message qu'il venait de recevoir du roi. Bismarck en avait averti l'ambassadeur d'Angleterre : la France poursuivait sa politique de revanche sur la Prusse après la défaite autrichienne de Sadowa qui avait beaucoup diminué le prestige français sur le continent. Le ton menaçant de Gramont, l'accélération des armements français, tout indiquait que l'empire souhaitait la guerre. L'Allemagne, qui avait fait preuve de modération dans la crise de succession espagnole, pouvait à son tour demander et même exiger des garanties de paix, par exemple, que Gramont désavouât son discours du 6 juillet 1870.

Restait à resserrer, à muscler le texte de la réponse du roi de Prusse envoyée à Bismarck, qui n'avait rien d'humiliant pour la France et qui pouvait permettre de réamorcer une négociation. Le roi maintenait son point de vue et ne voulait pas s'engager au-delà. Nul ne pouvait l'y contraindre. Il n'avait rien à dire de plus à Benedetti. Il se demandait s'il y avait lieu d'informer la presse de sa position. Il ne voulait pas jeter l'huile sur le feu.

Bismarck, qui conférait avec les généraux von Moltke et von Roon, était atterré par la lecture de la dépêche royale, beaucoup trop modérée pour enflammer le sentiment national allemand. Il résolut de la réécrire sur-le-champ, puisque Moltke venait de lui dire qu'il valait mieux « ouvrir promptement les hostilités que de traîner en longueur ».

Sous la plume de Bismarck, la dépêche d'Ems, communiquée aussitôt à la presse mondiale, devint : « L'ambassadeur français a adressé à Ems à Sa Majesté le roi la demande de l'autoriser à télégraphier à Paris que Sa Majesté le roi s'engageait à tout jamais à ne point permettre la reprise de la candidature. Là-dessus, Sa Majesté le roi a refusé de recevoir encore l'ambassadeur, et lui a fait dire par l'aide de camp de service qu'Elle n'avait plus rien à lui communiquer. »

Bismarck ne changeait rien au contenu réel de l'entrevue, telle qu'elle avait été rapportée par le roi. Mais il lui donnait un ton provocateur, capable, dit-il, « de produire sur le taureau gaulois l'effet du drapeau rouge ».

L'effet fut immédiat : « À Berlin, écrit Pierre de la Gorce [1], nul ne douta que l'ambassadeur n'eût insulté le roi, de même qu'à Paris, nul ne douterait le lendemain que le roi n'eût insulté l'ambassadeur de France. » La guerre devenait inévitable par cette « imposture à double effet ». Le Premier ministre français Émile Ollivier, pacifiste profond mais résolu à prendre son parti de la situation, devait déclarer :

1. *Op. cit.*, p. 284.

« Nous acceptons cette responsabilité d'un cœur léger. » Bismarck n'en espérait pas tant.

⁂

Voilà donc un mensonge au service du *réalisme* qui va permettre à Bismarck, ayant vaincu la France, de proclamer le premier Reich allemand dans la galerie des Glaces du palais de Versailles (janvier 1871) et d'engager l'Europe sur la voie des rivalités nationalistes. Il s'est servi du bellicisme non contrôlé de Gramont et du clan de l'impératrice pour dresser un piège aux Français. Il y a parfaitement réussi. Plus que jamais le mensonge diplomatique, les entrevues et les traités secrets, vont être le pain quotidien des chancelleries, jusqu'à prétendre faire dépendre la paix du continent d'un système d'équilibre des alliances. L'usage du mensonge ou du double langage devient courant, le réalisme de Bismarck fera école au point de pousser en 1897 la République française radicale et laïque dans les bras de l'empire le plus autocratique d'Europe avec l'alliance franco-russe.

La pratique du réalisme des alliances permet tous les dévoiements. L'alliance russe une fois conclue, la France doit à tout prix, à n'importe quel coût, la maintenir, la conforter, ce qui permet au gouvernement russe de pratiquer avec constance le chantage financier.

Les emprunts russes sont placés sur la place de Paris au taux alléchant de 6 % soi-disant pour développer la Russie, en fait pour construire les usines d'armements et les chemins de fer stratégiques qui permettront à ce pays de devenir en cas de conflit généralisé un allié efficace. Mais comment contrôler l'emploi de ces fonds ? Ils sont en partie affectés à financer la presse française, et de Witte, le ministre russe, n'a pas pour politique de servir les intérêts français. On ment aux petits porteurs parisiens qui achètent les emprunts russes sans connaître la situation réelle du pays, et les alliés se mentent entre eux.

Sitôt monté sur le trône d'Allemagne en 1888, l'empereur Guillaume II, soucieux d'assurer des débouchés à son pays dont l'explosion industrielle étonne l'Europe, prétend sauvegarder les intérêts commerciaux allemands au Maroc, contrariés par les menées françaises. En fait, il veut la tête du ministre des Affaires étrangères français Théophile Delcassé, maintenu presque constamment au Quai d'Orsay de 1898 à 1905. Celui-ci est le principal artisan du resserrement de l'alliance russe et de la conclusion en 1904 de l'Entente cordiale avec la Grande-Bretagne, qui laissait aux Français les mains libres au Maroc. En 1905, la crise déclenchée au sujet du Maroc n'est destinée qu'à permettre au gouvernement allemand d'intervenir dans les affaires intérieures françaises et d'obtenir le renvoi d'un ministre gênant pour la grande politique de l'Allemagne.

En habit de cuirassier blanc, le 30 mars 1905, Guillaume II a débarqué à Tanger, affirmant la présence de son pays dans le royaume chérifien. Il déclare que l'Allemagne (qui possède des colonies en Afrique) est prête à garantir l'indépendance de ce pays, ce qui lui concilie l'opinion anticolonialiste américaine, favorable au libre-échange commercial et hostile aux empires protégés. Le président des États-Unis Théodore Roosevelt, ardent colonialiste dans l'espace américain, interviendra pour la première fois dans les affaires européennes, et se fera représenter à la conférence de règlement de l'affaire marocaine à Algésiras. Comme l'empereur allemand, il a une double politique.

L'empereur exige la démission de Delcassé et refuse la proposition de négociation directe formulée par la France. Le ministre des Affaires étrangères français doit-il partir ? Le président du Conseil Rouvier déclare avec superbe : « Je ne puis pas faire tomber M. Delcassé sur un froncement de sourcils de l'Allemagne ! »

En fait, Rouvier négocie en cachette avec les Allemands, ce qui est contraire aux usages républicains. Il ment à Delcassé, il ment à son propre cabinet, au nom du réalisme politique. Il a le devoir de tirer le pays de l'ornière, face à la menace d'une guerre dans laquelle il ne veut pas s'engager. Il l'explique aussi bien à Clemenceau qu'à Jaurès, à Ribot qu'à Briand, les principaux leaders d'opinion et chefs parlementaires. À cette date, nul ne conteste qu'entrer dans un conflit avec l'Allemagne est suicidaire. La France n'est pas prête et ses alliés sont incertains. Même Loubet, président de la République, ne défend pas Delcassé, préférant l'humiliation à la défaite.

Le plan de guerre allemand, préparé par le comte von Schlieffen, est de 1906. Il est destiné à réagir contre la menace d'encerclement de l'Allemagne par l'alliance franco-russe, qui vient de s'ouvrir à l'Angleterre (l'Entente cordiale en 1904) et peut accepter l'Italie depuis les accords favorablement conclus par Delcassé (1902-1903). L'isolement diplomatique contraint l'Allemagne en surpuissance industrielle à se lancer dans une politique d'armements classiques, et bientôt navals, ce qui angoisse la Grande-Bretagne. La *Weltpolitik*, ultraréaliste, n'hésite pas à employer la menace pour obtenir des avancées spectaculaires sur tous les continents où la *Kriegsmarine* veut être présente.

Elle provoque forcément des effets de recul des États qui refusent de prendre le risque d'un conflit généralisé. La guerre russo-japonaise (1905) a démontré la faiblesse de l'armée tsariste. Même si elle est en train de se reconstituer, l'armée française n'est pas en état d'affronter une agression sur sa frontière de l'Est, même après la provocation allemande d'Agadir en 1911, avec l'envoi par les Allemands d'une canonnière sous le prétexte de défendre ses intérêts commerciaux. Joffre l'a dit franchement à Caillaux, le président du Conseil. Alors qu'en 1905 le gouvernement s'était débarrassé de Delcassé en restant en place, en 1911, la nouvelle « humiliation » provoque la chute du cabinet Joseph Caillaux, remplacé par Raymond Poincaré.

Le double langage reprend, à la limite du mensonge. Poincaré proclame que sa politique est de maintenir la paix, mais qu'il n'est pas question d'accepter un nouveau « diktat ». Il engage une politique de réarmement.

Quand il est élu président de la République, en 1913, il ne désigne à la Chambre, comme présidents du Conseil, que des hommes décidés à maintenir la loi sur le service militaire de trois ans, qui seule permet d'envisager une guerre contre l'Allemagne. *Réaliste*, il a compris que l'adversaire se préparait activement et que la France ne pouvait plus reculer. Mais il a tenu le langage de la paix jusqu'au bout, comme Bismarck, ayant beau jeu de constater que les Allemands, en occupant la Belgique sans déclaration de guerre, avaient violé, en août 1914, le droit international. Par un paradoxe constant, il convenait de parler obstinément de paix quand on préparait la guerre. La leçon de Bismarck avait été retenue.

Quand, pour la première fois, Guillaume II, qui a toujours jusque-là retenu son allié, assure l'empereur d'Autriche, lors de la crise provoquée par l'attentat de Sarajevo (26 juin 1914), qu'il le soutiendra jusqu'au bout, cette attitude est tenue secrète, comme si l'Allemagne aussi voulait user du double langage pour rejeter toute responsabilité dans le déclenchement du conflit européen.

Pour l'empereur qui envisage sérieusement le risque de guerre, il s'agit d'éviter que son partenaire ne se dérobe, qu'il ne s'humilie dans une affaire de Serbes. Il ment en donnant à penser qu'il partage les angoisses de son voisin, dont l'empire menace d'exploser sous la pression des revendications nationalistes slaves. Il ne s'intéresse qu'à l'appui militaire des divisions autrichiennes et de leur artillerie, dans l'embrasement du monde qui s'annonce à grands pas.

Au temps où les nations sont dressées les unes contre les autres pour des affrontements mortels, nul responsable ne tient un autre discours que celui du réalisme mensonger. Il est devenu monnaie courante dans les rapports entre États.

⁂

Ce réalisme constitue la toile de fond du plus grand mensonge de l'histoire de la IIIe République, l'affaire Dreyfus : pour défendre l'honneur de l'armée et des généraux placés à la tête de l'institution militaire, on laisse condamner un innocent au bagne à vie, en lui enlevant toute possibilité de se défendre par des pratiques qui devaient se révéler frauduleuses. Pour éviter une crise politique, on empêche par tous les moyens la révision de son procès. On prend ainsi le risque, l'accusé étant israélite, de réveiller l'antisémitisme alors fort répandu dans l'armée, la presse et la nation, et d'engager la France dans un conflit politique majeur, qui se développe jusqu'à mettre en danger le régime républicain lui-même.

Le capitaine Dreyfus est sorti de l'École polytechnique et de l'École de guerre. Alsacien, originaire de Mulhouse ayant opté en 1871 pour la France, c'est un patriote zélé, un officier exemplaire. Ses origines et sa formation tranchent avec celles des officiers généraux sortis en grande majorité d'une brillante école confessionnelle catholique, les Postards de Versailles [1], des jésuites qui préparent l'entrée des élèves à Polytechnique et à Saint-Cyr.

Les hauts cadres de l'armée estiment insupportable que l'état-major se risque à recruter en dehors de leur milieu. Quand une affaire d'espionnage est signalée à l'attention du service de renseignements, on soupçonne aussitôt le capitaine Alfred Dreyfus, sans autre preuve qu'une dictée improvisée par le colonel d'Aboville, un antisémite notoire, permettant de comparer les écritures et qui fait l'objet d'analyses contradictoires des experts. « Un juif ! dit le colonel alsacien Sandherr, chef du service des renseignements de l'armée, j'aurais dû m'en douter. »

Comprenant que les preuves manquent, le service s'acharne à nourrir le dossier, car la presse antisémite se déchaîne en exigeant qu'on livre le coupable à l'opinion. Le capitaine a été arrêté le 15 octobre

1. De l'école de la rue des Postes.

1894. L'Affaire a vraiment commencé le 27 septembre quand le service a reçu, provenant de la corbeille à papier de l'attaché militaire Schwarzkoppen, de l'ambassade d'Allemagne, un *bordereau* prouvant qu'un officier français d'artillerie trahissait et livrait des informations à l'ennemi.

D'où l'épreuve de la dictée : il faut très vite trouver un coupable. *La Libre Parole,* journal antisémite de Drumont, dûment informée par un des nombreux lecteurs de l'armée titre : « Haute trahison ! Arrestation d'un officier juif ! » Et *le Figaro,* organe de la droite distinguée, suit le mouvement le 1er novembre 1894, en parlant prudemment de « sérieuses présomptions ». À cette date, depuis deux longues semaines, le capitaine Dreyfus est soumis au secret, sans pouvoir se défendre.

Le colonel Sandherr n'a pas manqué d'informer son ministre, le général Mercier, en temps utile, de l'existence de fuites. Tous les états-majors d'Europe modifient à cette époque leurs plans de guerre en raison de l'alliance russe et du redéploiement qu'elle implique, en particulier pour l'Allemagne. Les services d'information se développent. Il faut savoir ce que prépare l'Allemagne, qui a nommé von Schlieffen à la tête du grand état-major (1890).

En France, la mise au point du nouveau canon de 75 mm par le colonel Duport et le capitaine Sainte-Claire-Deville date de 1894. Deux ans plus tôt, le capitaine Baquet a fait tonner sur le polygone de Vincennes ses pièces lourdes de campagne de 120 et de 155. L'ennemi ne doit en connaître les caractéristiques à aucun prix. Pourtant, précisément, plusieurs des documents incriminés par le *bordereau* concernent ces innovations techniques, dont le frein d'artillerie, qui permet le tir rapide des pièces de campagne. La fuite est inquiétante. Par Sandherr, le gouvernement est saisi, puis le président de la République. L'arrestation de Dreyfus est devenue une affaire d'État.

Au Parlement, la majorité de la droite « patriote » exige un coupable. Le général Mercier est considéré par l'extrême droite comme un « politicien sans conscience ». On prétend le pousser à conclure l'Affaire. « Je ne veux pas, dit le ministre des Affaires étrangères Gabriel Hanotaux, qu'on m'accuse d'avoir pactisé avec la trahison. »

La presse antisémite est alors très puissante. Elle ne se limite pas à *la Libre Parole* : « *Le Petit Journal*, explique le penseur révolutionnaire Georges Sorel, *la Patrie, l'Intransigeant* s'adressaient à ce menu peuple que le boulangisme[1] avait déjà essayé de soulever contre l'aristocratie républicaine et qui avait été fortement ébranlé par les révélations relatives à Panamá[2]. » Le mensonge aura ses organes dévoués de diffusion, relayés par la presse catholique, alors dirigée par la congrégation des Assomptionnistes, et qui compte plus de cent publications dans le pays, dont *la Croix* de Paris et les *Croix* de province, à parutions quotidiennes.

1. D'abord soutenu par les radicaux de gauche, le général Boulanger, ministre de la Guerre, était devenu l'idole révisionniste de la droite. Il avait été difficile de l'écarter du pouvoir. Ses partisans attendaient de lui un coup d'État et une révision autoritaire de la Constitution.

2. La Compagnie française de Panamá, créée par Ferdinand de Lesseps pour ouvrir en Amérique un canal transocéanique, avait connu des déboires financiers qui l'avaient contrainte de solliciter des emprunts à lot que le Parlement avait dû voter. On avait acheté les voix d'une centaine de députés et du ministre des Travaux publics.

En 1892, *la Libre Parole* a publié une série d'articles très violents, intitulée « Les juifs dans l'armée ». Le journal applaudit bruyamment le marquis de Morès qui a tué en duel le capitaine Mayer, un officier juif. Il faut chasser « ces gens-là » de l'armée, comme de l'université et de la politique.

La violence de cette presse antisémite semble emporter toutes les réserves. Lyautey s'en indignera : il écrit à sa sœur, dans ses *Lettres du Tonkin* de 1895, qu'il déplore « la pression de la soi-disant opinion ou plutôt de la rue, de la tourbe, de celle qui est toujours emballée à côté. Elle hurle à la mort, sans savoir, contre ce juif parce qu'il est juif et qu'aujourd'hui l'antisémitisme tient la corde, comme elle hurlait il y a cent ans : les aristocrates à la lanterne ! et en 70 : à Berlin ! ». *Le Figaro,* marchant au canon, publie une interview du général Mercier, ministre de la Guerre. Il se hâtait d'affirmer que Dreyfus devait être condamné, avant même que le jugement ne fût rendu.

« Dreyfus n'est pas coupable. Cet imbécile de Mercier s'est mis, une fois encore, le doigt dans l'œil. » C'est le général Saussier qui fait cette confidence au nouveau président de la République bientôt démissionnaire, Casimir-Perier. *La Libre Parole* avertit ses lecteurs, le 1er novembre 1894 : « L'Affaire sera étouffée parce que cet officier est juif. » C'est un appel au lynchage. Si l'armée ne fait pas prompte justice, si le gouvernement l'en empêche, la rue sera saisie.

Lors de l'ouverture du procès, le 19 décembre 1894, il est alors facile au gouvernement modéré de Charles Dupuy de demander de siéger au conseil de guerre à huis clos. Le président de la République s'est déchargé de l'Affaire sur le président du Conseil

Charles Dupuy, qui l'a déléguée au ministre de la Guerre Mercier, qui l'a passée lui-même aux officiers commandant le service de renseignements.

Ils sont chargés d'instruire le dossier pour obtenir l'unanimité des juges. Ils y réussissent en recourant à une forfaiture : pendant le délibéré, un dossier secret constitué par le service du colonel Sandherr est communiqué aux sept officiers du jury. Ni Dreyfus ni son avocat n'en ont connaissance.

Par une série de mensonges insaisissables, le prévenu est condamné au bagne à vie. Le 5 janvier 1895, il est dégradé dans la cour de l'École militaire, alors qu'il proclame son innocence. Qui l'écoute ? Personne. Mercier se flatte d'avoir réglé l'Affaire, le gouvernement s'en réjouit. L'ex-capitaine Alfred Dreyfus prend le bateau pour la Guyane. L'Affaire est bien bouclée : pour faire revenir l'innocent de l'île du Diable, il faudra faire la preuve que l'armée a menti.

***

Dès lors, la raison d'État est engagée dans le mensonge : elle s'oppose de toutes ses forces à la réhabilitation. Elle prétend qu'une remise en cause du procès de 1894 discrédite l'armée en mettant en question l'honnêteté et le patriotisme du haut commandement.

En fait, le doute provient du service de renseignements lui-même, appelé la « section de statistique ». Le colonel Picquart vient d'être nommé à sa tête. Il découvre le dossier secret pendant l'été de 1895, parce qu'il vient de recevoir un « petit bleu » (télégramme) dérobé dans les corbeilles de l'ambassade d'Allemagne.

Le document est adressé au commandant Esterhazy, un officier d'artillerie criblé de dettes, mais bardé de protections dans la presse, la politique et l'état-major. Picquart établit que l'écriture d'Esterhazy est celle du bordereau. Tenant le coupable, il avertit ses chefs.

La raison d'État intervient aussitôt. Il n'est pas question d'ouvrir le dossier sans porter atteinte à l'honneur de l'armée. Le colonel Picquart est prié de se taire. « Si vous ne dites rien, personne ne le saura », lui dit-on : magnifique illustration du mensonge par omission.

De son côté, la famille de Dreyfus est au contact avec un journaliste et écrivain, Bernard Lazare, qui cherche à établir l'innocence du capitaine. Quand la presse publie le texte du bordereau, que personne n'avait pu consulter en dehors des juges, Matthieu Dreyfus, le frère du condamné, et Bernard Lazare sont convaincus de l'existence d'un traître qui n'est pas Dreyfus.

Ils sont aidés par Picquart. Avant de partir en Tunisie, où le gouvernement l'a nommé pour l'éloigner, il s'est confié à l'avocat Leblois, qui a alerté Scheurer-Kestner, vice-président du Sénat, ancien sénateur du Haut-Rhin et protecteur naturel des Alsaciens au Parlement. Les preuves de la culpabilité d'Esterhazy étalées par Leblois sont aveuglantes. Le vieux sénateur se dit « terrassé ». Il informe de vive voix le président de la République Félix Faure, qui ne donne pas suite. Le chef du gouvernement Jules Méline, leader des modérés opportunistes qui tiennent la majorité à la Chambre répond à Scheurer-Kestner à la tribune, le 4 décembre 1897 : « Il n'y a pas d'affaire Dreyfus. »

Ce refus péremptoire d'ouvrir un procès en révision tient, à coup sûr, au désir des dirigeants politiques de protéger l'armée. Quand le général de Pellieux, pour couper court à toute campagne révisionniste, traduit en conseil de guerre le commandant Esterhazy, le tribunal reprend la thèse avancée par le commandant Henry, du service de renseignements : on a fabriqué des faux pour dénoncer un faux coupable, le commandant Esterhazy.

L'auteur de ces faux, accuse Henry, est le colonel Picquart, rappelé de Tunisie. Il sera mis aux arrêts, enfermé au mont Valérien et Esterhazy triomphalement acquitté le 11 janvier 1898. La forfaiture l'emporte encore.

La Chambre a précisé la position de la majorité qui ne songe qu'aux élections de 1898. Elle risque de perdre si elle est divisée par l'affaire Dreyfus, comme le sont déjà les familles françaises. « La Chambre flétrit, dit un ordre du jour, les meneurs d'une campagne odieuse entreprise pour troubler la conscience publique. »

Le 13 janvier 1898, Émile Zola publie dans le journal de Clemenceau *l'Aurore* un article intitulé « J'accuse ! » où il dénonce le personnel politique, président de la République en tête, d'avoir couvert le mensonge et d'avoir commis une forfaiture. Puisque le pouvoir ne veut pas rouvrir le dossier Dreyfus, il veut être lui-même accusé, afin de pouvoir produire les preuves de l'innocence du capitaine et de la culpabilité d'Esterhazy.

Zola, le 20 janvier, est traduit en cour d'assises pour diffamation du ministre de la Guerre Billot. Il se dresse seul contre la raison d'État, contre la puissance publique, attaquant l'armée, « l'arche sainte » au nom de la vérité.

Le président du tribunal qui juge Zola a reçu des consignes et il les suit : le procès ne doit en aucun cas déboucher sur l'affaire Dreyfus, aussi le président Delegorgue répète-t-il inlassablement, à chaque demande de témoignage, « la question ne sera pas posée ». Zola est lourdement condamné [1], Picquart rayé des cadres, Esterhazy acquitté par un tribunal militaire réuni pour éviter la comparution du coupable devant la justice civile.

Le débat, désormais, est posé sur la place publique. Les socialistes reconnaissent enfin l'importance politique d'une affaire qui met en question les droits de l'homme contre la raison d'État. Les intellectuels constituent des ligues pour s'opposer aux ligues antidreyfusardes, nationalistes et antisémites [2]. La vraie bataille d'opinion, avec manifestations et combats de rue, est engagée « pour la vérité ». L'État républicain est responsable de ce mensonge.

Il en est de même de l'armée. Au cours du procès Zola, l'ultimatum du chef d'état-major de l'armée de Boisdeffre était un modèle de chantage : « Vous êtes le jury, disait-il, vous êtes la nation. Si la nation n'a plus confiance dans les chefs de son armée, dans ceux qui ont la responsabilité de la défense nationale, ils sont prêts à laisser à d'autres cette lourde tâche. » Comment les membres du jury pourraient-ils

1. Zola fut condamné à 3 000 francs d'amende et un an de prison.

2. À la Ligue des antisémites de Guérin, à la Ligue de la Patrie française qui regroupe de nombreux académiciens s'oppose la Ligue pour la défense des droits de l'homme et du citoyen, fondée en juin 1898.

hésiter ? Les élections donnent raison à la sage politique du gouvernement : les députés de la majorité sont généralement reconduits.

Triomphant, le nouveau ministre de la Guerre Cavaignac monte à la tribune pour afficher les preuves de la culpabilité de Dreyfus. Il étale ainsi le faux dossier constitué par Henry en 1896. Enthousiasmée, la Chambre vote l'affichage du discours. Enfin Dreyfus est confondu, l'armée remise définitivement à l'abri de tout reproche. Mais l'affaire s'accélère durant l'été 1898.

À la demande du ministre, un capitaine antidreyfusard, Cuignet, fait l'analyse des pièces. Il découvre le 13 août un faux grossier d'Henry. Incarcéré le 30, celui-ci se suicide le lendemain dans sa cellule du mont Valérien. Le général de Boisdeffre démissionne, le colonel Picquart est libéré, le commandant Esterhazy en fuite, le ministre Cavaignac s'en va lors du changement de ministère le 1er novembre. Le ministère tombe juste après avoir pris la décision de saisir la Cour de cassation le 29 octobre, qui déclare recevable la demande de révision de Dreyfus. Y aurait-il une justice en France ?

***

La raison d'État n'a pas renoncé. Elle rentre par la fenêtre. Henry, explique-t-on, a confectionné une fausse pièce parce qu'il ne pouvait pas produire la vraie, qui aurait conduit à la guerre. C'est la théorie du « faux patriotique ». Elle permet aux anti-dreyfusards de poursuivre leur agitation, en évoquant une intervention de l'empereur d'Allemagne dans l'Affaire, prétendument accablante pour Dreyfus, et que le souverain a toujours démentie. Il a même fait intervenir son ambassadeur, le comte von Munster, dès le 5 janvier 1895, pour expliquer que le Kaiser n'est absolument pour rien dans cette affaire et qu'il ne connaît pas Dreyfus.

Les rumeurs sur le dossier secret sont si insistantes que les prises de position politique se multiplient, comme si les députés avisés quittaient le navire modéré de Jules Méline pour rechercher des rivages au sec. Raymond Poincaré, bruyamment et soudainement, « soulage sa conscience » : « Quel serait le patriotisme, dit-il, s'il ne résidait essentiellement dans le respect de nos traditions nationales de justice et de liberté ? » Un juriste comme Poincaré est indigné des obstacles accumulés pour freiner les travaux de révision de la Cour de cassation.

Celle-ci avait décidé d'engager « une instruction supplémentaire » confiée à sa chambre criminelle. Une campagne de presse se déchaîna contre les « filles de brasserie » de la Cour de cassation. Le président de la chambre civile, Quesnay de Beaurepaire, avait démissionné en demandant le dessaisissement de la chambre criminelle, qui prétendait apporter la vérité sur l'Affaire.

Cet avocat général républicain, qui avait jadis requis contre le général Boulanger et envoyé l'anarchiste Ravachol à la guillotine, voulait défendre jusqu'au bout l'armée et éviter tout discrédit au tribunal militaire. Le président de la cour d'appel, Mazeau, chargé d'enquête, disait au gouvernement qu'il était sage, « dans les circonstances actuelles que traverse le pays, de ne pas laisser à la chambre criminelle la seule responsabilité de la sentence ». La Cour de cassation jugeait toutes chambres réunies selon les vœux du président Mazeau.

La chambre criminelle, soupçonnée de sympathie dreyfusarde et roulée dans la boue par la presse antisémite, était donc dessaisie officiellement par un vote du Parlement, après l'avis de la Cour.

Ce dessaisissement sans précédent était un défi au droit et empêchait la vérité de se faire jour, puisque la Cour était dans sa majorité hostile à la réouverture du procès Dreyfus. Félix Faure mourut, et le nouveau président Loubet apprit une bonne nouvelle : la Cour de cassation, réunie dans son entier le 3 juin 1899, après le rapport de Boillot-Beaupré, avait décidé de renvoyer le condamné Dreyfus devant un conseil de guerre à Rennes. La justice civile n'était pas saisie, l'armée ne pouvait pas se plaindre. L'accusé serait de nouveau traduit devant des juges militaires. Le mensonge pouvait continuer.

Chacun pensait que le nouveau procès innocenterait Dreyfus. À la surprise générale, il fut de nouveau condamné, mais sa peine réduite à dix ans de détention. Son avocat, Labori, avait été victime d'un attentat dans les rues de Rennes. La ville était secouée par le procès, envahie de manifestants débarqués du train de Paris. L'iniquité de la sentence indignait aussi bien les dreyfusards que les antidreyfusards.

Seules des pressions sur le jury expliquaient ce jugement indéfendable. Si Dreyfus était innocent, l'armée devait reconnaître qu'elle s'était trompée. Mais à aucun prix, elle n'acceptait de convenir qu'elle avait menti. Son honneur était en jeu, malgré l'ignominie des procès successifs. Elle estimait qu'elle ne devait pas être désavouée pour la seule raison qu'elle était l'armée française, celle de la nation. Le deuxième jugement de Rennes lui donnait, en somme, satisfaction et sauvait son amour-propre.

C'était en fait un déni de justice qui reposait sur le mensonge. Clemenceau s'en indignait, demandait que l'on aille jusqu'au bout, que l'on juge sur le fond. Waldeck-Rousseau, le chef du gouvernement, ne songeait qu'à rétablir l'ordre, surtout dans l'armée, à affaiblir la presse catholique, à frapper les antisémites ligueurs et à sauver Dreyfus du bagne même au prix d'une cote mal taillée. Il tolérait de nouveau le mensonge de la culpabilité, assorti d'une grâce présidentielle. La réhabilitation serait très tardive (1906). Un brillant officier de l'armée française aurait eu sa vie entière brisée par une canaillerie de l'administration de l'armée, couverte par le pouvoir politique jusqu'au bout, au nom de la raison d'État.

Le marquis de Galliffet, célèbre pour sa répression sanglante de la Commune de Paris, est appelé rue Saint-Dominique pour tenir solidement l'armée. Il y réussit fort bien, au prix de quelques mutations. « Il faut choisir, disait Barrès, Dreyfus ou les grands chefs ! » Waldeck-Rousseau se soucie peu des chefs, mais sauve à la fois Dreyfus et l'armée. « L'incident est clos, dit Galliffet, vive l'armée, celle qui n'appartient à aucun parti, mais seulement à la France ! »

Pour Clemenceau, il n'en est rien. L'affaire Dreyfus a porté atteinte aux valeurs de la démocratie. Le mensonge s'est installé au cœur de l'État : « Ce qui est incroyable, écrit-il, ce qui est nouveau, ce qui est désespérant, c'est que les forces d'opposition supposées gardiennes de l'idéal se soient retournées contre le droit humain, contre la justice et même... contre les saintes garanties de la loi. » Indigné par le jugement de Rennes, il écrit alors rageusement : « Les ministres de Waldeck-Rousseau se font les complices des bandits... Ils ajournent la volonté, ils ajournent le courage et ils appellent cela gouverner la France [1]. »

***

De son côté, infatigable et tenace, la famille devait se pourvoir en révision et obtiendrait finalement satisfaction. Picquart serait nommé ministre de la Guerre dans le gouvernement de Clemenceau qui déclarait après la grâce présidentielle de Loubet : « Après avoir soulevé tout un peuple pour la justice, il est immoral de l'inviter à retourner chez lui avec la grâce d'un individu. »

Rentrant au Parlement en 1902 à la suite de la révolution dreyfusienne dont il avait été le bénéficiaire politique [2], Clemenceau croisait dans le milieu parlementaire un inconnu venu de la Sarthe, qui y avait battu aux élections le duc de La Rochefoucauld-Doudeauville. Ce Joseph Caillaux, fils d'un ministre de droite du gouvernement du duc de Broglie avant le 16 mai 1877, était alors un républicain progressiste proche de Poincaré. Il devait être victime quelques années plus tard d'un autre mensonge cynique de la République, d'un crime politique perpétré cette fois par Clemenceau, mais toujours au nom de la raison d'État.

Depuis 1902, Caillaux et Clemenceau avaient suivi des chemins opposés : le premier, venu de la droite,

---

1. *L'Aurore,* 17 novembre 1899.
2. Exclu du Parlement à la suite du scandale de Panamá qui l'avait injustement éclaboussé, Clemenceau avait retrouvé un poste de sénateur du Var.

avait évolué vers la gauche radicale, et le second, de celle-ci vers la droite patriote. Ils s'étaient rencontrés quand Clemenceau président du Conseil avait choisi l'inspecteur des finances Caillaux comme ministre pour mettre en chantier l'impôt sur le revenu, projet rejeté par le Sénat en mars 1909.

Écarté de la dernière mouture du ministère Clemenceau quatre mois plus tard, Caillaux s'était remis en scène en 1911 comme ministre des Finances, toujours chargé de l'impôt sur le revenu, dans un cabinet Monis, avant d'être appelé au pouvoir, en juin 1911, par le président Fallières. Mais une seconde crise marocaine avait conduit, après l'affaire d'Agadir, à une négociation que Caillaux avait menée directement avec l'Allemagne, échangeant le « bec de canard » du Congo (rétrécissement territorial à l'embouchure du Congo et occupé par Cabinda et la République démocratique du Congo) contre la liberté d'action pour la France au Maroc. Clemenceau avait obtenu la chute du cabinet en accusant Joseph Caillaux d'avoir conduit « une négociation secrète », sans le ministre des Affaires étrangères de Selves.

Dans le combat pour la loi de trois ans de service militaire, Clemenceau et Poincaré s'opposaient à Caillaux et Jaurès. Les deux leaders de la gauche, radicale et socialiste, devaient gagner ensemble les élections de mai 1914, hostiles à la loi de trois ans, mais la menace de guerre avait conduit Poincaré à imposer, par une stratégie d'instabilité ministérielle contrôlée, le maintien de la loi, même s'il avait dû accepter en échange le vote de l'impôt sur le revenu. Caillaux avait été balayé par la vague poincariste soulevée par la menace de guerre. Président du

Conseil, le Lorrain s'était fait élire en 1913 à l'Élysée et avait réalisé en août 1914 *l'union sacrée* de tous les partis contre l'agression allemande de la Belgique et de la France.

Clemenceau avait été constamment dans l'opposition pendant la guerre, critiquant vertement les gouvernements et même l'état-major, avant d'être appelé au pouvoir par Poincaré, le 16 novembre 1917, après le mouvement de mutineries qui avait touché l'armée (juin). Le journaliste Capus, du *Figaro*, avait indiqué le 2 novembre que Poincaré n'avait pas le choix : soit il appelait son vieil ennemi Clemenceau pour conduire la guerre jusqu'à la victoire, soit il rappelait Joseph Caillaux, partisan, disait-on, d'une paix blanche sans annexions. Le président lorrain avait choisi, même s'il lui en coûtait, de placer à la tête du gouvernement son vieil adversaire Georges Clemenceau.

Cette nomination tenait beaucoup à la crainte de l'Élysée et des milieux dirigeants de voir se développer un état d'esprit pacifiste nourri par le découragement moral qui s'était fait jour durant l'année 1917 au front mais surtout à l'arrière. Un regroupement politique était nécessaire, comme en Allemagne ou en Grande-Bretagne pour conduire la guerre à son terme alors que les révolutions russes de février et de novembre libéraient soixante à cent divisions allemandes, capables de se porter sur le front de l'ouest.

Lloyd George en Angleterre, Clemenceau en France se concertèrent avec le président des États-Unis Thomas Woodrow Wilson, entré dans la guerre depuis avril 1917, pour organiser la défense commune contre la ruée allemande prévisible dans un proche avenir. En France, un des aspects de l'opération survie était le réarmement moral par élimination des « traîtres », espions, journalistes achetés par l'Allemagne et parlementaires compromis. Par la technique de l'amalgame, on recherchait aussi une tête pour recevoir de plein fouet, même au prix du mensonge, la responsabilité du pacifisme démobilisateur. Joseph Caillaux correspondait à cette image. Il fut aussitôt choisi.

On admet alors le glissement de la responsabilité politique vers la responsabilisation pénale. Faute de pouvoir attaquer Caillaux au Parlement bien que celui-ci soit en minorité, mais où il dispose de beaucoup d'amis, il doit être convoqué par la justice, pour obtenir des aveux devant un tribunal et le condamner. Inutile d'évoquer désormais la raison d'État. Il s'agit d'un procès politique en période de guerre, nourri de toutes pièces par le pouvoir.

Sans doute le procès est-il difficile à instruire. Il faut faire la preuve que Caillaux, ainsi que son collègue Malvy, ministre de l'Intérieur, sont compromis dans des affaires de trahison, qu'ils ont été partie prenante de ce que l'on appelle alors le « complot pacifiste ».

Un courant minoritaire de la SFIO, depuis que Lénine a proposé la paix aux Allemands, se dit en effet partisan d'arrêter la guerre par une action commune des prolétariats. La minorité pacifiste du parti socialiste est rassemblée autour de Jean Longuet, petit-fils de Marx, dans le Comité pour la défense du socialisme international. Les longuettistes, au congrès SFIO du 28 mai 1917, ont réussi à rallier les majoritaires de leur parti à l'idée d'une rencontre internationale des socialistes de pays belligérants à

Stockholm. Il s'agit d'étudier ensemble les moyens d'imposer la paix, sans buts de guerre ni ambitions territoriales.

Ribot avait répliqué au Parlement : « La paix ne passera pas par Stockholm, mais par la victoire. » Pourtant deux tentatives de paix séparée avaient alerté les pacifistes. En février-mars 1917, le prince Sixte de Bourbon-Parme, lieutenant dans l'armée belge mais frère de l'impératrice d'Autriche Zita, avait établi un contact entre l'empereur Charles, son ministre le comte Czernin et les gouvernements alliés. En mai de la même année, la tentative avait échoué en raison de l'intransigeance italienne mais Poincaré, Ribot et Briand avaient été mêlés à l'affaire. On pouvait les accuser d'avoir saboté la paix.

Encore plus quand Briand avait, semblait-il, projeté de rencontrer le baron de Lancken, chargé d'affaires allemand en Suisse. Poincaré et Ribot s'étaient opposés à cette négociation secrète. On avait fait espérer aux Français une discussion possible avec l'ennemi sur l'Alsace et la Lorraine. En fait, comme on le sut plus tard, il n'en était rien et l'état-major allemand restait inébranlable. Mais la presse pacifiste pouvait utiliser les bruits de négociation contre les gouvernements de guerre et ne s'en privait pas.

***

Caillaux n'était en aucune mesure lié à ces ébauches de négociations. Son nom n'était pas prononcé. Mais on pouvait, dans les rangs de la droite patriote, qui constituait, avec le centre, la majorité de

Clemenceau, accuser les gouvernements d'avoir recherché clandestinement des ouvertures.

Aussi Painlevé et Ribot avaient-ils dû faire preuve d'énergie pour poursuivre les parlementaires accusés de sympathie pour la thèse de la paix blanche. Clemenceau, en juillet 1917, avait obtenu la tête du ministre de l'Intérieur Malvy. Il venait de faire arrêter le pacifiste Almereyda, directeur du *Bonnet rouge*, qui bénéficiait des subventions du ministère. La police avait fait la preuve que le directeur touchait de l'argent d'un banquier allemand, Marx, par l'intermédiaire de deux agents, Duval et Marion, qui avaient des contacts à Genève. Malvy avait tenté d'étouffer l'affaire en rendant à Almereyda un chèque saisi par la police. Le ministre avait alors suspendu le *Bonnet rouge*, sentant le vent du boulet. Duval et Almereyda furent arrêtés. Ce dernier sera retrouvé mort dans sa cellule.

Le 31 août, le ministre Malvy, au pouvoir place Beauvau depuis le début de la guerre, démissionna pour assurer sa défense. En octobre 1917, suite à cette affaire qui remuait le Parlement en profondeur, le gouvernement Ribot chuta. Caillaux était alors associé dans l'opinion à Malvy et dénoncé comme traître. Revenu au pouvoir en novembre, Clemenceau trouva l'affaire sur son bureau de la rue Saint-Dominique.

Il devait en outre se préoccuper très vite du cas Turmel. Ce député radical-socialiste venait d'être jeté en prison. Maire de Loudéac, en Bretagne, membre de la commission de l'armée à la Chambre, il était accusé d'avoir livré aux Allemands des plans militaires français. On avait trouvé dans son vestiaire de député une enveloppe de 25000 francs suisses. Il aurait reçu des sommes beaucoup plus importantes.

Ni Turmel ni Almereyda n'étaient des proches de Joseph Caillaux. Pourtant Turmel se flattait de suivre sa politique. Mais un ami du député de Mamers, le sénateur meusien Charles Humbert, directeur du *Journal*, une feuille à grand tirage, était compromis dans une autre affaire, celle de Bolo, surnommé « pacha » par le khédive d'Égypte. Sur le compte en banque de cet aventurier, la police avait découvert un crédit de neuf millions de marks versés par la Deutsche Bank à une banque américaine. Bolo était en prison et le premier président du tribunal de la Seine, Monier, avait été révoqué pour avoir pris sa défense.

Avant l'arrivée de Clemenceau au pouvoir, le 13 novembre 1917, Charles Humbert avait été inculpé. Il se serait servi de l'argent allemand de Bolo pour acheter des actions du *Journal* à deux intermédiaires, Lenoir et Desouches, eux-mêmes payés par les Allemands. On assurait que les espions ennemis se servaient de petites annonces publiées dans le journal. La ligne politique de ce quotidien de grande diffusion n'avait pas changé, mais l'argent allemand avait une odeur, et les inculpés passaient pour connaître Caillaux. La rumeur d'un complot s'amplifiait.

Avec l'aide d'Édouard Ignace, sous-secrétaire d'État à la Justice militaire, Clemenceau ouvrait les dossiers, étudiant la possibilité d'une action politique vengeresse de grande envergure. Il muta les préfets et quelques magistrats. Il fallait désigner une tête à l'opinion publique exaspérée par les affaires qui se multipliaient. Dans l'esprit du « Tigre », seul Caillaux pouvait passer pour un traître crédible. On ne pouvait se contenter, pour relever le moral de la nation en guerre, d'un Bolo Pacha ou d'un Turmel. Le président Poincaré attendait autre chose d'un gouvernement qu'il avait désigné pour mener énergiquement la lutte contre la trahison. Abattre Joseph Caillaux par tous les moyens devient une affaire d'État.

L'ancien président du Conseil s'était effacé de la scène politique depuis le procès de son épouse Henriette, qui avait en mars 1914 assassiné dans son bureau le directeur du *Figaro* Calmette. Elle l'accusait de harceler son mari par des campagnes incessantes et de vouloir le détruire par tous les moyens. Caillaux avait réussi à sauver sa femme. Il avait été bientôt accaparé par la campagne contre la loi de trois ans qu'il avait menée aux élections du printemps aux côtés de Jean Jaurès.

Incorporé en août dans l'armée, à sa demande, bien qu'il eût plus de cinquante ans, il avait été reconnu sur les boulevards en uniforme et insulté en plein Paris. À partir du 4 novembre 1914, il avait quitté l'armée pour partir en mission au Brésil, d'où il avait gagné l'Uruguay et l'Argentine.

Aussitôt, la presse française l'accusa d'y avoir rencontré des agents allemands. Rentré dans son département de la Sarthe en 1915, il s'était occupé d'œuvres de guerre avant de partir en famille pour l'Italie en 1916, sous une fausse identité. Au moment des premières offres de paix discutées avec les empires centraux, il fut accusé de prendre langue avec les hommes politiques italiens et d'intriguer pour la paix. Quelques contacts imprudents avaient alerté l'ambassadeur de France Barrère, mais pas au point d'envisager une expulsion. Caillaux était seulement sous surveillance.

En juillet 1917, il avait risqué une rentrée politique en prononçant dans son fief de Mamers un « discours-programme » dans lequel il se déclarait « pour la guerre de la démocratie », celle du président Wilson, « pour la victoire contre l'impérialisme odieux, insolent et brutal ». Il écartait l'idée de toute paix blanche. Il était soutenu par la Ligue des droits de l'homme, par ses amis de la presse Jacques Dhur, de *l'Éveil,* Gabriel Séailles, de *la Dépêche de Toulouse,* et Victor Basch, du *Pays*.

À l'arrivée de Clemenceau au pouvoir, en novembre, son image politique restait honorable et recueillait de plus en plus l'attention de ceux qui recherchaient désespérément une alternative à la guerre. On pouvait deviner qu'il soutiendrait la conception américaine de la paix, et nul ne pouvait prouver, bien que les malveillances se multiplient dans les journaux, qu'il avait approché les traîtres inscrits sur la liste maudite. Arrêter Caillaux était impensable.

***

Pourtant Clemenceau en rêvait. Comment attaquer de front celui qui plaidait tous les jours contre « la dictature de la calomnie » et qui demandait « une direction de guerre plus énergique » ? Caillaux n'avait-il pas le front de se présenter au Parlement comme un recours ? N'avait-il pas conservé son autorité au parti radical ? Il n'avait pourtant pas la moindre chance de réussir, car il devrait, pour tenter de reprendre le pouvoir, en appeler aux voix socialistes, qui désormais se tenaient à l'écart de « l'union sacrée ». Clemenceau s'apprêtait à abattre un adversaire politiquement impuissant.

Va-t-il poursuivre Caillaux dès son investiture ? Il s'en défend à la tribune du Parlement, quand il est questionné par le socialiste Barthe : « Est-ce que j'ai, dit-il, à m'occuper de l'inculpation d'un tel personnage ? Ce n'est pas mon affaire. Si je le faisais, je serais indigne d'être à cette tribune, à quelque titre que ce fût. » Mais il promet à ceux qui ont commis « des crimes contre la France » de les déférer en conseil de guerre, sans prononcer de noms.

Le commissaire du gouvernement Mornet[1] prend la responsabilité d'attaquer Caillaux devant le IIIe conseil de guerre. Un dossier des plus minces qui ne contient aucune preuve de trahison. Caillaux est seulement soupçonné d'avoir rencontré en Italie des chefs politiques de l'opposition comme Cavallini, un pacifiste en relation dans le passé avec Almereyda et Bolo. Cavallini et ses amis sont seulement hostiles à leur gouvernement, c'est-à-dire à la politique de guerre. Que Caillaux recherche leur compagnie est l'aveu scandaleux qu'il est, lui aussi, partisan de la paix. Poincaré souhaite des poursuites immédiates et enrage des atermoiements du Tigre : frappera-t-il Caillaux, oui ou non ?

Jeanneney, conseiller proche de Clemenceau, affirme à Poincaré que son patron a bien l'intention de poursuivre. Le 21 novembre 1917, il promet la Haute Cour à Caillaux et Malvy. En fait Malvy est le premier poursuivi. Il a demandé lui-même à comparaître devant la Haute Cour, pour avoir l'occasion de se

1. Le même Mornet, procureur général, nourrira l'accusation contre Pétain dans le procès du Maréchal, après la Libération.

défendre lors d'un procès public. Une commission est désignée, Malvy sera bien jugé par ses pairs. Il sera convoqué « sans préjuger sa culpabilité ».

On prend avec l'ancien ministre de l'Intérieur tous les ménagements. Mais on laisse en même temps Maurice Barrès évoquer dans *l'Écho de Paris,* « le maître du Bal », le chef du réseau de trahison politique, Joseph Caillaux. Le gouvernement se sert de la presse patriote de droite en lui laissant dire ce qu'il pense en secret, pour préparer l'opinion.

Une solution comparable à celle qui a fini par être retenue pour juger Malvy pourrait régler l'affaire Caillaux. La Haute Cour lui éviterait des peines lourdes. S'il passait devant un conseil de guerre, il serait difficile aux juges de le condamner, mais on leur donnerait la possibilité de nourrir le dossier avec leurs méthodes contestables et secrètes. Clemenceau ne veut pas ouvrir, avec Caillaux, une nouvelle affaire Dreyfus. Beaucoup de ministres sont réticents, à commencer par Ignace, le sous-secrétaire d'État à la Justice, qui « ne croit pas à la complicité de Caillaux dans le sens pénal du mot ». On ne peut donc risquer qu'un procès politique. On s'apprête à mentir, pour mieux discréditer.

« Je suis un homme politique, affirme Clemenceau à Poincaré le 4 décembre, qui poursuit un autre homme politique. » Rien de plus. Caillaux doit pouvoir se défendre. Le Tigre est un duelliste, pas un assassin. Il se donne le beau rôle. Mais son collaborateur Jeanneney impose une solution moyenne. Si la Haute Cour est bien l'instance imposée, l'instruction de l'affaire Caillaux sera confiée à la justice militaire. On veut être sûr que les charges seront portées au maximum, que rien ne sera négligé. Le général Dubail, gouverneur militaire de Paris, reçoit donc le dossier Caillaux aux fins de poursuivre en demandant la levée de l'immunité parlementaire de l'accusé.

Clemenceau s'est décidé à la « lessive » générale. Il l'explique à Poincaré dès le 1er décembre 1917, deux semaines après son entrée en fonction. Il veut marquer sa rentrée aux affaires d'un coup d'éclat : « Il faut laver tout à la fois, dit-il, il faut tonifier le pays. Tout le monde connaît la besogne de Caillaux, tout le monde demande que nous agissions. » Le prévenu va pouvoir parler au Parlement. Refusera-t-il de s'expliquer ? Va-t-il pulvériser les accusations ?

Deux voix seulement s'opposent à la levée de l'immunité parlementaire, en particulier celle du socialiste Pierre Laval. Soixante-seize députés socialistes s'abstiennent. Les radicaux francs-maçons du Comité Mascuraud refusent de publier le discours de défense de Caillaux.

L'immunité une fois levée, l'accusation ne traîne pas et moins encore l'arrestation préventive. Clemenceau a frappé fort : l'ancien président du Conseil est arrêté le 14 janvier 1918 à son domicile de la rue Alphonse-de-Neuville par le commissaire Priollet, transféré à la prison de la Santé et mis au secret absolu, dans une cellule éclairée de jour et de nuit, comme un prévenu de droit commun particulièrement dangereux.

***

Qu'a dit Caillaux ? Qu'il demandait, comme Malvy, à être jugé par la Haute Cour. Il a rappelé les sombres affaires montées contre Clemenceau pendant le scandale de Panamá. Niant d'avance toutes les charges présentées contre lui, peut-être sait-il que Clemenceau a dit aux membres de la commission de onze parlementaires chargée de statuer sur la demande de levée de l'immunité : « Nous ne sommes pas en état de faire la preuve, nous apportions des présomptions, rien de plus[1]. »

Caillaux n'a pas caché s'être « penché sur le problème de la paix... la paix durable s'entend, la paix des peuples, la paix humaine ». Il faut la rechercher au-delà des champs de bataille, « marier à la solution militaire la solution diplomatique ». Briand n'a-t-il pas voulu rencontrer le baron de Lancken ? Poincaré n'a-t-il pas mis le doigt dans la négociation du prince Sixte de Bourbon-Parme ? Où est le crime ?

Le crime est de donner à penser qu'une négociation est possible, alors qu'elle ne l'est pas, pense Clemenceau. Il triomphe : « Caillaux est à la Santé, en pleine santé ! » Il a en poche un télégramme allemand envoyé de La Havane à Berlin, déchiffré et transmis par l'ambassadeur des États-Unis. Il est recommandé, disent les autorités allemandes, de traiter Caillaux « avec égards mais sans ostentation ». Si son paquebot est torpillé, les sous-mariniers doivent le sauver. Le télégramme est vieux de trois ans, qu'importe ? Il nourrira le dossier.

Les officiers chargés de l'instruction piétinent. Le capitaine Bouchardon, magistrat dans le civil et le lieutenant Mornet, avocat général à la cour d'appel de Paris mobilisé dans la justice militaire, ont du mal à obtenir des pièces de l'étranger. Seuls les Italiens

1. Cité par Jean-Denis Bredin, *Joseph Caillaux*, Hachette, 1980, p. 242.

répondent. Les Américains sont lents, quant aux Argentins et aux Suisses, ils refusent de collaborer.

Quand les enquêteurs obtiennent de Rome l'ouverture d'un coffre-fort ayant servi à Caillaux dans un hôtel de Florence, ils croient avoir enfin progressé. Mais ils sont déçus : le dossier intitulé de la main de Caillaux *Rubicon* est tissé de considérations générales sur le pouvoir. Pas de complot, pas de coups d'État, mais un projet de réforme des rapports du commandement militaire et du pouvoir civil. Aucune collusion avec Bolo Pacha et les traîtres. Pas de preuves. Clemenceau traite Caillaux de « bandit » dans le privé, mais désespère d'aboutir par les moyens d'une instruction normale. Le renard de Mamers défie la justice militaire.

Qu'importe ! Prisonnier à la Santé, il est politiquement vaincu. On n'a même pas besoin de mentir pour l'accabler. Poincaré s'impatiente, pas le Tigre. Il a sa victoire politique, son « effet d'annonce » meurtrier, permettant de tenir à distance, à travers Caillaux, le pacifisme. Pour le reste, rien ne presse.

Ignace, son ministre dévoué, accuse Caillaux de disposer dans Paris d'une « garde corse » qui espionne les policiers, les précède, brouille les traces, menace les témoins. Les différentes pistes des enquêteurs s'enlisent les unes après les autres. Elles s'avèrent fort décevantes : les publications de la presse américaine portent sur d'anciennes affaires peu convaincantes. Le coffre-fort de Florence ne contient pas de billets de banque. On parle d'un autre coffre en Suisse, mais il est impossible de prouver que Caillaux se soit rendu dans ce pays récemment. Poincaré lui-même, en février 1918, convient que les charges sont faibles. Les socialistes attaquent à la tribune, la presse pacifiste se déchaîne. Faut-il renoncer ?

Quand Bolo Pacha est condamné à mort le 14 février 1918, les instructeurs de l'affaire Caillaux n'ont pas progressé. Ils ont confronté sans résultat l'ancien président du Conseil et l'aventurier avant son exécution. Quand le prévenu est intoxiqué dans sa cellule par une sole frite le 25 février 1918, l'avocat Ceccaldi, député radical de l'Aisne, affirme que le traiteur l'a laissé empoisonner. Le directeur de la Santé fait alors cadenasser les paniers-repas.

Les avocats de Caillaux, dont maître Demange, ancien défenseur de Dreyfus, maître Moro-Giafferi, le député socialiste Marius Moutet, contestent toutes les pièces versées au dossier et leur client ne perd rien de sa morgue, comme s'il était sûr de sortir de l'affaire à son honneur. Il provoque l'instruction en exigeant une expertise de sa fortune. Bouchardon, surpris, lui donne l'occasion de prouver qu'il n'a jamais touché un sou de qui que ce soit. Les avocats démontrent que les textes des télégrammes livrés par l'Amérique ont été mal traduits à dessein. Que Caillaux ait rencontré des agents de l'ennemi n'est pas niable, mais il les a éconduits. Qui peut prouver le contraire ?

Quand les Allemands attaquent le 21 mars 1918 sur le front franco-britannique avec leurs divisions ramenées de Russie, l'affaire passe au second plan, avec son contingent de mensonges. Clemenceau n'a plus de raisons de ménager Caillaux, encore moins de s'en servir. Si la presse pacifiste le défend, qu'elle prenne garde : « Ah ! Les caillautistes relèvent la tête ! dit-il à un député socialiste. Eh bien ! Qu'ils ne se fassent pas d'illusions ! Si les Boches avancent encore un peu, je le fais fusiller dans sa cellule à la Santé[1]. » Et l'ancien ministre caillautiste Messimy, devenu officier dans l'armée, commente tristement : « À une heure où tant de millions d'innocents versent leur sang et donnent leur vie, le fait qu'un ancien président du Conseil aura passé six mois en prison me paraît menu, très menu, très menu. »

Dès lors l'affaire Caillaux traîne en longueur. Les journaux de gauche attaquent plus le gouvernement Clemenceau à propos des grèves qu'ils ne songent à défendre Caillaux dont ils savent qu'il n'est pas sérieusement attaqué, et que son procès n'est plus d'actualité.

Il n'est repris, après la signature de la paix de Versailles et l'élection de la chambre « bleu horizon » qu'en février 1920 au Sénat, dans une atmosphère parlementaire tendue. Le Sénat américain a refusé de ratifier le traité de Versailles et la paix, à peine signée, est compromise. Il n'est de nouveau question que de la sécurité de la France.

Le Sénat partage avec la Chambre le même constat : la paix manquée, la responsabilité allemande de la guerre et la nécessité d'obtenir des réparations. De nouveau, la condamnation des « traîtres » est utile politiquement : il ne s'agit pas, moins que jamais, de ménager les amis de la paix avec l'Allemagne. Joseph Caillaux est en première ligne, il doit payer. Le Sénat constitué en Haute Cour le condamne à trois ans de prison et à la privation de ses droits civiques.

La roue tourne. La politique extérieure de la France se détend après le retour de la gauche au pouvoir aux élections de 1924. Caillaux est amnistié

1. Cité par Jean-Claude Allain, *Caillaux,* t. II, p. 215.

purement et simplement. Il retrouve son siège de député à Mamers et devient de nouveau ministre des Finances en avril 1925. Pour lui, la page est tournée.

***

Il reste que l'utilisation du mensonge a permis à son adversaire Clemenceau de l'éliminer par voie autoritaire de la scène politique, le temps de gagner la guerre. Et, bien que les officiers instructeurs n'aient jamais réussi à monter contre lui une accusation cohérente, il n'a pu cependant quitter la prison de la Santé, même s'il disposait de soutiens au Parlement et dans la presse.

Le verdict du Sénat, en 1920, s'explique par les données politiques crispées de l'après-guerre. On fixe la peine à trois ans parce qu'elle correspond *grosso modo* au temps de prison préventive de l'accusé. Il sortira libre du Sénat après le verdict. Il ne s'agit pas d'une vendetta mais de la mise au clair d'une politique de persécution qui n'a plus lieu d'être poursuivie, à condition que la privation des droits civiques pour une durée de dix ans empêche encore Caillaux de développer sa politique d'entente avec l'Allemagne que la majorité « bleu horizon » rejette à la Chambre comme au Sénat.

Le spectacle, avec Caillaux, est permanent. Portant monocle, le crâne luisant, il ne plaide pas, mais il attaque, en parlementaire, en ténor de la politique. Son assurance fait plaisir à voir, comme si la prison ne l'avait nullement marqué. Il plaide non coupable d'un bout à l'autre, traitant avec mépris la machination politique des sbires de Clemenceau. Plus de cent témoins sont cités, aussi bien « l'agent de liaison », l'espionne Thérèse Duverger, que des anciens ministres, Viviani ou Augagneur, des ambassadeurs, des journalistes, les dactylos du *Bonnet rouge* et le contrôleur de l'express Modane-Paris. Le dernier appelé est le député Pierre Laval. « Je crois à l'innocence de M. Caillaux », lance-t-il.

Le procureur général Lescouvé attaque sur trois axes : l'accusé ne croyait pas en la victoire, il n'a pas suivi la politique de guerre du gouvernement, il ne s'est pas gardé d'aider indirectement l'ennemi. Il ne s'est pas abstenu, comme c'était son devoir, d'aucune manœuvre, intelligence et correspondance. Il s'est rendu coupable, non par esprit de lucre mais « par ambition personnelle et par le crédit dont il jouissait en Allemagne en raison de son passé [1] ».

De la sorte Lescouvé retrace l'itinéraire de la « trahison », depuis le voyage en Amérique du Sud, en passant par les tentatives de paix séparée avec les Allemands, les contacts en Italie, le plan de subversion du pouvoir en France. Pour l'accusation, Caillaux n'avait cessé de préparer la paix séparée avec l'Allemagne et d'en diffuser l'idée. Il était coupable « d'intelligence avec l'ennemi et de manœuvres et machinations tendant, indépendamment même de leurs mobiles personnels, à favoriser les entreprises de l'ennemi, crimes relevant des articles 77 et 79 du code pénal ».

Les avocats avaient eu beau démonter pièce par pièce les éléments du dossier, et Caillaux lui-même se défendre comme un diable, le verdict indiquait clairement que le mensonge avait porté et que le dossier considérable réuni par les instructeurs militaires

1. Allain, *ibid.*, p. 252.

avait fini par faire son effet. Maître Moro-Giafferi avait plaidé que l'accusé avait été victime d'un traquenard monté par les diplomates autour de Camille Barrère. C'était le moins qu'on pouvait en dire. Edgar Demange concluait avec bon sens, mais sans être suivi, que l'accusé avait été poursuivi et risquait d'être condamné, non pour un crime, mais bien pour ses idées politiques. On a mis, disait-il, « la justice au service de la politique ».

Il soulignait le mensonge, il en accablait les responsables. Ni Clemenceau ni Poincaré ne s'étaient cachés l'un à l'autre qu'ils avaient tout fait pour éliminer Caillaux, sans preuve, de l'arène politique pour deux raisons essentielles. D'abord l'accusé faisait figure de bouc émissaire connu de tous, alors que les vrais coupables de trahison n'étaient que des obscurs ignorés du public. Aux yeux de Clemenceau, Caillaux était une meilleure cible que Malvy, simple ministre de l'Intérieur. Il avait conduit les affaires de la France et incarné depuis 1911 une politique d'entente avec l'Allemagne et de refus absolu de la guerre.

La seconde raison était conjoncturelle. Caillaux était arrêté en janvier 1918. La révolution bolchevique était faite, ainsi que la paix de Brest-Litovsk. Il fallait protéger le pays en guerre contre la propagande pacifiste, au moment où la menace de subversion risquait de gagner toute l'Europe, au lieu de conclure la paix blanche, comme le souhaitait, pensait-on, le grand bourgeois Caillaux, afin précisément d'empêcher le bolchevisme de gagner, grâce aux dernières convulsions de la guerre, l'Allemagne et la France. De la sorte, peu importait que Caillaux fût ou non coupable. L'essentiel était de le contraindre au silence. On ne voulait pas faire de lui un mort, mais un muet.

Après cette politique délibérée du mensonge, il eût été démoralisant pour le public, en 1920, de déclarer Caillaux innocent des crimes dont on l'avait faussement chargé. On s'en tenait donc aux présomptions, qui paraissaient suffisantes pour qu'on pût l'empêcher longtemps encore — dix ans selon le verdict — sinon de parler, d'agir.

Caillaux sera réhabilité en 1924 non pas individuellement par une révision de son procès, mais dans un cadre collectif, celui de l'amnistie globale de tous les crimes politiques des années de guerre. Même la gauche au pouvoir cette année-là n'a pu que sauver la face. Telle est la règle essentielle du *réalisme* politique qui s'impose au nom de la raison d'État : il ne faut jamais avouer qu'on a menti.

Chapitre 8

Le mensonge de masse

Les démocraties ont leurs mensonges obligés, à destination des masses qu'il importe d'entraîner dans une guerre avec bonne conscience. Les propagandes se sont livrées pendant la Première Guerre mondiale, dans tous les États, à cette tâche d'armement moral reposant généralement sur un montage mensonger d'informations exactes, mais partielles et détournées de leur contexte et destinées à provoquer un sentiment d'indignation contre l'ennemi.

Les poilus de la Première Guerre mondiale avaient inventé l'expression « bourrage de crâne », pour dénoncer cette vague de mensonges de masse déferlant sur ordre des dirigeants et destinée à « maintenir le moral de la nation ». Les presses nationales étaient alors dans leur majorité au service de cette politique de guerre, considérant leur participation comme un devoir civique. Ainsi le président des États-Unis Woodrow Wilson avait-il utilisé tous les moyens de la propagande, y compris le recours aux vedettes du cinéma muet, tel Charlie Chaplin, pour engager les recrues à ne pas déserter en 1917.

Plus difficile à admettre, et surtout à prouver, est la manipulation des masses dans les démocraties, pour justifier l'entrée en guerre. Les États-Unis d'Amérique se sont engagés dans les deux conflits mondiaux, alors que leurs présidents venaient d'être élus sur le thème général de la paix à tout prix. Comment décider le Congrès à voter les crédits de guerre ? Dans un pays fidèle à l'isolationnisme de la doctrine énoncée par le président Monroe au début du XIXe siècle[1], comment justifier la participation de deux millions et demi de soldats américains à une guerre européenne ?

Wilson pouvait s'inspirer d'un précédent : celui de l'explosion accidentelle du cuirassé *Maine* dans la rade de La Havane en 1898. Les États-Unis avaient saisi ce prétexte pour déclarer la guerre à l'Espagne, puissance coloniale tutélaire de l'île de Cuba, dont les Américains voulaient en réalité s'emparer. Ils utilisaient le prétendu accident, avec une hypocrisie candide, pour se défendre d'avoir lancé une expédition coloniale. En faisant la guerre à l'Espagne, ils affirmaient au contraire vouloir libérer une des colonies européennes d'Amérique. Qu'ils aient ensuite dominé de tout leur pouvoir économique et politique l'île prétendument indépendante était juridiquement inattaquable. Ils venaient d'ériger le mensonge en principe d'action.

Wilson, ce puriste protestant, ce juriste rigoureux, affectait des principes d'honnêteté et un idéal de justice internationale qui l'empêchait d'avoir recours à des moyens aussi grossiers. Il est de fait que les sous-marins allemands torpillaient les navires des neutres et causaient le plus grand tort aux intérêts et aux personnes. Dénoncer l'inhumanité et l'illégalité de ces

1. Le cinquième président des États-Unis, James Monroe, avait adressé au Congrès le 2 décembre 1823 un message définissant une sorte de partage continental des zones de pouvoir. L'Europe ne devait pas intervenir dans les affaires américaines et vice versa.

actes de guerre (ils avaient été condamnés lors des congrès internationaux de La Haye avant la guerre) était un devoir pour le président américain que son opinion pouvait suivre sans qu'il fût nécessaire de la manipuler. Les Allemands continuaient de multiplier les torpillages dramatiques et scandaleux de paquebots et de navires marchands battant pavillon neutre.

Une entrée en guerre exigeait plus : faire la preuve que l'ennemi avait menti, qu'il avait recherché lui-même la guerre, qu'il constituait pour les États-Unis une menace. Tel fut le rôle de l'affaire du télégramme Zimmermann. Le secrétaire d'État allemand aux Affaires étrangères avait envoyé, le 16 janvier 1917, à son chargé d'affaires à Mexico un télégramme chiffré promettant au Mexique, s'il entrait en guerre contre les États-Unis, l'appui total et inconditionnel de l'Allemagne. Le ministre envisageait allégrement la reconquête par l'armée mexicaine des territoires américains saisis par les Yankees en 1848, le Texas, l'Arizona, le Nouveau-Mexique.

À cette date, les troupes du général américain Pershing se trouvent en territoire mexicain, où elles sont entrées à la suite d'un incident de frontière. Le Mexique est un sujet sensible pour l'opinion publique. Le télégramme de Zimmermann, intercepté par les Anglais, a été remis au président Wilson qui décide de le rendre public le 1er mars 1917. Il ne s'agit plus seulement de protéger les navires américains contre les torpilles des sous-marins. Il faut préparer le pays à une véritable entrée dans la guerre européenne.

L'exploitation du télégramme est capitale. La presse souligne que Zimmermann recommande aux Mexicains de négocier avec les Japonais pour qu'ils se détachent de leur alliance britannique. Le 15 mars 1917, le

Congrès autorise Wilson à armer les navires marchands. Mais ce n'est encore qu'une demi-mesure.

La campagne de presse se poursuit, exploitant le télégramme Zimmermann. Même s'il ne présente pas un danger réel pour la sécurité des États-Unis, en agitant une hypothétique menace mexicaine et japonaise, il inquiète assez l'opinion pour que le président Wilson, en réalité sensibilisé par les milieux d'affaires sur les pertes considérables que la guerre sous-marine fait subir à l'économie [1], convoque le Congrès le 2 avril 1917 et obtienne de lui l'entrée en guerre.

Il n'a pas eu besoin de truquer les sources, mais il a dû agir sur l'opinion publique en révélant la réalité de la menace, ajoutant l'épouvantail mexicain aux pertes sévères de la guerre sous-marine, la seule véritablement gênante pour les États-Unis. Mais les victimes de cette guerre terroriste, parfaitement illégale, étaient une minorité d'Américains. Pour ébranler la majorité, il fallait recourir à la propagande de masse et démontrer les mensonges et les intentions agressives de l'État allemand, dont les ambitions secrètes étaient d'abattre la puissance américaine.

***

Franklin Delano Roosevelt a-t-il manipulé l'opinion lors du raid japonais sur Pearl Harbor ? Cette accusation revient comme un serpent de mer, sans qu'on puisse l'étayer de preuves. Elle est loin d'être invraisemblable. L'opinion américaine est encore plus hostile à une entrée en guerre en 1940 qu'en

1. En mars 1917, 600 000 tonnes de marchandises attendent leur embarquement sur les quais de New York.

1917. Le non-remboursement des dettes de guerre par les alliés européens avait renforcé le courant isolationniste qui s'était exprimé par le refus du Sénat américain de signer le traité de Versailles négocié par Wilson.

Le président Roosevelt, auteur du discours de Chicago en 1937 qui dénonçait les régimes totalitaires, sait en 1941 que la guerre est inévitable, mais il a été élu sur le thème de la paix, comme jadis Wilson. Il est celui qui a promis dans sa campagne d'épargner la guerre à son pays. Seule une agression caractérisée contre les forces des États-Unis peut conduire l'opinion à entrer dans la guerre à l'unanimité.

Depuis l'expansion progressive de l'impérialisme japonais en Extrême-Orient (invasion par les armées japonaises de la Mandchourie, 1931, de la Chine côtière, 1937), Roosevelt n'est pas resté inactif. Quand les Japonais, le 24 août 1940, envahissent l'Indochine française, quand ils font pression en septembre sur la Thaïlande pour qu'elle empêche les Américains de ravitailler l'armée chinoise de Tchang Kaï-shek (ou Jiang Jeshi), Roosevelt décrète aussitôt l'embargo sur les exportations de fer et de métaux à destination du Japon.

En juillet 1941, les Japonais concentrent une force d'invasion de 30 000 hommes, dans le sud de l'Indochine. Roosevelt riposte en décidant le gel des avoirs japonais aux États-Unis et il établit l'embargo sur le pétrole. Il fait pression sur le gouvernement néerlandais réfugié à Londres pour que les compagnies indonésiennes cessent de vendre du pétrole à Tokyo. L'aide financière des États-Unis à l'armée chinoise est accrue. Roosevelt envoie des pilotes américains pour constituer une aviation de transport et de combat. Il nomme Douglas MacArthur à la tête de la base des Philippines. La guerre est en vue, mais il n'en est pas question dans le discours présidentiel, comme si l'embargo et l'organisation d'une armée chinoise moderne et bien équipée devaient suffire à faire céder le régime militaire du Japon.

Parallèlement, les contacts diplomatiques se poursuivent avec les Japonais. Pour les Américains, il s'agit de leur faire prendre l'initiative de la rupture. Le secrétaire d'État Cordell Hull rencontre l'ambassadeur japonais Nomura. Il n'est pas question pour les Américains d'admettre les conquêtes japonaises, ils veulent au contraire obtenir le retrait général de leurs forces armées. Le 17 août 1941, l'ambassadeur a été convoqué par Roosevelt pour être informé officiellement que, en cas d'agression, « les États-Unis seraient forcés de prendre immédiatement toutes mesures nécessaires pour sauvegarder les droits légitimes et les intérêts des États-Unis et des citoyens américains ». Le président Roosevelt n'a pas spécifié, comme le voulait Winston Churchill, « toutes mesures, y compris la guerre ». Il évite toujours le mot décisif, même s'il se prépare activement au conflit.

Le 26 novembre 1941, Cordell Hull déclare qu'il se « lave les mains » de l'issue des négociations nippo-américaines. Elles ne peuvent aboutir et les Américains le savent. Si les responsables mentent par omission au public, c'est qu'ils attendent la faute ultime de l'ennemi, celle qui permettra de faire entrer leur pays dans la guerre.

Ils sont au courant des préparatifs japonais, ayant décrypté le code secret nippon *Magic*. On peut se demander alors si l'étude des télégrammes japonais n'avait rien appris à la marine américaine sur la concentration opérée par l'amiral Yamamoto à partir de janvier 1941.

À cette date, précisément, la flotte de guerre américaine vient d'être transférée de la base de San Diego en Californie à Pearl Harbor. Joseph Crew, l'ambassadeur des États-Unis à Tokyo, a fait savoir à Washington que les Japonais préparaient « un projet fantastique » sur Pearl Harbor. Les équipes de renseignement ont décodé les messages de l'état-major japonais demandant au consulat du Japon dans les îles Hawaii de fournir tous les renseignements possibles sur la base de Pearl Harbor. Pour des raisons inexplicables, la décodeuse de la base est déplacée, remplacée par un appareil anglais moins fiable, comme si les renseignements concernant Pearl Harbor n'intéressaient pas l'état-major américain.

Il s'attend plutôt à une attaque sur Guam ou les Philippines. Quand les chefs américains de la base de Pearl Harbor, W.C. Short et H.E. Kimmel, reçoivent un télégramme de « menace de guerre », ils constatent que les porte-avions ont été retirés prestement. Le *Saratoga* fait route vers la Californie, le *Lexington* vers Midway, l'*Enterprise* vers l'île de Wake.

Les cuirassés et les navires restés en place ne sont pas d'un intérêt vital pour la riposte américaine. On a pu penser qu'on les avait laissés à Pearl Harbor pour y servir d'appât. Au reste, sur les dix-huit bâtiments touchés par les torpilles japonaises, la plupart reprendront service dans les mois suivants. La flotte américaine n'avait donc pas subi un désastre irréparable. Ses porte-avions géants étaient indemnes ainsi que ses sous-marins.

***

Roosevelt a-t-il menti ? A-t-il fait délibérément le sacrifice des 2 500 G.I. et marins tués à Pearl Harbor pour obtenir l'adhésion de tout son peuple à l'entrée massive et immédiate dans la guerre mondiale ? Le pacifisme restait jusqu'au bout très fort dans l'opinion publique américaine. « Nous sommes une nation éprise de paix, expliquait Roosevelt à son fils. Nous n'attendons pas la guerre, nous ne voulons pas la guerre, et nous ne sommes pas préparés à faire la guerre [1]. »

Une partie de la presse américaine, en particulier le *Chicago Tribune* du colonel MacCormick, expliquait que les intérêts américains n'étaient pas menacés en Extrême-Orient, et accusait Franklin Roosevelt d'excitation à la guerre. Pendant longtemps, le président avait effectivement menti, apaisant le Japon pour mieux préparer ses troupes au combat. Il l'expliquait à son fils Elliott : « Nous sommes en train d'apaiser le Japon. C'est un mot bien déplaisant ! Ne crois pas que je l'aime. Mais il faut appeler les choses par leur nom. Nous apaisons le Japon, afin de gagner le temps nécessaire à la création d'une puissante armée. » Disposant de peu de forces, aurait-il sacrifié délibérément une partie de sa marine seulement pour appâter les Japonais ?

Il est vrai qu'il a été pris par le temps. Les dates de l'agression japonaise se sont rapprochées. Il a dû la subir sans être prêt. Le 6 décembre 1941, quand le Japon est déjà, selon ses services de renseignements, au bord de la guerre, le président Roosevelt prend l'initiative d'envoyer un message officiel à l'empereur

---

1. Elliott Roosevelt, *Mon père m'a dit,* Flammarion, 1948, p. 28.

Hiro-Hito pour lui demander de renouer les négociations.

Il sait parfaitement, grâce à ses décodeurs, que l'ambassadeur Nomura doit avertir le gouvernement des États-Unis de l'attaque fixée, exactement à 13 heures, le 7 décembre, vingt minutes avant l'heure H. Il avait pour tâche de remettre un mémorandum dont les services américains avaient déjà décodé 13 points sur 14 dès le 6 décembre.

Le 7 décembre au matin était décodé le 14e point : c'était l'ultimatum. Le général Marshall envoyait aussitôt des télégrammes à toutes les bases américaines de Hawaii, de Panamá et des Philippines. Le message arrivait trop tard au commandement de Pearl Harbor. Les vagues d'avions bombardiers avaient déjà frappé. Pourquoi la base de Pearl Harbor n'a-t-elle pas été aussitôt prévenue, aussi vite que les autres ?

Que n'avait-elle été mise en état de défense ! Après la guerre, une commission d'enquête fit comparaître le général Short et l'amiral Kimmel pour leur demander des comptes sur l'état d'improvisation de la défense. Aucune charge n'a été retenue contre eux, mais Roosevelt a été très vite soupçonné d'avoir à dessein négligé d'entreprendre les travaux nécessaires, pour attirer sur ce point l'attaque japonaise.

Les Japonais savaient par leur service de renseignements — et les Américains n'ignoraient pas qu'ils le savaient — que rien n'était camouflé sur la base, pas même les réservoirs de mazout. Ni filets pare-torpilles dans la rade ni ballons anti-aériens pour empêcher les bombardements en piqué. Ils savaient même que les quatre batteries de DCA de l'armée n'avaient pas reçu leur approvisionnement en munitions.

Ces négligences étaient-elles calculées ? On relève de pareilles anomalies désastreuses chaque fois qu'une armée part en campagne. Seule la force de frappe, la flotte aéronavale japonaise avait tout prévu dans les moindres détails. Il est clair cependant que les forces de la base américaine n'étaient pas en mesure de repousser une agression, parce qu'elles ne disposaient pas des moyens suffisants, en dehors des 247 avions présents qui ont été détruits au sol, comme les appareils soviétiques lors de l'attaque allemande contre l'URSS du 22 juin 1941. L'effet de surprise a joué pour les Japonais. Pouvait-il être évité ?

Le secret de l'avance de la flotte de Yamamoto avait été bien gardé. On ne savait pas où il frapperait. MacArthur, qui s'attendait à une attaque sur les Philippines, était-il mieux préparé à la recevoir ? Il avait eu tout juste le temps de fortifier la base de Corregidor, située dans la baie de Manille, et d'y concentrer quelques troupes. Le même jour, plusieurs convois japonais fendaient les eaux océanes. La 25e armée japonaise, embarquée à bord de bâtiments en route sur trois files, se préparait à attaquer la Malaisie. Depuis l'archipel des Pescadores, au large de Taïwan, de nombreux transports de troupes se préparaient à envahir Luçon. Les déchiffreurs américains enregistraient des messages tous azimuts, qui laissaient un doute sur les véritables cibles des frappes japonaises.

Le Japon avait réussi à surprendre les Américains, non sur le jour de leur attaque, mais bien sur le lieu. Quand l'ambassadeur Nomura se présenta avec une heure de retard chez le secrétaire d'État Cordell Hull, celui-ci venait de recevoir un coup de téléphone de Roosevelt l'avertissant de l'attaque sur Pearl Harbor.

Hull put donc se livrer à une mise en scène reprise immédiatement par les médias américains : il ne fit pas asseoir le représentant du Japon et ses collaborateurs.

« Je n'ai jamais vu un document si truffé de mensonges et de contre-vérités si infâmes », leur dit-il.

Ainsi, pour l'opinion publique américaine, les Japonais, et non Roosevelt, avaient menti. Ils avaient poursuivi les négociations, sachant très bien que leurs flottes prenaient la route vers leurs objectifs et que rien ne pouvait les arrêter. Les Américains le savaient aussi, mais il était essentiel qu'ils fussent des victimes surprises et non des agresseurs.

Que le raid contre Pearl Harbor fût ou non une surprise pour l'état-major politique et militaire (Roosevelt, Hull, Hopkins, Marshall, MacArthur), il avait permis de dénoncer « l'infamie » d'un ennemi qui avait tiré sur des cibles désarmées, sans déclaration de guerre. Les avions Zero de l'amiral Yamamoto étaient allés plus vite que l'ambassadeur Nomura. Au prix de pertes sévères, Roosevelt avait obtenu l'entrée en guerre de ses vœux : il avait pour lui le droit. Pearl Harbor désignait l'agresseur.

⁂

On a fait le même reproche à Staline : il serait resté silencieux plusieurs jours, après l'attaque allemande du 22 juin 1941, laissant les unités de la Wehrmacht détruire les avions sur les aéroports, encercler les troupes de couverture, pulvériser les armées de secours pour ranimer le patriotisme des peuples de l'Union en apparaissant comme la victime délibérée d'une machination fasciste.

Il aurait négligé les avertissements qui lui parvenaient de plusieurs sources (les mises en garde argumentées de Winston Churchill, les documents saisis par l'espion soviétique Richard Sorge à Tokyo) prévoyant dans le détail les modalités de l'opération *Barbarossa*. Il aurait menti pour mieux reprendre en main le pays et apparaître dans un premier temps comme une victime, ensuite comme le sauveur. Même si ces mensonges de l'histoire ont pour eux une certaine vraisemblance, ils ne peuvent recevoir de preuves, les hommes de gouvernement gardant pour eux leurs pensées secrètes.

Mais quel soin prennent-ils de dissimuler les massacres auxquels les conduit leur politique de force sans frein ! L'assassinat des officiers de l'armée polonaise sur ordre de Staline resta longtemps caché. Il devait être révélé par les autorités allemandes, le 13 avril 1943. Dans la forêt de Katyn, un village situé à l'ouest de Smolensk, environ dix mille officiers tués d'une balle dans la nuque avaient été enterrés par couches superposées. Les fouilles entreprises devaient permettre de découvrir le charnier et de dénombrer 4 143 corps, sur un total évalué à 4 800 victimes. Évidemment, les Allemands ont accusé les Soviétiques de ce massacre exécuté durant l'automne 1940, quand ils occupaient le pays à la suite de l'agression germano-soviétique et du partage de la Pologne (1939).

La radio de Moscou répliqua aussitôt que les Allemands étaient seuls responsables de la tuerie, ayant exterminé les cadres de l'armée polonaise lors de leur attaque contre l'URSS. À Londres, le gouvernement polonais en exil, sans nouvelles de 12 000 officiers prisonniers des Soviétiques en 1939, alerta le Comité international de la Croix-Rouge pour exiger une enquête. Les Allemands le saisirent également, sans vergogne.

Staline s'était naturellement opposé à cette procédure qui risquait de le démasquer et il avait rompu les relations diplomatiques avec le gouvernement polonais du général Sikorski en exil à Londres. Il saisit ce prétexte pour couper les ponts, car il était en froid avec la résistance polonaise armée par les Anglais, qui n'acceptait évidemment pas son projet de nouvelles frontières, très défavorable à l'ancienne Pologne.

À défaut de la Croix-Rouge, qui refusa de faire l'objet d'une manœuvre nazie, l'Allemagne, dans un souci de propagande, invita à Katyn les représentants de médecine légale et de criminologie de tous les pays alliés et occupés de l'Europe. À la suite de leurs investigations, on put dégager les corps, établir que si les balles qui avaient été tirées étaient de fabrication allemande (mais Hitler fournissait régulièrement Staline en munitions de guerre depuis la conclusion du pacte germano-soviétique), les cordes qui liaient les mains des victimes provenaient bien des ateliers russes.

Les militaires assassinés portaient des tenues d'hiver. Les Allemands en conclurent que les officiers avaient été massacrés à la fin de l'hiver 1940. Quelques années plus tard, quand les Soviétiques se rendirent maîtres de la région, ils nommèrent une commission d'experts, qui établit que l'exécution avait eu lieu à l'automne 1941 et que les Allemands avaient fait disparaître tous les documents trouvés sur les cadavres postérieurs au mois de mai de la même année 1941 parce qu'ils étaient alors, et non plus les Russes, les occupants de cette région. Le mensonge était en place.

Pendant le procès de Nuremberg, l'affaire de Katyn fut évoquée, puisque les Soviétiques devaient requérir contre les crimes commis par les Allemands en Europe orientale. L'acte d'accusation soviétique reprenait les conclusions de la commission d'enquête et, pour faire bonne mesure, parlait de onze mille cadavres. Le procureur soviétique accusa une unité allemande, le 537e régiment de transmissions qui occupait le secteur en août 1941, d'avoir perpétré le massacre. Des officiers de ce régiment n'eurent aucun mal à se disculper devant le tribunal. Il ne fut pas fait mention du crime dans le jugement de Nuremberg, parce qu'il ne fut pas revendiqué par le gouvernement communiste de la Pologne. Les victimes de Katyn étaient enterrées pour la deuxième fois.

Durant la guerre froide, en 1953, une commission d'enquête américaine tenta d'établir que le massacre était dû à la police politique de Staline. En 1980, le syndicat polonais Solidarité commença à demander des comptes. Les Soviétiques reconnurent très tardivement, après la chute du mur de Berlin, leur responsabilité totale. En 1990, Gorbatchev rétablit le premier la vérité. Deux ans plus tard, le président de Russie Boris Eltsine remettait aux autorités polonaises les preuves indiscutables de la planification du massacre de Katyn. Staline en était personnellement responsable. Il l'avait organisé dans le but d'éliminer les élites polonaises. Le crime était arrangé de telle sorte qu'il ne devait pas laisser de traces. Les ordres étaient de mentir avec constance pour en empêcher le dévoilement.

⁂

Ainsi devaient être tenus au secret, massacrés en silence, éliminés du souvenir les victimes des goulags. La fermeture absolue de l'espace soviétique et la surveillance terroriste incessante devaient empêcher toute révélation.

Le terme de *Glavnoe Oupravlenie Laguereï* (goulag) désignait « l'administration centrale des camps ». Ces camps n'étaient pas niés par le pouvoir, qui présentait au contraire cette institution comme un lieu de travail, de rédemption pour les condamnés de toutes origines, et d'abord pour les opposants au bolchevisme, bourgeois et paysans riches, les koulaks. Le terme était apparu en France en 1934, mais n'avait suscité que des polémiques sans issues. Nul ne devait savoir qu'en 1938 la population des camps était probablement de huit millions de personnes, et que, selon certaines estimations, ils auraient entraîné la disparition de vingt millions de victimes.

La première révélation d'un évadé des camps fut celle de l'ingénieur Victor Kravchenko, fonctionnaire du régime soviétique et membre d'une mission d'achats envoyée par Staline à Washington. En avril 1944, avant la fin de la guerre, il avait décidé de passer à l'Ouest. Il avait pris la décision de fuir le régime soviétique spontanément, sans sollicitation d'aucune sorte, en montant dans le train qui le conduisait de Washington à New York.

Là, dans une chambre d'hôtel, ce haut fonctionnaire soviétique, communiste de vieille souche, jouissant d'un rang élevé dans la *Nomenklatura,* avait écrit sa confession pour le *New York Times*. Il se plaçait « sous la protection de l'opinion publique américaine » et accusait le gouvernement soviétique de pratiquer le « double jeu » en politique étrangère.

Quant à Staline, l'ingénieur ukrainien ne lui pardonnait pas « de n'avoir pas réussi à donner au peuple russe sa liberté politique et civile ». L'article était paru le lundi 3 avril 1944, alors que les États-Unis et l'URSS étaient alliés dans la guerre contre les nazis. Il n'était pas alors question de guerre froide. La révolte de Kravchenko était un acte personnel et n'engageait que lui.

Il n'était inspiré, disait-il, que « par l'amour de la justice qui avait inspiré mon enfance sur les bords du Dniepr ». Il n'était pas un nostalgique de l'ancien régime tsariste. Son père avait combattu pour la révolution. Il avait été membre des Jeunesses communistes et du parti depuis 1929. Son apostasie était vierge de tout présupposé antirévolutionnaire. Il n'était pas un anticommuniste, mais un révolté contre le stalinisme. Il déclarait une « guerre personnelle à cet État policier ». Il prenait à témoin sa propre existence. Il décidait de la décrire dans un livre, pour l'édification de l'Histoire débarrassée grâce à lui de l'imposture du stalinisme.

Son père était un héros de la révolution de 1905. Il l'avait peu connu. Pourtant, à sa sortie du bagne tsariste, après la révolution de février, il avait dit à l'enfant combien il répugnait à militer dans un parti. « Mon père avait été invité à adhérer au parti communiste, il avait toujours refusé. Il ne se sentait aucun goût pour la dictature et la terreur. » Et le jeune Victor se passionnait, sans doute comme son père, pour le gouvernement anarchiste de Makhno en Ukraine dont, bientôt, personne n'entendrait plus parler. Les bolcheviks avaient fait place nette.

Fallait-il les rejoindre ? L'enfant assistait, impuissant, aux combats des Rouges et des Blancs, à l'occupation allemande de 1918, à la victoire de l'Armée rouge et de la Tcheka. Il était élève dans une école d'agriculture organisée par les soviets. Pendant la grande famine de 1921, les siens avaient été secourus par les colis envoyés par les quakers d'Amérique. Il s'engagea bientôt comme apprenti-serrurier dans une fonderie de Korbino. Il mettait ainsi le pied sur la première marche de l'escalier promotionnel des Bolcheviks.

Il franchirait durement les échelons suivants : volontaire dans une mine de charbon du Donbass, héros du travail laissé pour mort dans son puits, soldat exemplaire sur le front d'Iran où il faisait le coup de feu contre les bandits islamistes, les *basmatchis* (dont les communistes veulent dévoiler les femmes). Il est ensuite, à sa libération du service de l'Armée rouge, komsomol converti à Marx et Lénine par un missionnaire de l'université de Sverdlovsk, puis contremaître à l'usine ukrainienne Petrovski-Lénine. Un parcours sans faute qui le conduit à l'école des ingénieurs de Kharkov.

Il ne triche pas. Adhérent au parti en 1929, il veut se dévouer corps et âme à l'industrialisation de la Russie, à la collectivisation des terres. Il critique le désordre et redoute les effets de l'ignorance. C'est un communiste modèle, un cadre exemplaire. À l'institut métallurgique de Dniepropetrovsk, il est pupille officiel, attaché, avec les 35 000 hommes de l'usine, à la réalisation du plan quinquennal.

Il ne peut néanmoins rester sourd aux récits des atrocités perpétrées dans les campagnes où la collectivisation fait rage, ni aveugle devant l'arrestation des étudiants, ses camarades, accusés d'être des « propagateurs de rumeurs ». Il se rend compte qu'il est environné d'espions du parti et du Guépéou (GPU), successeur de la Tcheka. Un « système de surveillance et de délation » avait été mis en place, qui n'épargnait pas la vie privée.

Convoqué à Moscou, il découvre la vie avantageuse des commissaires, le luxe des automobiles Lincoln, l'agrément des soirées au théâtre et des logements modernes et confortables. Lui-même reçoit pour sa famille un appartement vaste et clair. Il est au nombre des privilégiés et garde bonne conscience : le parti a pour but de tirer le vaste empire des tsars de l'ornière, d'en faire une puissance économique, de réussir la révolution socialiste.

Sa foi commence à chanceler quand il est désigné pour faire partie d'une « brigade du parti » chargée de mettre de l'ordre dans une commune rurale. Les violences dont il est témoin le font douter de sa mission, il en est de même des déportations massives de koulaks. Un discours de Staline en janvier 1933 au Comité central du parti annonce triomphalement la victoire de la collectivisation. « Les paysans travaillent maintenant pour eux-mêmes et pour leurs exploitations collectives. »

À l'évidence, Staline ment. Au contraire, Kravchenko a été témoin de la misère des campagnes et des mauvais traitements infligés aux paysans. Pour se rassurer, il songe toujours à l'avenir lumineux de l'industrie soviétique dont la marche conquérante s'annonce triomphale. Il continue de soutenir le parti : il fait le choix lucide et conscient de négliger les mensonges des chefs, comme si la « terreur au village » ne lui avait pas ouvert les yeux.

⁂

Il est pourtant engagé, comme membre du parti, dans les « commissions de purges » où la dénonciation est sollicitée par les pouvoirs. Elle devient un devoir, sanctionné en cas de faiblesse. Le statut d'ex-membre du parti, qui punit les défaillances, promet l'intéressé aux plus lourds châtiments. Il rejoindra au goulag, s'il résiste, les centaines de milliers de koulaks expédiés par les brigades. Témoin de la répression politique qui suit la collectivisation, Kravchenko n'ose rompre avec le parti. Il doit dissimuler ce qu'il pense. Il est pris dans un système de mensonge où tout doit être avoué. Et l'aveu lui-même est un mensonge exigé par la machine politique, une autocritique obligée.

La purge de la fin de 1933 « confinait, dit-il, à l'hystérie ». La presse sollicitait des dénonciations en publiant une liste des personnes à purger. Pendant la récolte, Kravchenko dut lui-même se confesser publiquement, pour son attitude trop conciliante envers les paysans ukrainiens. On lui avait rendu sa carte du parti, mais il était désormais tenu en réserve. On lui avait dépêché une jeune femme, Eliena, liée au GPU et tenue de faire un rapport sur lui, comme il devait le découvrir plus tard. Mais elle lui apprenait en même temps l'existence de camps de travail où les détenus (en l'occurrence, avouait-elle, son propre père) étaient affamés et accablés par des gardiens sadiques. « Chaque jour, disait-elle, les prisonniers meurent comme des mouches. » Elle s'était mise au service du Guépéou pour sauver son père.

Ainsi, dans son ensemble, la société était-elle tissée d'espions et fondée sur la délation. En 1934, l'ingénieur est encore convoqué devant une commission pour avoir assisté à une réunion d'étudiants où l'assassinat de Sergueï Kirov, le maître du parti à Leningrad, était qualifié de provocation stalinienne. L'étudiant incriminé s'était suicidé. Kravchenko sortait indemne de l'interrogatoire. On comptait sur lui pour mettre de l'ordre dans le combinat métallurgique de Nikopol, sur le Dniepr.

Mais le Guépéou devenu le NKVD restait vigilant et surveillait l'usine de montage des machines. Le directeur était espionné dans ses moindres gestes. On lui reprochait de ne pas dénoncer les ouvriers qui ne produisaient pas assez vite et ils étaient taxés de saboteurs du stakhanovisme. On envoyait dans la région des équipes de prisonniers politiques pour agrandir le combinat et travailler comme des esclaves, sans toucher de salaires : le NKVD était payé pour *louer* ses déportés. Quant au stakhanovisme, il avait pour résultat de créer une élite ouvrière mieux rémunérée, ce qui permettait de diminuer le salaire de la masse dénoncée à chaque occasion pour ses retards et son manque d'ardeur révolutionnaire.

La propagande du parti, commentant les discours de Staline, déformait les réactions populaires, imposait une ligne dont chacun savait qu'elle reposait sur le mensonge et aboutissait au crime. On se servait des grandes purges pour inspirer la terreur à tous les responsables.

Zinoniev et Kamenev, deux compagnons de Lénine, avaient payé leur opposition de leur vie. Derrière ces victimes exemplaires, les « corneilles noires », ces camions du NKVD, s'apprêtaient à expédier vers les goulags les cadres incriminés de chaque entreprise. Une liste des techniciens arrêtés lors de la grande purge dans l'usine des tubes de Nikopol était impressionnante. La production était paralysée. Kravchenko lui-même fut mis en accusation et devint d'autant plus vulnérable qu'en 1937 son protecteur au bureau politique, Ordjonikidze, un Géorgien ami de Staline, était décédé.

Staline, dans un discours abondamment commenté par la radio, annonçait lui-même de nouvelles purges de « saboteurs » amis de l'étranger. Blanchi de justesse par une commission d'enquête, l'ingénieur est nommé par Kaganovitch dans une autre ville, Taganrog, dans la province de Rostov, sur la mer d'Azov, pour échapper aux fanatiques du NKVD de Nikopol acharnés à sa perte. Il a l'occasion de visiter plusieurs des camps de déportés de la région de l'Oural et doit accueillir dans son usine des équipes de travailleurs forcés en haillons, gardés par des agents en armes de la police.

Il témoigne que les « aveux spontanés » des victimes des purges de 1938, dont Nikolaï Boukharine, l'économiste du parti, ne trompaient personne. La propagande de Staline reposait entièrement sur le mensonge. Kravchenko lui-même, après avoir été abandonné aux chiens courants du NKVD, était désigné devant la presse soviétique rassemblée à grands frais dans son usine comme vainqueur du combat pour la production.

Nul ne pouvait contester le mensonge. Staline se proposait du reste de constituer une commission chargée de réécrire l'histoire du parti. Des auteurs communistes expliqueraient que Trotski était un agent des capitalistes étrangers, comme Rykov, Boukharine, Zinoniev, Kamenev, Bubnov, Krestinsky et Piatakov.

Kravchenko, écœuré par les mensonges du régime, fut choisi pour installer une usine métallurgique en Sibérie occidentale, à Kemerovo, au-delà de Stalinsk. Il y rencontra encore des ouvriers condamnés au travail forcé, qui accomplissaient les plus dures besognes, mal nourris et mal vêtus.

Il apprit que d'autres camps, très nombreux, avaient été installés dans l'Extrême-Nord, en Extrême-Orient et dans la taïga sibérienne : on lui donnait des chiffres, pas moins de 40 000 prisonniers par camp. Toute révolte était punie de mort. La mortalité naturelle par épidémie ou sous-alimentation était considérable.

Kravchenko s'était visiblement soucié, en rédigeant sa confession autobiographique, de n'épargner à ses lecteurs aucun des crimes du stalinisme. Il ne témoignait pas seulement pour expliquer son évasion de l'atroce mensonge du communisme soviétique. Il entendait dénoncer.

⁂

L'ouvrage révélait l'existence d'un régime totalitaire, policier, impitoyable, dans un pays qui était en avril 1944 l'allié des États-Unis. L'auteur restait communiste, convaincu que Staline n'avait pas employé les bonnes méthodes pour réussir la révolution, qu'il s'était enfoncé dans le mensonge et le crime, en livrant aux policiers le soin d'épurer la masse de la population. Il jouait à l'extérieur le double jeu, comme il l'avait fait avec Hitler en 1939. Ce dangereux allié ne rêvait que d'asservir à son système les peuples libérés.

Kravchenko se situait ainsi à l'avant-garde de ceux qui dénonceraient plus tard le mensonge d'un régime qui exécutait tranquillement ses ennemis politiques à l'abri de ses frontières. Ceux-là seraient eux-mêmes arrêtés et déportés, et non promus comme l'auteur de *J'ai choisi la liberté* sélectionné par les Soviétiques pour une commission d'achats envoyée aux États-Unis.

Le livre est publié en 1946 aux États-Unis, puis traduit en français par Flammarion en 1947. On entre alors dans la période dite de la guerre froide. Les députés communistes français quittent le gouvernement du socialiste Ramadier. L'hebdomadaire littéraire du parti, *Lettres françaises,* attaque violemment l'ouvrage et son auteur. Ce dernier assigne le journal devant le tribunal correctionnel de la Seine [1]. Son grief est la diffamation : on y prétendait qu'il n'avait pas écrit son livre.

En 2001, pour tout lecteur informé du drame du goulag tel qu'il a été révélé après Soljenitsyne, les révélations de Kravchenko semblent timides et ne remettent nullement en question la révolution bolchevique. En 1947, elles suscitent une levée de boucliers d'une violence inhabituelle chez les communistes et leurs alliés politiques. Pour accabler Kravchenko, ils s'attachent et s'acharnent à nier le mensonge.

Au-delà du cas Kravchenko, qui fait l'objet d'attaques personnelles sans grand intérêt, le régime soviétique est au cœur du procès, défendu et attaqué par les avocats engagés dans le combat politique avec une passion égale. Pour André Wurmser, directeur des *Lettres françaises*, l'accusé est « un pantin dont

1. G. Malaurie et E. Terrée, *l'Affaire Kravchenko*, Robert Laffont, 1982.

les grosses ficelles sont *made in USA* ». C'est un « pisseur de copie » dont les patrons et protecteurs sont américains. Ils ont attendu 1946 pour le publier parce que Truman se lançait alors dans le réarmement moral de l'Amérique contre l'URSS.

Georges Izard, le défenseur de l'ingénieur ukrainien, est un ancien député socialiste très hostile aux communistes. Il engage son client à mettre habilement l'accent sur les camps soviétiques, qu'il assimile aux camps nazis. « Souvenez-vous, dit-il[1] au juge, des renseignements qui nous parvenaient sur les camps de concentration allemands et est-ce qu'on ne jugeait pas à l'époque que ces renseignements étaient exagérés ? »

Le défilé des témoins cités par la défense fait ressortir l'opération américaine d'intoxication, un des aspects de l'invasion du marché français des publications d'outre-Atlantique, « une propagande beaucoup plus habile, dit Claude Morgan, un des responsables des *Lettres françaises* que ne l'était la grossière propagande de Hitler, dont elle n'est pas sans reprendre bien des thèmes ».

Ainsi parlait aussi André Stil, déporté résistant, rédacteur en chef des *Lettres françaises*. Pour Emmanuel d'Astier de la Vigerie, directeur de *Libération* et cryptocommuniste, le plaignant aurait dû être arrêté par les Américains en avril 1944 « pour propagande à l'avantage de l'ennemi », et naturellement remis aux autorités des alliés soviétiques. On fit donner la vieille garde des intellectuels du parti, Jean Baby, l'historien Jean Bruhat, le philosophe Roger Garaudy.

---

1. Le Procès Kravchenko, *Compte rendu sténographique,* Albin Michel, 1949, 2 vol.

Pour Simone de Beauvoir, simple spectatrice des audiences, il n'y avait aucun doute : le journal avait révélé « que *J'ai choisi la liberté* avait été fabriqué par les services américains[1] ». Kravchenko avait fait mauvaise impression à Jean-Paul Sartre qui assistait, avec Simone de Beauvoir, au procès « un peu languissant », parce qu'il était suspect « pour ses mensonges et sa vénalité ». Pourtant, du procès avait jailli soudain l'évidence de la pesante et gênante réalité des camps de travail soviétiques.

L'audition de Margarete Buber-Neumann apportait, d'un coup, l'accent de la vérité. Veuve de Heinz Neumann, ex-membre du Politburo du parti communiste allemand, elle avait fui l'Allemagne nazie en 1933 avec son mari pour trouver refuge en URSS. Neumann, au moment des purges qui n'épargnaient pas les juifs allemands et les étrangers, avait été déporté et Margarete, également arrêtée, avait été envoyée dans un bagne de Sibérie.

Au lendemain du pacte germano-soviétique conclu en août 1939, elle avait été livrée aux Allemands par la police politique stalinienne. La Gestapo l'avait déportée à Ravensbrück.

« Qui l'avait libérée ? demandaient les communistes à l'audience ?

– Non, pas les Soviétiques ! » répondait-elle.

Les survivantes avaient fui le camp abandonné par les nazis juste avant l'arrivée des troupes de l'Armée rouge, justement pour ne retomber à aucun prix entre les mains des commissaires politiques.

Elle décrivait alors les horreurs des camps soviétiques, la faim, la mort au travail, les représailles en

1. Simone de Beauvoir, *la Force des choses*, tome I, p. 243.

cas de révolte, la surveillance acharnée, la prostitution. Traduites de l'allemand dans le plus grand silence, ses paroles produisent une impression profonde. Les avocats du journal tentent alors de minimiser l'effet de la déclaration. Ils cherchent à faire dire au témoin qu'elle n'était pas internée dans un camp clos, ceint de barbelés. Il s'agissait suggèrent-ils, sans doute d'une simple zone pénitentiaire, d'une résidence forcée en quelque sorte. Jusqu'au bout, le camp du mensonge s'obstine, s'attache aux moindres termes de la déposition pour contester le témoignage, lui retirer de sa force. Le mal est fait. La vérité vient d'éclater. Une fois n'est pas coutume.

***

La propagande soviétique ne pourra plus jamais prétendre qu'elle est en mesure d'apporter au monde sa libération, quand une partie de sa population meurt derrière les barbelés des camps. « Nous commençâmes à nous demander, commente benoîtement Simone de Beauvoir, si l'URSS et les démocraties populaires méritaient d'être appelées des pays socialistes. » Elle en convient : « Le récit de Mme Buber-Neumann emportait la conviction. »

La voie du neutralisme de gauche était ouverte, entre l'Amérique impérialiste et la Russie tortionnaire. « On ne pouvait opter sans réserve pour l'URSS alors que tant de drames publics et ténébreux se succédaient dans les pays staliniens. » Mensonge que le « limogeage » de Dimitrov en Bulgarie, mensonge que les aveux du cardinal Mindszenty en Hongrie ? Tout ce qui venait de l'Est devenait soudain suspect.

En novembre 1947, Roger Stéphane remettait à Jean-Paul Sartre le « code soviétique du travail correctif » republié en Angleterre et qui, en août, avait été discuté à l'ONU. Sartre publiera-t-il ? Il hésitait encore, tant le camp du mensonge restait fort. Il ne voulait pas nourrir la propagande du camp américain, non moins menteur, alors déchaîné dans la « chasse aux sorcières ». « L'URSS, malgré tout, écrit Simone de Beauvoir, était *et* demeurait la patrie du socialisme » ou encore « Le socialisme russe avait sur le rêve d'un socialisme sans tache l'avantage immense d'exister ».

Quand le *Figaro*, quotidien dans lequel s'exprimait Raymond Aron lançait une campagne sur les déportés dans les camps soviétiques et sollicitait des témoignages, il rassurait, disait Sartre, son lectorat, comme si « les crimes colonialistes et l'exploitation capitaliste étaient annulés par les camps sibériens ». Oui, disait Jean-Paul Sartre, il faut bien appeler socialisme « ce monstre sanglant qui se déchire lui-même ». On ne peut lui contester ce titre. Mais était-ce une raison pour ne pas dire la vérité ? Les *Temps modernes* publieraient le compte rendu des débats de l'ONU sur le travail forcé, alors que le délégué soviétique dénonçait pour sa part avec vigueur « les colonies, camps de travail des démocraties ».

Les camps soviétiques devenaient ainsi l'objet d'un débat politique entre intellectuels d'Occident. Ils étaient un des enjeux de la lutte, avec d'autres éléments. Les goulags n'étaient pas niés, mais récupérés. On évitait de se poser les questions de fond : les staliniens mentaient, parce que en promettant la libération du peuple ils le contraignaient au régime le plus tyrannique qu'on pût imaginer. Ils obligeaient leurs victimes à mentir, à confesser des fautes imaginaires, parce qu'ils ne pouvaient avouer que la disparition de ces hommes et de ces femmes avait été programmée politiquement par le Kremlin. Leurs victimes devaient disparaître sans qu'on puisse reprocher au pouvoir de les avoir éliminés. Leur condamnation frauduleuse servirait d'exemple à la masse.

Les staliniens mentaient également parce qu'ils pratiquaient à l'extérieur une politique impérialiste en aucun cas conforme à l'idéal de révolution universelle. Staline avait pu, par une politique *réaliste socialiste,* traiter en août 1939 avec Hitler, partager la Pologne, annexer les pays baltes et une partie de la Roumanie. Il avait pareillement traité avec le Japon. En décembre 1939, il était exclu de la Société des nations (SDN), organisation de droit des nations imaginée par le président américain Wilson et ancêtre de l'ONU. Après 1946, Staline prétendait bloquer le Conseil de sécurité de l'ONU par les *niet* inlassablement répétés de son représentant, Molotov. Il avait éliminé tous les vrais communistes des républiques populaires européennes pour ne garder au pouvoir que des séides.

Mais le mensonge le plus grave, celui qui fut démasqué lors du procès Kravchenko, c'était la déshumanisation de millions d'hommes dans le goulag. Pendant très longtemps, l'habitude du mensonge née des engagements politiques avait empêché l'Occident d'en prendre conscience. Pourtant Margarete Buber-Neumann avait publié au Seuil *Déportée en Sibérie*. En 1949, un juif polonais réfugié en URSS, Jules Margoline, avait publié *la Condition inhumaine* chez Calmann-Lévy. Il avait expérimenté, grâce à la vigilance du NKVD, pas moins de huit camps de travail en Union soviétique. Il décrivait la vie de ces *zeks*, leur déshumanisation rapide. Traités comme des bêtes, obéissant comme des machines, abandonnés au silence des steppes glacées et morts sans sépultures. Cet exceptionnel témoin de la vie concentrationnaire lançait un appel que peu entendirent.

On entrait en effet dans la période marquée par la polémique ouverte par David Rousset contre les communistes français. À l'issue de l'affaire Kravchenko, *les Lettres françaises* avaient bien été condamnées à cinq mille francs d'amende et cinquante mille francs de dommages et intérêts, mais en appel la peine s'était réduite au franc symbolique. La dénonciation des camps russes restait sans résultat parce qu'elle avait été intégrée à l'argumentation des amis de l'Amérique pendant la guerre froide. Les *zeks* pouvaient continuer à trembler de froid. À peine étaient-ils évoqués dans les joutes des intellectuels, sauf comme argument polémique contre le socialisme. Ils gênaient.

***

Vingt-cinq ans plus tard, la dénonciation de Soljenitsyne se heurta encore au front du mensonge. En 1973, le monde entier savait que l'Union soviétique avait désormais ses « dissidents ». Kravchenko s'était suicidé aux États-Unis depuis sept ans. D'autres dénonciateurs avaient pris le relais. Soljenitsyne, auteur en particulier de *l'Archipel du Goulag*, avait été rendu célèbre par son œuvre romanesque qui lui avait valu en 1970 le prix Nobel de littérature : aucun *refuznik* n'était plus prestigieux qu'Alexandre.

Ce Caucasien avait été mobilisé dans l'Armée rouge pendant la Seconde Guerre mondiale. Il faisait campagne en Prusse-Orientale, quand il avait été arrêté par la police politique, sur une dénonciation frauduleuse. Condamné à huit ans de travaux forcés qui lui avaient permis de connaître successivement plusieurs camps, il avait été libéré en 1953, l'année de la mort de Staline mais assigné à résidence dans le lointain Kazakhstan.

En 1956, il fut libéré une seconde fois lors de la déstalinisation. Réhabilité, il put enseigner la physique à Riazan tout en écrivant des récits romanesques qu'il publia en 1962 dans une revue soviétique. À partir de 1964, les chiens de garde de la critique officielle s'attaquèrent à ses œuvres et l'empêchèrent d'imprimer ses deux premiers romans qui furent édités en 1968 en Occident. Une nouvelle dénonciation devait l'exclure du tout-puissant Cercle des écrivains de l'Union soviétique, en dehors duquel il n'y avait pas de salut. Il n'avait pu quitter le territoire de l'Union pour recevoir son prix Nobel, en 1970, à Stockholm. En février 1974, alors que le manuscrit de *l'Archipel du Goulag* était composé en Occident, il était expulsé d'URSS. Réfugié à Zurich, puis aux États-Unis, il ne serait pas autorisé à rentrer dans son pays avant 1990.

Les circonstances politiques qui prévalaient lors de la dénonciation du goulag par Soljenitsyne n'étaient pas les mêmes que lors de la parution du livre de Kravchenko. La guerre froide, dans les années 80, était en voie de résorption. En France, la politique de l'Union de la gauche soudait les socialistes mitterrandistes aux communistes.

Nul dans le monde ne mit en question l'authenticité des révélations de Soljenitsyne, sauf certains intellectuels français, toujours abusés par le mensonge de la révolution russe. On exhibait Soljenitsyne à la télévision, son nom remplissait les journaux, mais *l'Humanité* dénonçait encore la « campagne de dénigrement » menée contre l'Union soviétique. Qu'un socialiste, Gilles Martinet, osât dans un hebdomadaire parisien défendre Soljenitsyne posait problème : ce saboteur de l'union de la gauche voulait-il mettre son parti en rupture de ban et lancer des bûches enflammées dans les jambes du candidat unique ? L'ancien maoïste André Glucksmann pourfendait ces querelles politiciennes françaises, montrait l'authenticité du combat de Soljenitsyne contre la honteuse institution du goulag qui déshonorait un pays qui se disait socialiste.

La chute du mur de Berlin fit enfin justice du mensonge. Les États issus de l'ancienne URSS ouvraient leurs camps et comptaient les victimes. Établirait-on jamais un bilan précis ? Comment les autorités soviétiques avaient-elles pu si longtemps dissimuler la mort de huit à dix millions de *zeks* ? C'est la question que l'on peut se poser pour ce qui concerne le génocide des juifs pendant la Seconde Guerre mondiale. Comment Hitler avait-il pu assurer le secret de l'anéantissement de six millions de juifs d'Europe, après une décision prise dans *le secret* de la conférence de Wannsee, le 20 janvier 1942 ?

Le massacre avait commencé en juin 1941 quand les *Einsatzgruppen* avaient assassiné un demi-million de juifs en Pologne et en Russie, puis 900 000 autres à l'automne de 1941 et tout au long de 1942 dans les territoires occupés. Le 31 juillet 1941, le maréchal

Göring avait écrit une lettre à Reinhard Heydrich, chef du service de sécurité du Reich, pour lui demander d'organiser « une solution totale de la question juive dans la sphère d'influence allemande en Europe ». Adolf Eichmann reçut la responsabilité des transports. Les mesures étaient déjà préparées pour le rassemblement des juifs dans des camps spéciaux d'extermination dans l'est de l'Europe. Depuis octobre 1941, les juifs ne devaient pas quitter leur résidence dans les pays contrôlés par les Allemands.

Les ordres assignés aux *Einsatzgruppen* étaient secrets. Il était interdit de relater leurs opérations. Le régime dont la propagande ne répugnait jamais au mensonge avait décidé, dans le cadre d'une gigantesque organisation, de cacher la plus vaste opération de l'histoire d'élimination d'un peuple entier. Six centres d'extermination étaient construits en Pologne. Chelmno opérait dès la fin de 1941 par assassinat dans des camions à gaz. On construisait des chambres à gaz et des crématoires à Belzec, Majdanek, Treblinka, Sobibor et Auschwitz. Les gaz utilisés étaient l'oxyde de carbone et à Auschwitz l'acide cyanhydrique.

Les nazis n'avaient jamais nié l'existence de camps de concentration en Allemagne. Avant 1939, plusieurs informations, notamment sur le camp de concentration de Dachau, avaient filtré dans la presse occidentale. Que ces lieux, tel Mauthausen en Autriche, fussent des camps de la mort comparables aux camps soviétiques, où des déportés de toute origine, opposants au régime, mais aussi juifs et tziganes, étaient éliminés par l'excès de travail, les mauvais traitements et l'avitaminose, était naturellement caché par la propagande nazie qui, aux visites organisées pour la Croix-Rouge internationale, exhibait des détenus en bon état. Mais les camps d'extermination devaient être tenus au secret absolu et construits dans des lieux où nul ne pourrait témoigner.

⁂

La pratique du mensonge était générale dans le système nazi. Les prisonniers de guerre français en firent l'expérience. Pour qu'ils ne cherchent pas à s'évader, on leur avait promis qu'ils seraient libérés dès la signature de l'armistice. Les officiers allemands mentaient à leurs propres troupes parce que « le mensonge prend mieux lorsqu'il est formulé par une personne qui le tient pour une vérité ». On disait aux soldats français : « Vous serez chez vous dans quinze jours. »

Triomphe de la propagande : les prisonniers obéissaient à leurs officiers qui prenaient parfois une mentalité de gardiens, empêchant les « désertions ». Dans les convois qui conduisaient deux millions d'hommes en Allemagne, le drapeau français était affiché à l'avant de la locomotive à côté du drapeau nazi. Les portes des wagons étaient laissées ouvertes. La frontière une fois passée, les Français découvraient les camps construits pour eux. Ils allaient y rester cinq ans.

Le mensonge systématique de la propagande s'adressait à tous les pays occupés pour les maintenir dans l'obéissance. On ne ment pas alors sur l'existence de camps de concentration. Des camps existent aussi en France, créés sous le gouvernement Daladier pour accueillir les Espagnols en fuite après la fin de la guerre civile, ainsi que les réfugiés d'Europe centrale. On les appelle « camps de triage » et les occupants allemands y dénombrent 7 500 des leurs, dont 5 000 juifs. Nul ne peut ignorer en 1940 les camps allemands, dénoncés dans la presse française et remplis de 20 000 juifs après la nuit de cristal du 9 au 10 novembre 1938 *(Reichskristallnacht* [1]*)*. Les Allemands ne se cachent nullement d'avoir emprisonné, comme les Soviétiques, les opposants politiques dans des camps de travail.

Le mensonge vient après, lors du massacre de 50 000 hommes et femmes dans la Pologne occupée en 1939. Le ministère allemand de la Propagande maintient alors une censure sévère, organise le silence absolu de la presse. Nul ne doit savoir ce qui se passe en Pologne. La marche forcée dans la neige des 78 000 juifs parqués aux environs de Lublin doit être ignorée. Il n'est pas question que le pape, la Croix-Rouge ou les associations juives internationales puissent agir.

Le Vatican sait que des catholiques sont persécutés. Le 20 octobre 1939, le nouveau pape Pie XII n'a pas dénoncé le mensonge nazi, il s'est contenté d'exprimer sa compassion dans l'Encyclique *Summi Pontificatus*. « L'esprit de violence et de discorde, écrivait-il, répand sur l'humanité des flots de sang et d'indicibles souffrances. » On ne pouvait rester plus imprécis, même s'il en appelait aux malheurs de la Pologne « une nation qui nous est très chère ». Pourquoi ces ménagements ?

---

1. Après l'assassinat par un jeune juif polonais d'un conseiller d'ambassade allemand à Paris, le 6 novembre 1938, le docteur Goebbels a déclenché en Allemagne un gigantesque pogrom. Toutes les synagogues ont été détruites, ainsi que les magasins juifs. Certaines personnes ont été molestées, d'autres assassinées.

Pie XII, élu en mars 1939 avait été nonce à Munich en 1917, puis à Berlin de 1920 à 1929. Il n'a jamais caché sa germanophilie et il s'est abstenu, dans le souci de protéger les catholiques allemands, d'attaquer avant la guerre le régime nazi. Il ne s'est pas élevé contre l'agression allemande en Tchécoslovaquie, se démarquant de la politique antinazie de son prédécesseur Pie XI [1].

Pendant la crise polonaise, le pape avait donné aux responsables de Varsovie des conseils de prudence. Peut-être pensait-il jusqu'au dernier moment, abusé par les nazis, que la guerre pourrait être évitée. Il soutenait, à leur égard, ce que Saul Friedlander appelle « une politique d'extrême conciliation [2] ». Le chef de la Gestapo Muller n'avait pas empêché le clergé de lire l'encyclique du pape dans les églises, elle était seulement interdite à la publication.

Parallèlement, le nonce du pape en poste à Berlin, Orsenigo s'efforçait de lever le secret à la Wilhelmstrasse, d'obtenir de Woermann, le chef du département politique, la reconnaissance des violences antipolonaises. Il intervenait, disait-il, « en tant qu'être humain ». Le fonctionnaire niait tout, et déniait au nonce le droit de s'intéresser au sort des populations polonaises.

« Des femmes, disait Orsenigo, des enfants et des vieillards étaient arrachés de nuit à leur lit, et chassés sans qu'on leur donnât de nouvelles demeures. » Réponse de Woermann ? « Je ne pouvais que lui

---

1. Dans son encyclique de mars 1937, *Mit brennender Sorge,* le pape Pie XI s'attaquait avec violence au national-socialisme antireligieux et persécuteur.

2. Saul Friedlander, *Pie XII et le IIIe Reich,* Le Seuil, 1964, p. 43.

recommander de s'adresser à des personnalités allemandes haut placées, car celles-ci ne l'écouteraient peut-être pas avec autant de calme que moi et lui feraient immédiatement remarquer qu'en tant que nonce, il n'avait aucun droit de parler de ces choses. D'ailleurs je pensais que, certainement, il était victime de fausses nouvelles. »

Ainsi la réaction du diplomate de carrière est claire : les nazis ne peuvent mentir. S'ils le font, il n'est pas prudent de les confondre. Le mensonge peut s'installer sans risque. Le pape ne vient-il pas de déclarer à l'ambassadeur nazi au Vatican : « L'opinion très répandue, selon laquelle il était opposé aux états totalitaires, était fausse. L'exemple de l'Italie indiquait le contraire. »

Le pape était avant tout soucieux de rétablir le dialogue avec Berlin, même s'il maintenait des contacts avec des membres de l'opposition catholique allemande à Hitler. Dans cet esprit, il reçu Ribbentrop, le 11 mars 1940, dans l'espoir de conclure un concordat. Le ministre nazi lui indiquait que la condition primordiale d'un accord était « que le clergé catholique abandonnât en Allemagne tout genre d'activité politique ». Il n'était pas normal que le Führer ait dû assigner sept mille actions en justice contre des prêtres.

Ribbentrop refusait d'autoriser la nonciature à faire des visites en Pologne. Le pape n'insista pas. Les rapports dramatiques continuaient d'affluer au Vatican. Mais Pie XII donnait encore la priorité à la protection des catholiques allemands, quelle que fût sa compassion pour les Polonais. À la suite de *Mit brennender Sorge,* de nombreux curés allemands avaient été déportés, l'évêque de Rottenburg, dans le

Wurtemberg, avait même été molesté et chassé de son diocèse.

*
**

Ce clergé devait sortir de son silence lors de l'opération « Euthanasie » décidée le 6 décembre 1940 par Hitler contre les malades mentaux que l'on rassemblait dans des asiles spéciaux, pour les gazer au monoxyde de carbone puis les incinérer. Le *Gnadenstoss* (coup de grâce) était autorisé, mais l'ordre devait être maintenu secret.

Pourtant un pasteur était arrêté à Bethel pour avoir refusé de livrer ses administrés. On s'étonnait des annonces multiples faites dans les journaux locaux de décès d'enfants dont les restes étaient envoyés aux familles dans des urnes. Dans la région de Leipzig, une petite fille, Marianne, était censée mourir de la grippe à Pirna. Le clergé s'était ému, mais les SS gardaient l'hôpital. Impossible de s'informer. Bientôt la Gestapo interdit la diffusion des avis de décès à la presse. Les habitants des villages de la région de Pirna ne devaient jamais savoir ce qu'étaient devenus leurs enfants. Des faits similaires étaient signalés en Prusse-Orientale, en Poméranie et jusqu'en Pologne.

Évêques et pasteurs allemands s'étaient émus au plus haut niveau, avec l'accord du Vatican. Le Saint-Office avait rendu publique une décision du 2 décembre disant qu'il était « interdit de tuer » les malades mentaux qui « n'ont commis aucun crime passible de la peine de mort ».

L'évêque de Munster Clemens August, comte von Galen, avait déposé une plainte pour assassinat, puis dénoncé l'opération du haut de sa chaire. Hitler avait dû reculer. En 1941, il abandonnait l'opération. Puisque le secret n'avait pu être maintenu, il ne pouvait pas s'aliéner le monde catholique allemand, soutenu par des pasteurs protestants. L'affaire démontrait que la dénonciation pouvait être une arme, même si elle entraînait des déportations plus nombreuses de prêtres et de pasteurs.

Aussi le nonce Orsenigo ne cessait d'intervenir. En mars 1940, il demanda au secrétaire d'État von Weizsäcker un droit de visite pour le camp de Sachsenhausen où étaient enfermés des curés allemands. Il ne s'attendait pas à ce que sa requête fût acceptée, mais il demandait que des prêtres « nommés par le gouvernement » fussent autorisés à assister les curés à l'article de la mort et que leurs corps ne fussent pas incinérés après leur trépas. Le Vatican ne pouvait s'abstenir de revendiquer une exigence fondamentale : si les prêtres devaient mourir, que ce fût en chrétiens.

Au nonce qui s'inquiétait du nombre croissant de curés déportés, notamment à Dachau et à Oranienbourg, la réponse était invariable : seuls ont été arrêtés « ceux dont les activités étaient hostiles à l'État ». Sans jugement ni tribunal, sur simple décision de la Gestapo.

Comment rompre ce mensonge ? Le pape n'y songeait pas. Il acceptait qu'on déclarât sans honte à son légat qu'on ne pouvait lui donner aucune information sur Dachau. Il ne pouvait agir qu'en faisant publier des révélations par la presse étrangère. Un journal portugais[1] se chargeait le 21 mars de faire

1. *A Voz*, publication portugaise du 21 mars 1940.

savoir au monde que trois mille prêtres étaient déportés, et que sept cents d'entre eux avaient trouvé la mort.

Pourtant le Vatican n'intervenait pas officiellement, par une condamnation solennelle et publique par le pape des massacres de juifs. Pie XII, témoin en 1919 de la révolution et de la république des Conseils à Munich, était-il, par anticommunisme, tout particulièrement attentif à l'opération *Barbarossa* lancée par Hitler contre l'URSS en juin 1941 ? Il se garde d'approuver l'invasion, mais, selon von Weizsäcker, les Allemands ne formulent plus de plaintes contre la radio du Vatican qui s'était permis d'alerter son public sur les persécutions de catholiques en Pologne.

Dans son encyclique *Divini Redemptoris,* le pape Pie XI avait condamné avec violence le bolchevisme. Pie XII ne pouvait le suivre sur ce terrain. Il lui était impossible de souffler dans la trompette de la croisade alors que l'agresseur allemand persécutait chez lui les églises et que les chrétiens américains s'apprêtaient à entrer en guerre. Bien qu'il fût très hostile au bolchevisme, il fit silence sur *Barbarossa* : un silence obligé.

Du mensonge au non-dit, que restait-il de l'influence spirituelle du Vatican, seule autorité religieuse capable de parler au monde dans le déchaînement des totalitarismes et la venue des grands massacres ? Elle était contestée par l'archevêque de New York qui reprocha au pape de soutenir l'impérialisme italien de Mussolini et de multiplier les déclarations ambiguës sur les massacres de juifs en Pologne et les déportations de curés en Allemagne.

Roosevelt avait délégué Myron Taylor au Vatican pour expliquer au pape les raisons de l'entrée en guerre des États-Unis et obtenir peut-être du Saint-Siège une condamnation de Hitler. Il semble en fait que le pape ait vu d'un mauvais œil « l'extension du conflit », et plus encore l'aide américaine prodiguée à l'URSS. Selon les services allemands de renseignement, le Vatican reprochait à Roosevelt d'avoir « joué le double jeu » et préparé en secret l'entrée de son pays dans la guerre, alors que les Américains voulaient dans leur grande majorité rester en dehors du conflit. Mais le pape se garda de la moindre déclaration. Encore un non-dit qui pesait lourd.

⁂

Mais les juifs ? Le Vatican avait tenté de défendre ses catholiques allemands et polonais. Il n'avait pas parlé explicitement de la persécution des juifs dont il était cependant informé. Un seul prêtre allemand, selon Friedlander, protesta contre la répression antijuive lors de la *Kristallnacht* [1]. Lichtenberg, vicaire général de la cathédrale Sainte-Edwige à Berlin, avait osé dire qu'une synagogue en flamme « c'est également la maison de Dieu ». Tous les autres avaient gardé le silence.

Pas de protestation officielle de l'Église contre les législations antisémites promulguées en Italie et en France. Le pape Pie XI a le premier condamné le racisme, mais le pape Pie XII ne s'oppose que sur un point aux lois italiennes : elles n'ont pas à intervenir, explique-t-il, dans le domaine du mariage, un sacrement. Et l'Église admet l'union d'un catholique et d'une personne juive, même non convertie, dotée

1. Friedlander, *op. cit.*, p. 91.

d'une dispense. Admettre l'intervention de l'État sur le mariage est enfreindre le Concordat.

Cette question trouble le maréchal Pétain qui demande des éclaircissements à son ambassadeur au Vatican Léon Bérard. L'Église n'a pas à intervenir dans le domaine social et politique des États, lui est-il répondu, et ne proteste donc pas contre les lois antisémites. Mais elle n'accepte pas une définition raciste du juif. Le gouvernement du maréchal Pétain rédige donc, le 2 juin 1941, une loi modifiant le statut des juifs du 3 octobre 1940 en réduisant dans l'intitulé la notion de race.

Ces discussions sur des points de doctrine jugés importants par le pape ont lieu presque sereinement, comme si les équipes de massacreurs n'étaient pas au travail en Pologne. Quand le vicaire général Lichtenberg ose prier publiquement pour les juifs, et pas seulement pour les baptisés, le nonce du pape ne pose aucune question au gouvernement nazi sur son arrestation immédiate. Le prêtre a choisi le martyre. C'est son affaire devant Dieu. Le prêtre trouvera la mort sur la route de Dachau.

Le Vatican pouvait-il plaider l'ignorance ? Les archives sont encore muettes mais von Weizsäcker, qui reçoit le nonce le 9 février 1942, est étonné d'entendre que le représentant du Saint-Siège demande que les prêtres internés à Auschwitz soient transférés à Dachau. A-t-il su qu'une nouvelle forme de camp d'extermination venait d'être mise en place par les nazis ? Le secrétaire d'État trouve cette demande d'un nonce apostolique « bien modeste ». Le secret est-il gardé au point que même les hauts fonctionnaires de la Wilhelmstrasse, le ministère des Affaires étrangères, n'ont pu le percer ?

Les organisations juives rencontrent à Berne, le 17 mars 1942, le nonce Bernardini. Les délégués font état d'informations établissant la réalité de massacres en Roumanie, en Hongrie et dans tous les pays des Balkans, notamment en Croatie indépendante et naturellement en Pologne, bref de la persécution des juifs dans toute l'Europe.

Les juifs sont parqués et affamés dans des ghettos. On ne parle pas encore de transports vers les camps d'extermination, mais d'un rassemblement brutal de tous les juifs, y compris en France. On emploie les termes « d'extermination lente et constante », sans être en mesure encore de préciser. Mais le Vatican peut juger de l'ampleur de l'opération nazie. Il sait que les juifs de France, depuis juillet 1942, doivent être déportés : d'abord les étrangers et apatrides, plus tard les juifs naturalisés depuis 1919 ou après 1927.

Le nonce Valerio Valeri, devant l'émotion d'une partie du clergé français, aurait rencontré le chef du gouvernement de Vichy, Pierre Laval. Celui-ci aurait répondu qu'il ne tolérait pas l'immixtion de l'Église dans les affaires intérieures françaises. Il s'était déclaré indigné de la teneur du message de protestation diffusé par l'archevêque de Toulouse, Mgr Saliège, de l'attitude des archevêques de Paris et de Lyon, de Mgr Théas, évêque de Montauban. Les évêques de Nice, de Fréjus, de Monaco avaient aussi protesté comme les abbés de Lérins et de Frigolet, le curé de l'église bien-pensante de Saint-Pierre-du-Gros-Caillou, dans le très aristocratique VIIe arrondissement de Paris.

Non seulement cette petite élite du clergé français rompt le silence, mais une partie des dignitaires décide de résister aux ordres de l'État[1]. Chaillet, le provincial des jésuites de Lyon est arrêté pour avoir caché quatre-vingts enfants juifs. Le père Dillard meurt à Dachau pour avoir protesté contre l'étoile jaune. Le pape ne peut ignorer que le clergé de France est inquiet des déportations massives de juifs. Il sait que les prêtres français arrêtés rejoindront le cortège des curés polonais et allemands dans les camps dont on ne revient pas.

La police de Laval réprime. Les déportations doivent se poursuivre dans le secret, de nuit, vers des camps ignorés du public, Drancy, Compiègne. La propagande s'abreuve de mensonges ignobles. Les juifs sont, répète-t-on, déportés dans des camps de travail de l'Europe de l'Est. Nul ne les informe sur leur sort futur. Leur destination est tenue secrète. Si l'on envoie les enfants les rejoindre, c'est pour ne pas séparer les familles. Le pouvoir vichyste ment cyniquement, en ayant l'air de croire à ses mensonges. Il ne permet pas la moindre objection, la plus petite demande d'enquête. Il n'est pas question de gêner son œuvre patriotique, dit-il, de négociation permanente avec l'occupant.

Que deviennent les juifs déportés à l'Est ? La question se pose le 8 août 1942 quand Gerhardt Riegner, représentant le Congrès juif mondial à Genève transmet à New York, depuis Berne, un message qu'il estime fiable : un « plan a été discuté en vue de l'extermination d'un coup de la totalité des juifs... trois ou quatre millions, après déportation et concen-

1. L'épiscopat français compte en 1940 (et depuis 1918), 17 archevêques et 68 évêques. Sept évêques seulement ont manifesté leur opposition. Les autres ont gardé le silence.

tration à l'est ». C'est l'annonce de la « solution finale ». Plusieurs initiatives de gouvernements alliés témoignent de la condamnation de la barbarie. Ils attendent du pape, également sollicité par le représentant des États-Unis une condamnation formelle.

Le Saint-Siège répond qu'il redoute, en intervenant, de voir s'accélérer la répression. Il s'abrite sur l'absence de preuves. Nul ne peut approcher des zones de répression à l'Est. Pour mettre fin aux atrocités nazies, il faut une force armée venue de l'extérieur. Le pape n'y peut rien. Les témoignages qui réussissent à franchir le mur du silence ne sont pas à ses yeux des preuves, mais des présomptions.

Plusieurs rapports parviennent au Vatican, qui reste perplexe. Ainsi, il est clair que le clergé polonais est au courant du génocide. Une lettre « ambiguë » de l'archevêque de Cracovie proteste contre l'utilisation de travailleurs polonais « dans l'extermination des juifs[1] ». Si l'Église de Pologne est au courant, comment imaginer que le Vatican ne sait rien alors qu'il suit attentivement les affaires de Pologne ? Comment expliquer que le pape n'ait rien fait pour lever le mensonge et alerter le monde catholique ?

⁂

En 1942, dans son message de Noël, Pie XII dénonce les exactions commises contre les civils, en particulier les bombardements aériens, en même temps que les

1. Tous ces textes sont cotés dans Saul Friedlander, *op. cit.*, p. 126. Il emprunte lui-même des références à Léon Poliakov *in* « The Vatican and the Jewish Question » *Commentary*, nov. 1950, p. 442. Voir aussi la postface d'Alfred Grosser, plaidant pour le pape.

« centaines de milliers de personnes qui, sans aucune faute de leur part, par le seul fait de leur nation ou de leur race, ont été vouées à la mort ou à une progressive extinction ».

Le représentant américain estime cette condamnation trop réservée. Le pape fait remarquer, selon Tittmann, qu'il n'a pas dénoncé les exactions bolcheviques, et que les rapports concernant les victimes civiles du nazisme peuvent être exagérés par la propagande alliée. Il écrit à Mgr Preysing qu'il ne reste « que le recours à la prière » et informe les évêques allemands qu'ils sont libres d'agir « pour la défense du droit et de l'humanité » mais qu'il doit éviter, par sa réserve obligée de Pontife, des « maux plus grands ».

Y a-t-il un « mal plus grand » que l'extermination d'un peuple ? Pour le pape, oui, c'est la disparition de l'Église, son éradication totale, telle que les Allemands l'ont pratiquée dans le Warthegau (partie occidentale de la Pologne annexée au Reich). En tentant d'intervenir en faveur des juifs persécutés, mais surtout de ses catholiques dont les prêtres ont disparu, il s'est dit-il « trouvé devant une porte qu'aucune clé ne pouvait ouvrir ».

La non-dénonciation de la déportation des juifs de Rome, d'Italie et de Hongrie relève de la même prudence et du sentiment de l'inutilité d'une démarche qui aurait eu pour première conséquence de nouvelles agressions contre l'Église en Allemagne et dans les territoires occupés. Pour défendre les siens, le pape devait se garder de rompre officiellement le silence sur les crimes dont il avait cependant connaissance, tout en approuvant toutes les mesures de charité et l'héroïsme de l'assistance déployés sur le terrain par ses ministres en faveur des juifs persécutés.

Ce silence devait lui être reproché. Mais celui des autorités américaines et alliées leur serait également imputé [1]. Les catholiques américains pouvaient-ils venir au secours de leurs frères déportés allemands et polonais, et dans le même temps prendre parti contre la persécution des juifs en Europe ? Le silence ne s'imposait pas en Amérique comme à Rome et ils avaient toute latitude d'alerter leurs fidèles. Encore était-il nécessaire qu'ils disposent d'une information irréfutable. Et le mensonge fut très long à percer.

Avant novembre 1942, aucune nouvelle officielle de l'extermination des juifs ne fut rendue publique aux États-Unis, soit plus de dix mois après la conférence de Wannsee où les nazis avaient décidé du sort des juifs. Depuis octobre 1941, il était interdit aux juifs de quitter les territoires occupés d'Europe, et naturellement l'Allemagne. Les Américains ne s'intéressaient pas au sort des juifs parce qu'ils étaient en majorité favorables aux lois limitant l'immigration. Ils n'avaient aucune envie de recevoir sur leur territoire des centaines de milliers de réfugiés. La conférence internationale réunie à Évian en 1938 avait largement fait apparaître la résistance des pays anglo-saxons à tout sauvetage des juifs persécutés. La politique américaine n'avait pas changé depuis, pas plus que les restrictions britanniques à l'immigration en Palestine. Les alliés avaient donc des raisons de taire le génocide. Il dérangeait leurs plans politiques.

1. Voir David S. Wyman, *l'Abandon des Juifs. Les Américains et la solution finale*, trad. fr. Flammarion, 1987. Lire la postface d'André Kaspi sur le rôle du président Roosevelt et la préface d'Élie Wiesel.

Seuls des groupes de pression humanitaires pouvaient contraindre les gouvernements à sortir de leur inaction délibérée en menant des campagnes d'opinion destinées à faire éclater la vérité. Mais les mesures de camouflage de l'opération prises par les nazis devaient en retarder la découverte. Ils parlaient de camps de travail et, pour égarer les recherches, ils faisaient écrire par les juifs des cartes postales postdatées à leurs amis. Les zones d'extermination étaient rigoureusement interdites et, le plus souvent, assez éloignées d'Allemagne. Tout était mis en œuvre pour garder le secret.

Seules des informations parcellaires étaient diffusées en yiddish par la presse de New York et le gouvernement polonais de Londres. Le *New York Times* faisait allusion à des massacres et relatait les exécutions massives de Kiev dont avait été témoin Jacobson, le directeur de l'American Jewish Joint Distribution Committee. Un article d'un correspondant de *United Press* relatant des gazages avait aussi été publié.

Une sorte de catalogue des exécutions avait été dressé dans un rapport du Jewish Labour Bund de Pologne. Il citait le camp de Chelmno et les camions à gaz dès mai 1942. Il estimait le nombre des victimes à 700 000. La BBC avait diffusé cette information. La presse américaine l'avait très modérément reprise. Une conférence de presse du Congrès juif mondial à Londres n'avait pas eu plus d'échos aux États-Unis. En Angleterre, le cardinal Hinsley avait dénoncé l'indifférence des Occidentaux et leur politique de l'autruche. Aux États-Unis, seules les associations et la presse juive militaient en ordre dispersé pour rompre le mur de silence. Roosevelt et Churchill exprimaient seulement leur « chagrin ».

Pour beaucoup de journalistes et de responsables politiques, ces nouvelles étaient si énormes qu'elles étaient difficilement crédibles. Roosevelt avait borné son action, le 21 août 1942, à un avertissement aux puissances ennemies les informant que les auteurs de crimes de guerre (sans rien préciser particulièrement sur les victimes juives) « seraient traduits en justice et encourraient un terrible châtiment ». Mais il ajoutait aussitôt qu'il n'envisageait pas de représailles massives. Il souhaitait que le pape, autorité spirituelle, dénonce les crimes. Ses diplomates se heurtaient au refus ouaté du Vatican.

La nouvelle des rafles en France, de l'horreur des internements de familles juives à Paris, au Vélodrome d'hiver, préludant aux déportations « pour une destination inconnue » de toute la population juive, y compris les enfants, avait provoqué la protestation des autorités américaines qui avaient envisagé l'accueil aux États-Unis de 1 000 enfants juifs ! Ce chiffre était tellement modeste que les associations américaines avaient exigé la délivrance de 5 000 visas.

Le département d'État avait accepté le principe, mais le gouvernement de Vichy refusa de délivrer ses propres visas. Laval avait fini par en promettre 500 devant l'insistance des représentants des États-Unis. Le débarquement allié en Afrique du Nord en novembre 1942 avait annulé l'opération combien modeste du sauvetage d'un petit groupe d'enfants juifs. Ces déportations de masse en France avaient trouvé un écho dans la presse américaine, mais sans exagération et jamais à la une des grands journaux. On se contentait encore des explications du régime nazi sur le transfert de la main-d'œuvre belge, hollandaise et française vers l'est.

Un rapport du Bund sur le meurtre de 700 000 Polonais exposa pour la première fois le détail technique des exécutions au camp de Chelmno. La presse juive avait publié les récits de fossoyeurs. Ils ne furent pas mentionnés dans les médias, comme s'ils n'étaient pas crédibles. Le Département d'État restait sceptique sur l'existence d'un plan d'extermination dénoncé par le rapport du docteur Riegner, qui tenait ses renseignements d'un industriel allemand.

Ainsi, en août 1942, le pape et le Département d'État étaient également alertés, mais la légation américaine à Berne qualifiait l'information de « rumeur de temps de guerre inspirée par la peur [1] ». Le *Foreign Office*, également tenu au courant, avait alerté aux États-Unis le grand rabbin Wise qui voulait saisir directement Roosevelt. Le Président le reçut sans beaucoup d'empressement, le 8 décembre, et voulut bien reconnaître que les informations reçues « de Suisse et d'autres pays neutres » ne permettaient pas de douter du massacre de deux millions de juifs. Les coupables seraient châtiés après la victoire. Pas d'autre promesse.

Le rabbin fut autorisé par le sous-secrétaire d'État américain Sumner Welles à alerter la presse sur les rapports portant sur une campagne d'extermination de deux millions de juifs en Europe. Le gouvernement des États-Unis n'avait pas exercé la censure. Mais il ne s'impliquait pas dans la révélation, il s'en déchargeait sur le grand rabbin. De la sorte, tous les antisémites américains pouvaient arguer qu'il s'agis-

1. Voir Wyman, *op. cit.*, p. 69.

sait de propagande juive. Mais en chargeant de mission le rabbin, le gouvernement américain, s'il ne s'engageait pas officiellement avait néanmoins, en quelque sorte, authentifié la publication.

Les Polonais de Londres, au contact avec la résistance, accumulaient les renseignements sur les camps d'extermination, dénonçaient Treblinka, Belzec et Sobibor dès la fin de 1942. Le clergé anglican, derrière l'archevêque de Canterbury avait pris la tête de la protestation de toutes les autorités religieuses britanniques. Il devenait difficile de se taire ou de mentir par omission.

***

Pas plus que le pape, Roosevelt n'acceptait de parler publiquement de l'extermination des juifs européens. Même si les syndicats et la grande presse devenaient plus pressants. Mais les autorités religieuses américaines de toutes confessions chrétiennes restaient silencieuses. Certaines soutenaient même que le meilleur moyen de sauver les juifs était de ne pas contrarier l'effort de guerre par des opérations inconsidérées de sauvetage.

De plus, la question sioniste divisait les associations juives. Cependant une déclaration des Nations unies du 17 décembre 1942 avait été obtenue grâce à l'insistance britannique. Le Vatican s'était refusé à toute déclaration similaire. Il ne pouvait condamner que « les atrocités en général ».

Mais pas de plan de sauvetage. Il faudra attendre janvier 1944 pour que Roosevelt crée une agence spéciale à cette fin. Une tentative de sauvetage des juifs roumains sur des bateaux hollandais échoua. Les manifestations juives de 1943 (la campagne « Arrêter Hitler maintenant ») n'aboutirent pas.

Sous la pression des milieux religieux britanniques, une conférence avait été organisée aux Bermudes pour étudier les modalités d'un sauvetage. Elle se heurtait à la défense des quotas d'immigration. On refusait d'envisager l'entrée aux États-Unis de réfugiés transitant par l'Espagne et l'Afrique du Nord, et même d'affréter des navires pour évacuer les juifs retenus dans ces pays.

Les délégués américains aux Bermudes se refusaient à limiter le problème des réfugiés aux juifs. Ils prétendaient garder l'image politique de Roosevelt de ce qu'ils appelaient le « Jew Deal ». Une telle accumulation de préjugés et de mensonges (les États-Unis étaient loin d'avoir atteint les chiffres d'immigrés prévus par les quotas) ne pouvait que faire échouer la rencontre des Bermudes, seulement destinée à apaiser par des mesures de détail les opinions publiques anglaise et américaine devenues sensibles au drame européen.

Devant l'indifférence des pouvoirs publics, la presse américaine avait relaté très faiblement la rencontre des Bermudes. En avril 1943, le message tragique lancé par le ghetto de Varsovie en train de se soulever, « Sauvez-nous ! », fut « à peine remarqué » dans la presse, note Wyman. Dans la première démocratie du monde, le massacre le plus important de la guerre, le plus inouï dans l'histoire contemporaine était l'objet d'une conspiration du silence.

Roosevelt s'était refusé à influer sur la politique du Département d'État. Il n'avait institué l'agence pour le sauvetage que pour éviter le scandale. L'administration avait multiplié les obstacles à l'immigration, comme si rien ne se passait en Europe. L'OSS (Office of Strategic Services) avait obtenu en avril 1944 des renseignements précis sur Auschwitz. Il n'en avait rien fait. Allen Dulles, son chef, avait reçu le rapport Vrba-Wetzler sur Auschwitz en juin 1944 et s'en était déchargé. Aucun mouvement ne s'était manifesté au Congrès sauf un groupe de pression constitué *in extremis* pour exiger la création de l'agence.

Dans l'opinion confessionnelle, seuls les quakers, les unitariens et quelques petites associations avaient aidé les juifs. Hearst, parmi les groupes de presse, avait été le seul à dénoncer, dans la question juive « une question humaine » concernant « les hommes et les femmes de toute croyance ». Un éditorialiste aussi connu et suivi du public que Walter Lippmann n'avait jamais rien écrit sur la question juive. Le *Washington Post*, organe essentiel de l'opinion politique, dont les propriétaires étaient juifs, était resté quasiment muet. Les radios, le cinéma évitaient presque complètement le sujet.

Il ne fut véritablement abordé qu'au moment de la libération des camps. Les Soviétiques avaient fait connaître Majdenek au monde. Il importait désormais de publier le rapport Vrba-Wetzler. Tout devenait soudain crédible. Les parlementaires étaient invités par Eisenhower à visiter Buchenwald. Enfin le public était informé, même s'il n'avait pas la vision directe des camps d'extermination, dont les chambres à gaz avaient été dynamitées sur ordre d'Himmler pour maintenir jusqu'au bout le secret.

Après la découverte de six millions de morts juifs, l'opinion américaine daignait s'émouvoir. Ainsi la première démocratie du monde avait admis le silence sur l'holocauste. Pourquoi Roosevelt n'avait-il pas créé plus tôt l'agence en la dotant de moyens importants ? Pourquoi n'avait-il pas fait pression sur les neutres ou sur les satellites frileux de l'Allemagne ? Des opérations de sauvetage auraient pu être organisées par l'Espagne et la Turquie, à condition de ne pas redouter les effets de l'immigration sur l'opinion américaine et d'exiger la fourniture de bateaux neutres, à défaut du fret de retour des *Liberty Ships* vers l'Europe. L'état-major avait refusé d'employer l'aviation pour bombarder les bâtiments d'extermination d'Auschwitz et les voies d'accès. Les radios auraient pu développer dans le monde une vaste campagne d'informations dès la fin de 1942. Roosevelt et Churchill « n'auraient jamais dû cesser, dit Wyman, de mettre les juifs en garde, de les exhorter à essayer de se cacher, de fuir ou de résister ».

Rien ne fut entrepris, ou bien ce fut trop tard. Les Alliés ne voulaient pas aider seulement les juifs, mais tous les persécutés, ils mettaient sur le même plan le génocide et l'oppression ordinaire dont souffraient les opposants européens. Roosevelt voulait échapper à toute accusation de *Jew Deal*. Le champion de la politique des droits de l'homme ne pouvait courir aucun risque en contournant les lois sur l'immigration. Pas de lobby juif efficace aux États-Unis pour lui imposer une politique d'intervention. L'abstention des Américains et du Vatican, le mensonge par omission ou par calcul des autorités confessionnelles et du Département d'État ont contribué à accréditer longtemps dans l'opinion publique majoritaire l'abominable mensonge des nazis, qui prétendaient entraîner les juifs vers des camps de travail, et cachaient l'holocauste dans le silence des étangs glacés de Pologne.

Conclusion
La réalité du mensonge

La fin du mensonge en histoire est inimaginable, car elle suppose la fin de l'histoire elle-même. Tissée d'être et de non-être, elle ne peut être une vérité stable, une ligne établie, le reflet d'un monde unique et plein comme un œuf attendant sans heurts ni déchirements la fin des temps et le jugement dernier. L'idée chrétienne que les trompettes du Ciel annonceront le tribunal suprême chargé de juger des mensonges et des crimes n'a rien d'historique, à ceci près qu'elle s'intègre elle-même dans l'Histoire. Qu'elle annonce l'éternel en majesté est seulement un article de foi, auquel chacun est libre de ne pas croire.

Si l'histoire sainte n'est pas l'Histoire, mais le récit inclus dans un Livre de l'histoire de Dieu et des Juifs (la Bible), du Christ fait homme (les Évangiles), de la vie de Bouddha ou du prophète Mahomet (le Coran), elle est intégrée dans l'Histoire, au point de devenir l'objet d'analyses critiques de la part des historiens, et pas seulement des théologiens. Au point que la critique des textes peut être fondatrice d'une religion gigogne, d'un christianisme régénéré, tel le luthéranisme, qui suppose un décapage à l'acide de l'antique Bible, une refonte à neuf, en allemand, en français, dans toutes les langues parlées et vivantes des Évangiles.

Ces textes ne nient pas l'Histoire, ils la tiennent pour mensongère et insignifiante, puisqu'elle appartient aux hommes, qui sont glaise et poussière. Il ne tient qu'à eux d'abandonner leur histoire d'ombres pour accéder, par la trouée du temps, à la lumière éternelle. Le rayon perce le brouillard. Ceux qui s'en détournent acceptent de vivre mal dans la grisaille de la vallée aux larmes. Ils tissent et tressent chaque jour les événements en mailles serrées, comme s'ils avaient un sens et pouvaient servir d'exemple aux générations futures. Il n'y a pas d'exemple parce que l'avenir est toujours autre. *The best is yet to be*, dit le poète anglais Robert Browning, fils d'un employé de banque... Voire...

Les optimistes de la durée admettent les mensonges de l'histoire, et même la font mentir, pour concourir à un but glorieux, lumineux, resplendissant. Non point l'entrée de l'éternel dans l'axe de l'arc de triomphe, mais sous la forme d'un accomplissement de l'idée. Hegel, le philosophe de la *Phénoménologie de l'Esprit*, admirateur de la Révolution française, n'était pas loin de voir dans Napoléon vainqueur à Iéna la représentation physique de cette fin de l'histoire par résorption de la dialectique. Pour Marx et Lénine, le soleil sanglant de la contradiction fera se lever la nuit des étoiles, ce grand soir où la voie lactée donne le sein au jeune prolétariat enfin dégagé, par une sorte de lévitation, des forces de plomb qui l'enterrent à la mine.

Ainsi dressée, l'Histoire repère les cailloux blancs de la piste à rebours, pour chercher le chemin dans les ronces, jusqu'au point de départ. Elle prétend retrouver le sens, pour donner à la piste le symbole des flèches qui conduisent le randonneur égaré vers le sommet. Elle balise le passé de plots lumineux dans la nuit. Rien n'échappe au sens, pas même les

Twin Towers de New York. On peut planter un panneau routier sur leurs ruines : « Attention ! Chute de pierre », « *caduta di sassi* » ! Passant, poursuivez votre chemin jusqu'à la statue de la Liberté. Et ne vous penchez pas à la fenêtre, un train peut en cacher un autre. Il n'y a de sécurité dans l'histoire que dans la prudence dans l'interprétation des signes. Gare aux inscriptions menteuses, qui conduisent à dessein les voitures à l'abîme, aux barbouilleurs de panneaux qui induisent les touristes en erreur, jusqu'à les faire tourner en rond dans les chemins vicinaux de Bretagne. Suivez le sens, et vous serez sauvés.

Faire mentir l'Histoire, pour se retrouver ensemble sur le chemin pavé de bonnes intentions. La tordre, la tirer à soi, la faire servir au progrès de l'idée, s'en servir pour condamner, anathémiser, vouer aux flammes. Brandir les nouveaux textes saints, les œuvres de Lénine en quarante volumes, le petit livre rouge, exclure les mauvais guides, ceux qui font profession de dévier, les déviationnistes, garder la ligne rouge, ou se perdre.

L'histoire recomposée est indifférente à ses propres mensonges. Elle plie les faits à l'idée, elle prêche. Elle ne se soucie pas des « tisseuses têtues qui sans cesse interrogent ». Qu'elles aillent au diable, si elles ne veulent pas accepter le canevas tout fait, préparé par les camarades de l'atelier d'Histoire. Que l'on intègre les faits têtus qui résistent, de gré ou de force, qu'on les déforme au besoin, jusqu'à les rendre insignifiants. Mentir peut être un devoir, quand l'Histoire sacralisée devient le seul instrument de libération. On peut oublier les mauvais bergers, rayer Trotski de la liste des révolutionnaires. À quoi bon rappeler son nom, puisqu'il a trahi ? On peut les oublier tous, les héros de la grande révolution d'octobre, et Staline le premier, et Lénine, puisque dans la nouvelle ligne de l'Histoire, leur révolution elle-même est jetée par-dessus bord, dans le précipice, comme une auto dangereuse, qui risque encore d'exploser. Choisir dans l'Histoire ce qui convient, manger la confiture et laisser la tartine, écarter Robespierre au profit de Condorcet, c'est encore une manière de la faire mentir et garder du marxisme l'idée moderne que l'histoire doit servir à l'édification des peuples. Mieux encore : qu'elle est la seule à pouvoir le faire.

⁂

Elle n'est pourtant pas susceptible de servir *d'avion renifleur* à détecter les mensonges si le pilote aux commandes dispose d'une carte toute faite du ciel et de la terre, fournie par sa direction, pourvue d'itinéraires à suivre strictement, à la seconde près, sans jamais s'en écarter. L'Histoire est alors impuissante à buissonner sur des pistes nouvelles, à découvrir des gîtes de non-dits, des rivières oubliées conduisant à des pistes inédites. Chercher, c'est croire au dévoilement de ce qui est caché, par calcul ou par hasard, ou encore par abandon, par oubli. C'est le sel du métier d'histoire que de retrouver la vie dans les cendres, de mettre au jour un filon d'or dans la caillasse du quotidien.

Non l'Histoire reste libre, ouverte aux découvertes, attentive aux mensonges. Elle n'a fort heureusement pas d'intérêt exclusif dans une œuvre d'édification, même pieuse et citoyenne, sauf à la réduire à un jeu d'images convenables, même si l'on admet qu'elle peut être, avec d'autres disciplines d'un grand secours dans la formation des esprits.

Mais son rôle le plus exaltant est, bien sûr, l'enquête libre, critique, au service exclusif de la vérité. Quand les faits, au lieu d'être manipulés, sont ordonnés par une démonstration plausible, désintéressée, soucieuse seulement de faire progresser la connaissance par la mise en évidence de faits inconnus, par un nouvel éclairage de l'enchaînement des événements, alors l'Histoire reprend son sens de discipline et n'obéit à d'autres contraintes qu'à la logique d'un examen critique. Détecter le mensonge et l'imposture est son pain quotidien. Mais ses ambitions sont plus hautes : dire vrai, dans ce qui est faux, y voir clair dans ce qui est confus. Intégrer les mensonges dans la machinerie de l'Histoire, chaque fois qu'il est possible de les dénoncer sans risque d'erreur, mais aussi d'en découvrir la raison.

Ne pas les rechercher systématiquement, comme si l'Histoire n'était que mensonge. Elle l'est, et elle ne l'est pas. « La vérité ne fait pas autant de bien dans le monde que ses apparences n'y font de mal » disait un bel esprit du grand siècle. Il faut prendre garde au mensonge, son essence est de faire vrai, pour être plausible. Mais ce qui a les apparences du vrai peut être en toute innocence contre-vérité, sans intention de mentir. Démêler le vrai du faux est un jeu subtil, jamais sans risque. Ainsi l'Histoire peut balbutier, piétiner, il est bon qu'elle marque le pas.

Il arrive que la science lui apporte une aide tardive, inattendue. L'histoire-énigme s'est longtemps repue de cas douloureux, donnant lieu à des interprétations multiples. Il en est encore ainsi de Napoléon Ier, que l'on veut croire mourir empoisonné sur l'île de

Sainte-Hélène. On a longtemps prétendu que la grande-duchesse Anastasia avait échappé au massacre de la famille impériale de Russie à Ekaterinbourg. Les gardes rouges venus de Lettonie auraient oublié de lui donner le coup de grâce. Dernier cas de mort contestée, celle de l'enfant du Temple, le petit Louis XVII. Il aurait échappé à la consomption pour fuir en Allemagne et trouver une descendance. Aucune de ces affaires, à supposer qu'elle oblige les historiens à rouvrir les dossiers, n'offre une issue de nature à changer le cours de l'Histoire. Elles n'intéressent que les curieux.

Elles avaient en commun l'absence totale de preuves. Les historiens qui en discutaient ne pouvaient que recourir à des suggestions, des interprétations, sans s'appuyer sur de nouveaux documents. On se résignait à penser qu'il n'y aurait jamais rien de nouveau sur la mort du dauphin. La thèse de Naundorff n'offrait qu'un avantage : permettre aux âmes sensibles de rêver sur l'évasion de l'enfant martyr. La date approximative de la mort (vers le 8 juin 1795) de cet enfant de dix ans atteint de scrofule, enterré secrètement au cimetière Sainte-Marguerite permettait de cultiver le mystère et de suggérer des pistes nouvelles. La découverte de l'ADN et ses applications aux énigmes de l'Histoire permettent aujourd'hui d'établir avec une stupéfiante certitude l'identité des restes, longtemps après les massacres.

Les historiens de l'histoire-énigme ont encore du pain sur la planche, à explorer les silences de la vie des grands hommes. Ceux-ci n'ont pas toujours souhaité témoigner, ils ont au contraire manifesté le désir de ne pas laisser trace d'actes passés qui leur semblaient peu conformes à leur image. Ainsi saint

Vincent de Paul tentait-il de retrouver deux lettres écrites dans sa jeunesse, où il racontait qu'il avait été prisonnier des Barbaresques et vendu comme esclave à Tunis. Il ne contestait pas la réalité du fait, mais le jugeait indécent, peu convenable à l'édification des missionnaires qu'il dépêchait à Tunis et Alger, pour empêcher précisément les esclaves chrétiens d'apostasier, de se fondre dans le milieu ambiant jusqu'à oublier le Christ.

Passe la faux de l'histoire sur des non-dits qui ne sont pas toujours des mensonges par omission, mais, le plus souvent, seulement des demi-vérités. Qui peut se flatter d'avoir témoigné d'un moment de l'histoire sans en omettre aucun détail et en étant assuré de couvrir, par un seul témoignage, sans le déformer, l'essentiel de l'événement que l'on prétendait relater ?

⁂

Les mensonges de l'Histoire ne relèvent de la critique historique — celle qui prétend rétablir la vérité —, que s'ils sont consciemment utilisés à des fins politiques : pour assurer l'ordre dans la conquête ou dans l'établissement d'une société nouvelle, dont les lois et les règles doivent s'imposer à tous. On estime alors qu'une vérité intangible peut recourir au mensonge pour dominer et s'imposer à ses contradicteurs comme à ses contrevenants.

La longue histoire des religions et des guerres de religion permet d'illustrer ce propos. Toutes les religions ne sont pas, comme la chrétienne, prosélytes, mais elles sont la plupart du temps, sauf celles d'Extrême-Orient, institutionnalisées, donc dominatrices et soucieuses d'imposer leurs lois universelles par l'ordre et la conquête. Recourant au besoin à la guerre sainte ou à la croisade, elles envoient au combat des serviteurs du Dieu, apôtres de la foi et convaincus que l'adversaire n'est pas seulement un ennemi, mais un infidèle, un incroyant qui doit se soumettre ou disparaître car sa présence au monde est une offense à Dieu. La lutte est encore plus féroce entre les tenants de la même religion, orthodoxes contre réformateurs. Chacun se croit dépositaire exclusif de la vérité. Point de mensonge dans cette attitude, qui rejette son contraire aux ténèbres sans aucune possibilité de controverse.

Mais la lutte est aussi spirituelle, à l'intérieur d'une même religion. En ce cas, toutes les armes de la doctrine doivent être utilisées pour confondre, pour faire accepter aux masses de fidèles le châtiment de l'apostat, de l'hérétique, du blasphémateur. On entre dans la voie du procès, où le mensonge a bonne place parce qu'il est au service d'une institution qui doit à tout prix confondre ceux qui la menacent. Ceux qui condamnent Jeanne d'Arc ne sont pas des incroyants, mais des chrétiens installés dans un système politique ennemi de celui de Jeanne, où elle est intégrée sur l'ordre de ses voix. Les questions de foi, soumises aux rivalités temporelles, impliquent nécessairement le recours à l'artifice, à l'argumentation truquée, au mensonge.

Cela n'empêche nullement les révoltés de résister, au nom de la foi et de la justice. Ni Jeanne d'Arc ni Martin Luther ne se sont soumis à l'église institutionnelle. Ils sont allés jusqu'au bout de leur combat, qu'ils aient fini comme Jeanne sur le bûcher, ou pour imposer la réforme de l'Église en ouvrant la porte aux guerres de religion. L'usage du mensonge n'est pas garanti efficace. Il conforte au contraire ceux qui luttent et meurent pour leur foi, comme les cathares.

Quand le système des nations et d'abord des États se met en place dans le monde, il théorise le mensonge sous forme de raison d'État. Le voilà compris dans les armes du pouvoir. Il pourrait figurer au blason des politiques. Ils ont le devoir d'y recourir pour parvenir à leurs fins, puisqu'il garantit le succès sans risque d'erreur ou le maintien d'un ordre que l'on juge préférable à tout. Ceux qui le combattent parlent au nom de la vérité. Ils sont dans le droit. S'ils deviennent à leur tour des défenseurs zélés de la raison d'État, d'autres peuvent se lever contre eux, toujours au nom de la vérité.

Le mensonge peut aller jusqu'au bout de lui-même, dans la défense d'un régime qui ne supporte aucune contestation. Il ne sert pas seulement à dissimuler les crimes, il s'affiche comme mensonge obligé. Personne ne demande aux témoins des procès de Moscou de croire aux aveux spontanés des victimes. Il suffit que le régime menteur leur impose une confession publique dont il se soucie peu qu'elle apparaisse comme un tissu de mensonge. Qu'elle soit faite dans ces conditions est seulement l'affirmation du pouvoir absolu de la doctrine, qui ne s'embarrasse pas de scrupules. L'institution n'a pas à rechercher la vérité puisqu'elle la possède. Il lui suffit d'affirmer par la force que le mensonge est la seule vérité admise. Le régime n'a pas à s'en justifier, portant en lui l'avenir monolithique de la révolution.

Chez les nazis, le mensonge nazi est également une arme omniprésente, au service d'un régime qui n'a ni à concéder ni à discuter, mais à imposer par la force son pouvoir absolu. Tous les mensonges sont bons pour éviter cyniquement les difficultés, les dépenses inutiles, les guerres sans profit. Toute la gamme des mensonges est au service du Reich. Le bluff de Hitler était avant la guerre un instrument de conquête. Les rapports du Reich avec les pays occupés et satellites reposaient sur le mensonge de l'indépendance de ces États que l'on ramenait brutalement à l'obéissance la plus stricte en cas de besoin. La dissimulation de la politique d'extermination était la condition de possibilité de l'holocauste et de ses méthodes criminelles, qu'aucune civilisation au monde ne pouvait admettre.

Dénoncer le mensonge n'était pas, sous ces régimes, faire œuvre d'historien mais de résistance. Devant les systèmes de destruction de la conscience, l'histoire n'a plus à parler, à décrire, à raisonner, elle doit laisser l'historien entrer à son tour dans l'Histoire, pour y défendre ce qu'à ses yeux elle représente : la longue aventure de l'humanité souffrante vers plus de liberté et plus de raison.

Bibliographie

Jean-Claude Allain, *Caillaux,* 2 vol., Imprimerie nationale, 1972.

Raymond Aron, *L'Opium des intellectuels,* Calmann-Lévy, 1955.

Jean-Pierre Babelon, *Henri IV,* Fayard, 1982.

Auguste Bailly, *Mazarin,* Fayard, 1954.

Michel Balard, *Croisades et Orient latin,* A. Colin, 2001.

Simone de Beauvoir, *La Force des choses,* Gallimard, 1963.

Bartolomé Bennassar, *L'Inquisition espagnole,* Hachette, 1979.

François Bluche, *Louis XIV,* Fayard, 1986.

Jean Bouvier, *Le Crédit lyonnais*, Flammarion, 1968.

Jean-Denis Bredin, *Joseph Caillaux,* Hachette, 1980.

Michael Clanchy, *Abélard,* Flammarion, 2000.

Abel Combarieu, *Sept ans à l'Élysée avec le président Loubet,* Hachette, 1932.

Adrien Dansette, *L'Affaire Wilson et la chute du président Grévy,* Perrin, 1936.

Adrien Dansette, *Histoire du Second Empire,* Hachette, 1967.

Dominique Desanti, *Les Staliniens,* Fayard, 1974.

François Furet, *Le Passé d'une illusion,* Laffont, 1995.

Daniel Dessert, *Argent, pouvoir et société au grand siècle,* Fayard, 1984.

Daniel Dessert, *Fouquet,* Fayard, 1987.

G. Duby, *Histoire de France,* 3 vol., Larousse, 1970.

Claude Dulong, *Anne d'Autriche,* Hachette, 1980.

José Dupré, *Catharisme et Chrétienté,* La Clavellerie, 1998.

Alphonse Dupront, *La Croisade,* Gallimard, NRF, 4 vol., 1997.

J.-B. Duroselle, *Clemenceau,* Fayard, 1988.

Jean Favier, *Philippe le Bel*, Fayard, 1978.
Jean Favier, *La Guerre de Cent Ans,* Fayard, 1980.
Jean Flori, *La Première Croisade,* Complexe, 1992.
Saul Friedlander, *Pie XII et le IIIe Reich,* Le Seuil, 1964.
Pierre de la Gorce, *Histoire du second Empire,* Plon, 1904.
Daniel Halévy, *La Fin des notables,* Livre de Poche, 1972.
Ruth Kleinman, *Anne d'Autriche*, Fayard, 1993.
E. Lavisse, *Histoire de France depuis les origines jusqu'à la Révolution,* Hachette, 1903-1911.
J. Le Goff, *La Civilisation dans l'Occident médiéval,* Arthaud, 1964.
Guillaume Malaurie et Emmanuel Terrée, *L'Affaire Kravchenko,* Laffont, 1982.
J.-M. Mayeur, *La Séparation de l'Église et de l'État,* Julliard, 1966.
Pierre Miquel, *Raymond Poincaré,* Fayard, 1961.
Pierre Miquel, *Vincent de Paul,* Fayard, 1996.
Georges Mongrédien, *Le Masque de Fer,* Paris, 1952.
Pascal Ory, *Les Collaborateurs,* Le Seuil, 1976.
Bernard Oudin, *Aristide Briand*, Laffont, 1977.
Guy Pedroncini, *Les Mutineries de l'armée française,* PUF, 1968.
Joseph Perez, *Histoire de l'Espagne,* Fayard, 1998.
Régine Pernoud et Véronique Clin, *Jeanne d'Arc,* Fayard, 1986.
Le Procès Kravchenko. Compte rendu sténographique, Albin Michel, 2 vol., 1949.
Joseph Reinach, *Histoire de l'affaire Dreyfus,* Fasquelle, 7 vol., 1901-1904.
Philippe Robrieux, *Histoire du parti communiste,* Fayard, 4 vol., 1984.
Jacques Rolland, *L'Assassinat programmé des Templiers,* La Table d'Émeraude, 2000.
Elliott Roosevelt, *Mon Père m'a dit,* Flammarion, 1948.
Guillaume de Tudèle et l'Anonyme, *Chanson de la croisade albigeoise*, Belles Lettres, 1973.
Michel Winock, *Le Siècle des intellectuels,* Le Seuil, 1997.
David S. Wyman, *L'Abandon des Juifs,* Flammarion, 1987.

Table des matières

Achevé d'imprimer par la
SOCIÉTÉ NOUVELLE FIRMIN-DIDOT
en novembre 2002
pour le compte des Éditions Perrin

N° d'éditeur : 1757
N° d'imprimeur : 61663
Dépôt légal : décembre 2002
Imprimé en France